"十二五"普通高等教育本科国家级规划教材

新编21世纪法学系列教材

总主编　曾宪义　王利明

担保法

第五版

Guarantee Law

郭明瑞　房绍坤　张平华　编著

中国人民大学出版社
·北京·

作者简介

郭明瑞，烟台大学法学院教授，法学博士，博士生导师，山东省高等学校教学名师，兼任中国民法学研究会副会长、山东省知识产权研究院院长。代表性著作：《民事责任论》《担保法原理与实务》《优先权制度研究》等；代表性论文：《关于无因管理的几个问题》《关于我国物权立法的三点思考》《关于保证人保证责任的几个问题》等。

房绍坤，烟台大学法学院教授，法学博士，博士生导师，全国高等学校国家级教学名师、全国文化名家暨“四个一批”人才、国家“万人计划”哲学社会科学领军人才，兼任教育部高等学校法学类专业教学指导委员会委员、中国法学教育研究会副会长。代表性著作：《用益物权基本问题研究》《公益征收法研究》《民事立法理念与制度选择》等；代表性论文：《民事法律的正当溯及既往问题》《导致物权变动之法院判决类型》《国有土地上房屋征收的法律问题与对策》等。

张平华，烟台大学法学院院长，教授，法学博士，博士生导师，山东省有突出贡献中青年专家、山东省理论建设工程重点研究基地首席专家，兼任中国民法学研究会理事、山东省法学会国际法学研究会会长。代表性著作：《私法视野里的权利冲突导论》《继承法原理》《侵权法的宏观视界》；代表性论文：《人格权利益结构与人格权法定》《连带责任的弹性不足及其克服》《事实与法律：损害的二象性及其展开》等。

内容提要

本书以我国现行担保法律、法规及其司法解释为依据，吸收担保法研究的最新研究成果，结合司法实务，根据法学专业本科生的学习特点和教学规律，系统阐述了担保法的基本知识、基本理论和基本制度，对保证、抵押权、质权、留置权、定金的成立、效力、实现、消灭等作了详细论述，重点突出、内容全面。本书除正文外，每章设“本章概要”“关键术语”“学术争鸣”“例题”“问题与思考”等，以帮助学生夯实担保法理论基础，启迪学生思考，注重实务训练，提高学生能力。

总　序

曾憲義

在人类文明与文化的发展中，中华民族曾作出过伟大的贡献，不仅最早开启了世界东方文明的大门，而且对人类法治、法学及法学教育的生成与发展进行了积极的探索与光辉的实践。

在我们祖先生存繁衍的土地上，自从摆脱动物生活、开始用双手去进行创造性的劳动、用人类特有的灵性去思考以后，我们人类在不断改造客观世界、创造辉煌的物质文明的同时，也在不断地探索人类的主观世界，逐渐形成了哲学思想、伦理道德、宗教信仰、风俗习惯等一系列维系道德人心、维持一定社会秩序的精神规范，更创造了博大精深、义理精微的法律制度。应该说，在人类所创造的诸种精神文化成果中，法律制度是一种极为奇特的社会现象。因为作为一项人类的精神成果，法律制度往往集中而突出地反映了人类在认识自身、调节社会、谋求发展的各个重要进程中的思想和行动。法律是现实社会的调节器，是人民权利的保障书，是通过国家的强制力来确认人的不同社会地位的有力杠杆，它来源于现实生活，而且真实地反映现实的要求。因而透过一个国家、一个民族、一个时代的法律制度，我们可以清楚地观察到当时人们关于人、社会、人与人的关系、社会组织以及哲学、宗教等诸多方面的思想与观点。同时，法律是一种具有国家强制力、约束力的社会规范，它以一种最明确的方式，对当时社会成员的言论或行动作出规范与要求，因而也清楚地反映了人类在各个历史发展阶段中对于不同的人所作出的种种具体要求和限制。因此，从法律制度的发展变迁中，同样可以看到人类自身不断发展、不断完善的历史轨迹。人类社会几千年的国家文明发展历史已经无可争辩地证明，法律制度乃是维系社会、调整各种社会关系、保持社会稳定的重要的工具。同时，法律制度的不断完善，也是人类社会文明进步的显著体现。

由于发展路径的不同、文化背景的差异，东方社会与西方世界对于法律的意义、底蕴的理解、阐释存有很大的差异，但是，在各自的发展过程中，都曾比较注重法律的制定与完善。中国古代虽然被看成是"礼治"的社会、"人治"的世界，被认为是"只有刑，没有法"的时代，但从《法经》到《唐律疏议》、《大清律例》等数十部优秀成文法典的存在，充分说明了成文制定法在中国古代社会中的突出地位，唯这些成文法制所体现出的精神旨趣与现代法律文明有较大不同而已。时至20世纪初叶，随着西风东渐、东西文化交流加快，中国社会开始由古代的、传统的社会体制向近现代文明过渡，建立健全的、符合现代理性精神的法律文明体系方成为现代社会的共识。正因为如此，近代以来的数百年间，在西方、东方各主要国家里，伴随着社会变革的潮起潮落，法律改革运动也一直呈方兴未艾之势。

从历史上看，法律的文明、进步，取决于诸多的社会因素。东西方法律发展的历史均充分证明，推动法律文明进步的动力，是现实的社会生活，是政治、经济和社会文化的变迁；同时，法律内容、法律技术的发展，往往依赖于一大批法律专家以及更多的受过法律教育的社会成员的研究和推动。从这个角度看，法学教育、法学研究的发展，对于法律文明的发展进步，也有着异常重要的意义。正因为如此，法学教育和法学研究在现代国家的国民教育体系和科学研究体系中，开始占有越来越重要的位置。

中国近代意义上的法学教育和法学研究，肇始于19世纪末的晚清时代。清光绪二十一年（公元1895年）开办的天津中西学堂，首次开设法科并招收学生，虽然规模较小，但仍可以视为中国最早的近代法学教育机构（天津中西学堂后改名为北洋大学，又发展为天津大学）。三年后，中国近代著名的思想家、有“维新骄子”之称的梁启超先生即在湖南《湘报》上发表题为《论中国宜讲求法律之学》的文章，用他惯有的富有感染力的激情文字，呼唤国人重视法学，发明法学，讲求法学。梁先生是清代末年一位开风气之先的思想巨子，在他的辉煌的学术生涯中，法学并非其专攻，但他仍以敏锐的眼光，预见到了新世纪中国法学研究和法学教育的发展。数年以后，清廷在内外压力之下，被迫宣布实施“新政”，推动变法修律。以修订法律大臣沈家本为代表的一批有识之士，在近十年的变法修律过程中，在大量翻译西方法学著作，引进西方法律观念，有限度地改造中国传统的法律体制的同时，也开始推动中国早期的法学教育和法学研究。20世纪初，中国最早设立的三所大学——北洋大学、京师大学堂、山西大学堂均设有法科或法律学科目，以期“端正方向，培养通才”。1906年，应修订法律大臣沈家本、伍廷芳等人的奏请，清政府在京师正式设立中国第一所专门的法政教育机构——京师法律学堂。次年，另一所法政学堂——直属清政府学部的京师法政学堂也正式招生。这些大学法科及法律、法政学堂的设立，应该是中国历史上近代意义上的正规专门法学教育的滥觞。

自清末以来，中国的法学教育作为法律事业的一个重要组成部分，随着中国社会的曲折发展，经历了极不平坦的发展历程。在20世纪的大部分时间里，中国社会一直充斥着各种矛盾和斗争。在外敌入侵、民族危亡的沉重压力之下，中国人民为寻找适合中国国情的发展道路而花费了无穷的心力，付出过沉重的代价。从客观上看，长期的社会骚动和频繁的政治变迁曾给中国的法治与法学带来过极大的消极影响。直至70年代末期，以“文化大革命”宣告结束为标志，中国社会从政治阵痛中清醒过来，开始用理性的目光重新审视中国的过去，规划国家和社会的未来，中国由此进入长期稳定、和平发展的大好时期，以这种大的社会环境为背景，中国的法学教育也获得了前所未有的发展机遇。

从宏观上看，实行改革开放以来，经过二十多年的努力，中国的法学教育事业所取得的成就是辉煌的。首先，经过“解放思想，实事求是”思想解放运动的洗礼，在中国法学界迅速清除了极左思潮及苏联法学模式的一些消极影响，根据本国国情建设社会主义法治国家已经成为国家民族的共识，这为中国法学教育和法学研究的发展奠定了稳固的思想基础。其次，随着法学禁区的不断被打破、法学研究的逐步深入，一个较为完善的法学学科体系已经建立起来。理论法学、部门法学各学科基本形成了比较系统和成熟的理论体系和学术框架，一些随着法学研究逐渐深入而出现的法学子学科、法学边缘学科也渐次成型。1997年，国家教育主管部门和教育部高校法学学科教学指导委员会对原有专业目录进行了又一次大幅度调整，决定自1999年起法学类本科只设一个单一的法学专业，按照一个专业招生，从而使法学学科的布局更加科学和合理。同时，在充分论证的基础上，确定了法学专业本科教学的14门核心课程，加上其他必修、选修课程的配合，由此形成了一个传统与更新并重、能够适应国家和社会发展需要的教学体系。法学硕士和博士研究生及法律硕士专业学位研究生的专业设置、课程教学和培养体系也日臻完善。再次，法学教育的规模迅速扩大，层次日趋齐全，结构日臻合理。目前中国有六百余所普通高等院校设置了法律院系或法律本科专业，在校本科学生和研究生已达二十余万人。除本科生外，在一些全国知名的法律院校，法学硕士研究生、法律硕士专业学位研究生、法学博士研究生已经逐步成为培养的重点。

众所周知，法律的进步、法治的完善，是一项综合性的社会工程。一方面，现实社会关系的发展，国家政治、经济和社会生活的变化，为法律的进步、变迁提供动力，提供社会的土壤。另一方面，法学教育、法学研究的发展，直接推动法律进步的进程。同时，全民法律意识、法律素质的提高，则是实现法治国理想的关键的、决定性的因素。在社会发展、法学教育、法学研究等几个攸关法律进步的重要环节中，法学教育无疑处于核心的、基础的地位。中国法学教育过去二十多年所走过的历程令人激动，所取得的成就也足资我们自豪。随着国家的发展、社会的进步，在21世纪，我们面临着更严峻的挑战和更灿烂的前景。“建设世界一流法学教育”，任重道远。

首先，法律是建立在经济基础之上的上层建筑，以法治为研究对象的法学也就成为一门实践性很强的学科。社会生活的发展变化，势必要对法学教育、法学研究不断提出新的要求。经过二十多年的奋斗，中国改革开放的前期目标已顺利实现。但随着改革开放的逐步深入，国家和社会的一些深层次问题，比如说社会主义市场经济秩序的真正建立、国有企业制度的改革、政治体制的完善、全民道德价值的重建、环境保护和自然资源的合理利用等等，也已经开始浮现出来。这些复杂问题的解决，无疑最终都会归结到法律制度的完善上来。建立一套完善、合理的法律制度，构建理想的和谐社会，乃一项持久而庞大的社会工程，需要全民族的智慧和努力。其中的基础性工作，如理论的论证、框架的设计、具体规范的拟订、法律实施中的纠偏等等，则有赖于法学研究的不断深入，以及高素质人才特别是法律人才的养成，而培养法律人才的任务，则是法学教育的直接责任。

其次，21世纪是一个多元化的世纪。20世纪中叶发生的信息技术革命，正在极大地改变着我们的世界。现代科学技术，特别是计算机网络信息技术的发展，使传统的生活方式、思想观念发生了根本的改变，并由此引发许多人类从未面对过的问题。就法学教育而言，在21世纪所要面临的，不仅是教学内容、研究对象的多元化问题，而且还有培养对象、培养目标的多元化、教学方式的多元化等一系列问题，这些问题都需要法学界去思考、去探索。

中国人民大学法学院建立于1950年，是新中国诞生后创办的第一所正规高等法学教育机构。在半个多世纪的岁月中，中国人民大学法学院以其雄厚的学术力量、严谨求实的学风、高水平的教学质量以及丰硕的学术研究成果，在全国法学教育领域处于领先地位，并开始跻身于世界著名法学院之林。据初步统计，中国人民大学法学院已经为国家培养法学专业本科生、硕士生、博士生一万余人，培养各类成人法科学生三十余万人。经过多年的努力，中国人民大学法学院形成了较为明显的学术优势，在现职教师中，既有一批资深望重、在国内外享有盛誉的法学前辈，更有一大批在改革开放后成长起来的优秀中青年法学家。这些老中青法学专家多年来在勤奋研究法学理论的同时，也积极投身于国家的立法、司法实践，对国家法制建设贡献良多。

有鉴于此，中国人民大学法学院与中国人民大学出版社经过研究协商，决定结合中国人民大学法学院的学术优势和中国人民大学出版社的出版力量，出版一套“21世纪法学系列教材”。自1998年开始编写、出版本科教材，包括按照国家教育部所确定的法学专业核心课程和其所颁布印发的《全国高等学校法学专业核心课程基本要求》而编写的14门核心课程教材，也包括法学各领域、各新兴学科教材及教学参考书和案例分析在内，到2000年12月3日在人民大会堂大礼堂召开举世瞩目的“21世纪世界百所著名大学法学院院长论坛暨中国人民大学法学院成立五十周年庆祝大会”之时，业已出版了50本作为50周年院庆献礼，到现在总共出版了80本。为了进一步适应高等法学教育发展的形势和教学改革的需要，最近中国人民大学法学院与中国人民大学出版社决定将这套教材扩大为四个系列，即：“本科生用书”、“法学研究生用书”、“法律硕士研究生用书”以及“司法考试用书”，总数将达二百多本。我们设想，本套教材的编写，将更加注意“高水准”与“适用性”的合理结合。首先，本套教材将由中国人民大学法学院具有全国影响的各学科的学术带头人领衔，约请全国高校优秀学者参加，形成学术实力强大的编写阵容。同时，在编写教材时，将注意吸收中国法学研究的最新的学术成果，注意国际学术发展的最新动向，力求使教材内容能够站在21世纪的学术前沿，反映各学科成熟的理论，体现中国法学的水平。其次，本套教材在编写时，将针对新时期学生特点，将思想性、学术性、新颖性、可读性有机结合起来，注意运用典型生动的案例、简明流畅的语言去阐释法律理论与法律制度。

我们期望并且相信，经过组织者、编写者、出版者的共同努力，这套法学教材将以其质量效应、规模效应，力求成为奉献给新世纪的精品教材，我们诚挚地祈望得到方家和广大读者的教正。

2006年7月1日

序　言

王利明

法学教育是高等教育的重要组成部分，是建设社会主义法治国家、构建社会主义和谐社会的重要基础，并居于先导性的战略地位。在我国社会转型的新世纪、新阶段，法学教育不仅要为建设高素质的法律职业共同体服务，而且要面向全社会培养大批治理国家、管理社会、发展经济的高层次法律人才。近年来，法学教育取得了长足的进步，法科数量增长很快，教育质量稳步提高，培养层次日渐完善，目前已经形成了涵盖本科生、第二学士学位生、法学硕士研究生、法律硕士研究生、法学博士研究生的完整的法学人才培养体系，接受法科教育已经成为莘莘学子的优先选择之一。随着中国法治事业的迅速发展，我们有理由相信，中国法学教育的事业大有可为，中国法学教育的前途充满光明。

教育的基本功能在于育人，在于塑造德才兼备的高素质人才。法学教育的宗旨并非培养只会机械适用法律的“工匠”，而承载着培养追求正义、知法懂法、忠于法律、廉洁自律的法律人的任务。要完成法学教育的使命，首先必须认真抓好教材建设。我始终认为，教材是实现教育功能的重要工具和媒介，法学教材不仅仅是法学知识传承的载体，而且是规范教学内容、提高教学质量的关键，对法学教育的发展有着不可估量的作用。

第一，法学教材是传授法学基本知识的工具。初学法律，既要有好的老师，又要有好的教材。正如冯友兰先生所言：“学哲学的目的，是使人作为人能够成为人，而不是成为某种人。其他的学习（不是学哲学）是使人能够成为某种人，即有一定职业的人。”一套好的教材，能够高屋建瓴地展示法律的体系，能够准确简明地阐释法律的逻辑，能够深入浅出地叙述法律的精要，能够生动贴切地表达深奥的法理。所以，法学教材是学生学习法律的向导，是学生步入法律殿堂的阶梯。如果在入门之初教材就有偏颇之处，就可能误人子弟，学生日后还要花费大量时间与精力来修正已经形成的错误观念。

第二，法学教材是传播法律价值理念的载体。好的法学教材不仅要传授法学知识，更要传播法律的精神和法治的理念，例如对公平、正义的追求，尊重权利的观念。本科、研究生阶段的青年学子，正处在人生观、价值观形成的阶段，一套优秀的法学教材，对于他们价值观的塑造和健全人格的培养具有重要意义。

第三，法学教材是形成职业共同体的主要条件。建设社会主义法治国家，有赖于法律职业共同体的生成。一套好的法学教材，向法律研习者传授共同的知识，这对于培养一个接受共同的价值理念、共同的法律思维、共同的话语体系的法律共同体，具有重要的作用。

第四，法学教材是所有法律研习者的良师益友。没有好的教材，一个好的教师或可弥补教材的欠缺和不足，但对那些没有老师指导的自学者而言，教材就是老师，其重要作用是显而易见的。

长期以来，在我们的评价体系中，教材并没有获得应有的注重，对学术成果的形式优先考虑的往往是专著而非教材。在不少人的观念中，教材与创新、与学术精品甚至与学术无缘。其实，要真正写出一部好的教材，其难度之大、工作之艰辛、影响之深远，绝不低于一部优秀的专著，它甚至可以成为在几百年甚至更长的时间内发挥作用的传世之作。以查士丁尼的《法学阶梯》为例，所谓法学阶梯，即法学入门之义，就是一部教材。但它概括了罗马法的精髓，千百年来，一直是人们研习罗马法最基本的著述。日本著名学者我妻荣说过，大学教授有两大任务：一是写出自己熟悉的专业及学术领域的讲义乃至教科书；二是选择自己最有兴趣、最看重的题目，集中精力进行终生的研究。实际上，这两者是相辅相成的。写出一部好教材，必须要对相关领域形成一个完整的知识体系，还要能以深入浅出的语言将问题讲清楚、讲明白。没有编写教材的基本功，实际上也很难写出优秀的专著。当然，也只有对每一个专题都有一定研究，才能形成对这个学术领域的完整把握。

虽然近几年我国法学教育发展迅速，成绩显著，但是法学教育也面临许多挑战。各个学校的师资队伍和教学质量参差不齐，这就更需要推出更多的结构严谨、内容全面、角度各有侧重、能够适应不同需求的法学教材，为提高法学教学和人才培养质量、保障法学教育健康发展提供前提条件。

长期以来，中国人民大学法学院始终高度重视教材建设。作为新中国成立后建立的第一所正规的法学教育机构，中国人民大学法律系最早开设了社会主义法学教学课堂，编写了第一套社会主义法学讲义，培养了新中国第一批法学本科生和各学科的硕士生、博士生，产生了新中国最早的一批法学家和法律工作者。中国人民大学法律系因此被誉为“新中国法学教育的工作母机”。半个多世纪以来，中国人民大学法学院为社会主义法制建设培养了大批优秀的法律人才，并为法学事业的振兴和繁荣作出了卓越贡献，也因此成为引领中国法学教育的重镇、凝聚国内法律人才的平台和沟通中外法学交流的窗口，并在世界知名法学院行列中崭露头角。为了对中国法学教育事业作出更大的贡献，我们有义务也有责任出版一套体现我们最新研究成果的法学教材。

承蒙中国人民大学出版社的大力支持，我们组织编写了本套教材，其中包括本科生用书、法律硕士研究生用书、法学研究生用书和司法考试用书四大系列，分别面向不同层次法科教育需求。编写人员以中国人民大学法学院教师为主，反映了中国人民大学法学院整体的研究实力和学术视野。相信本套教材的出版，一定能够为新时期法学教育的繁荣发展发挥应有的作用。

是为序。

2006年7月10日

第五版修订说明

为更好地适应担保法教学的需要，我们对本教材进行了修订。本次修订主要做了如下三项工作：一是对第四版中存在的不妥和不完善之处做了补充和更正，二是根据新的法律法规及政策精神对相关内容做了补充，三是对例题中的司法考试题做了调整和补充。

编著者

2017年1月

编写说明

担保法是民商法的重要组成部分，对促进资金融通和商品流通，保障债权的实现，发展社会主义市场经济具有重要的作用。为了适应担保法教学的需要，我们编著了这本《担保法》教材。在写作过程中，我们根据从事担保法教学的经验，结合审判实践经验，尽求全面、系统地介绍担保法的基本理论和基本制度，并反映担保法研究的最新研究成果，使之尽量符合法学本科教学的需要，并对其他读者学习担保法提供指导。

本书是按照《中华人民共和国担保法》的体系编写而成的，共分6章，由郭明瑞、房绍坤、张平华共同编著。具体分工为：郭明瑞：第三、四、五章；房绍坤：第一、六章；张平华：第二章。

初稿完成后，由房绍坤负责统稿，郭明瑞定稿。

由于能力、资料、时间所限，尽管我们在写作过程中，尽了最大努力，但不足之处仍在所难免，望广大读者批评指正。

编　者

2006年3月

目　录

第一章 担保法绪论

本章概要

担保法是规范担保关系的法律规范的总称，适用于为债权所设立的担保。债权的担保方式很多，不同担保方式的效力不同。由于担保主要是约定担保，所以，担保的设立主要取决于当事人的自愿。担保设立后，对担保权人、担保人、被担保人都会发生相应的法律效力。本章重点问题包括：担保的含义和特点、担保方式的分类、担保的设立、担保的效力、反担保、对外担保。

关键术语

担保法　担保　反担保　对外担保

第一节　担保法概述

一、担保法的概念

担保法有实质意义上的担保法与形式意义上的担保法之分。从形式意义上说，担保法是指以担保法命名的法律，如《中华人民共和国担保法》（以下简称《担保法》）；从实质意义上说，担保法是指调整担保关系的法律规范的总称。实质意义上的担保法不仅包括形式意义上的担保法，也包括其他法律、法规以及规范性文件中有关担保的法律规范。我们所研究的担保法，一般是指实质意义上的担保法，但在内容上则以形式意义上的担保法为主。

担保法又有普通担保法与特别担保法之分。普通担保法是指民法或担保法中规定的担保制度。在我国，普通担保法主要是指《担保法》和《中华人民共和国物权法》（以下简称《物权法》）中所规定的担保制度。特别担保法是指其他特别法中规定的担保制度。例如，《中华人民共和国票据法》（以下简称《票据法》）关于票据保证的规定，《中华人民共和国海商法》（以下简称《海商法》）关于船舶抵押权、船舶留置权、船舶优先权的规定，《中华人民共和国民用航空法》（以下简称《民用航空法》）关于民用航空器抵押权、民用航空器优先权的规定等，都属于特别担保法的范畴。其他行政法规、部门规章有关担保的规定，也属于特别担保法。

二、担保法的适用范围

担保法的适用范围是指担保法所规定的担保方式所能适用的领域。《担保法》第2条规定："在借贷、买卖、货物运输、加工承揽等经济活动中，债权人需要以担保方式保障其债权实现的，可以依照本法规定设定担保。"这一规定采取列举与概括的方式明确了担保法的适用范围。结合《担保法》第5条第1款关于"担保合同是主合同的从合同，主合同无效，担保合同无效"的规定，可以推知，《担保法》规定的适用范围仅限于合同关系。因此，对于借贷、买卖、货物运输、加工承揽之外的其他合同关系如互易、行纪、仓储、保管等，当事人自可以依《担保法》的规定设立担保。

那么，对于合同之外的债权关系能否适用担保法呢？对此，理论上与实务上均存在疑问。为明确担保法的适用范围，最高人民法院《关于适用〈中华人民共和国担保法〉若干问题的解释》（以下简称《担保法解释》）第1条明确规定："当事人对由民事关系产生的债权，在不违反法律、法规强制性规定的情况下，以担保法规定的方式设定担保的，可以认定为有效。"可见，只要是因民事关系产生的债权，无论是合同之债还是非合同之债，在不违反法律、法规强制性规定的情况下，都可以适用担保法。

三、担保法的地位

担保法是民商法的一个重要组成部分，各国法中均有担保的规定，但各国所采取的立法模式却有所不同。概括地说，担保法的立法模式有以下两种：一是在民法典中规定担保问题，这是绝大多国家所采纳的立法模式。这种立法模式在具体做法上又有所不同。有的国家区别担保的不同性质，将担保法规范分别规定于民法典的各编中，即将抵押权、质权等担保物权规定于物权法编，而将保证、定金等规定于债法编中，德国、日本等国采取这种处理方式；有的国家不区分担保的性质，将担保法规范集中规定在债法编，俄罗斯、葡萄牙、智利等国采取这种处理方式。二是通过制定单独的担保法规定担保问题，即制定专门调整担保关系的法律。我国不仅在《物权法》中有担保的规定，而且制定有专门的《担保法》，这种立法模式为我国所独创。

由于我国制定有专门的《担保法》，因而就有必要明确担保法的地位，从而有助于理解和适用担保法。我们认为，就我国现实的立法状况而言，担保法既包括《担保法》和《物权法》中关于担保的规定，还包括其他民商事法律中关于担保的规定。因此，关于担保法的地位，应从不同的关系范畴考察。在《担保法》与《物权法》的关系上，前者为普通法，后者为特别法；而在其他民商事法律与《担保法》的关系上，前者为特别法，后者为普通法。根据特别法优于普通法的原则，在处理担保问题时，也应当优先适用担保特别法。也就是说，担保特别法有规定的，应先适用特别法的规定；担保特别法没有规定的，则应适用担保普通法。① 在涉及

① 参见郭明瑞：《担保法》，2版，4页，北京，法律出版社，2004。

担保物权时，应依照后法优于前法的原则，优先适用《物权法》的规定。对此，《物权法》第178条规定："担保法与本法的规定不一致的，适用本法。"

四、担保法的意义

担保法的意义决定于担保的意义，反映着担保法的功能和价值，体现着担保法的目的和作用。《担保法》第1条规定："为促进资金融通和商品流通，保障债权的实现，发展社会主义市场经济，制定本法。"根据这一规定，担保法的意义可以概括为以下三个方面：

（一）担保法有利于保障债权的实现

债权是受法律保护的民事权利，法律采取各种制度保障债权得以实现，如债的保全制度、债的担保制度、民事责任制度等。其中，债的担保是保障债权实现的特殊措施。尽管债的保全制度、民事责任制度具有保证债权人利益的功能，但不能确保特定债权人债权的实现。只有债的担保制度能打破债权人对债务人财产平等受偿的原则，或者扩大债务人承担责任的财产范围，从而使债权的效力增强，使特定债权的实现得到可靠的保障。担保法是调整担保关系，规定各种担保制度的法律规范，因此，担保法也就是保障债权实现的保障法。

（二）担保法有利于促进资金融通和商品流通

民法所调整的财产关系有财产归属利用关系和财产流转关系之分。财产的归属利用关系主要是通过物权法调整，而财产的流转关系则主要是通过债权法调整。资金融通和商品流通是财产流转关系的具体表现，其法律调整的主要方式就是债。无论是资金的借贷，还是商品的交易，只有债务人有足够的信用，债权人的利益能得到可靠的保证，债权人才会放心地贷出资金或进行商品交易。也就是说，只有确保债权人的利益，资金的融通和商品的流通才能得以广泛展开。债的担保制度正是增强债务人信用的一种法律措施，从而使债权人能够减少或避免信贷的风险，交易双方的利益能够得以保障。由于担保可以为资金融通和商品流通提供安全保证，因而也就可以促进资金的融通和商品的流通。因此，可以说，担保法是资金融通和商品流通的促进法。

（三）担保法有利于发展市场经济

市场经济是法治经济、信用经济，须有序安全地发展，须有可靠的信用基础。一方面，担保法有利于保障债权的实现，保障交易的安全，有助于维持正常的市场经济秩序；担保法为交易当事人提供了信用保障，促进交易，而交易的发达正是市场经济发展的表现。另一方面，担保法还为最大限度地发挥物的效用创造了有利的机制。例如，物的担保，尤其是抵押担保，既可以发挥物的价值，又可以发挥物的使用价值，从而使当事人得以充分发挥其财产的效用。从这一意义上说，担保法也就是发展社会主义市场经济的有效法律工具，是发展市场经济的工具法。

五、担保法的原则

担保法的基本原则是制定、解释、执行担保法的出发点和依据，是当事人从事担保活动应当遵循的基本规则。

担保法是民法的重要组成部分，因此，民法的基本原则当然也适用于担保法。但由于民法是由诸多部分所组成的，而各部分又有自己的特殊性，因而民法基本原则在各部分适用的程度有所不同。同时，民法基本原则对民法各部分的适用也会有不同的表现形式。《担保法》第3条规定："担保活动应当遵循平等、自愿、公平、诚实信用的原则。"根据这一规定，担保法的基本原则包括以下四项：

（一）平等原则

担保法的平等原则，是指在担保活动中当事人的法律地位一律平等。在担保法上，平等原则主要表现在以下几个方面：(1) 民事主体的担保权利能力平等。担保权利能力是民事权利能力的具体表现，是指民事主体享有担保权利和负担担保义务的资格。在担保活动中，不论是自然人，还是法人或其他组织，也不论当事人的经济地位和势力如何，他们的担保权利能力一律平等。当然，民事主体的担保权利能力平等并不意味着担保行为能力也平等。也就是说，不同民事主体的担保行为能力会有所不同。例如，《担保法》第8条规定："国家机关不得为保证人，但经国务院批准为使用外国政府或者国际经济组织贷款进行转贷的除外。"第9条规定："学校、幼儿园、医院等以公益为目的的事业单位、社会团体不得为保证人。"但应当指出的是，担保行为能力的不同并不意味着担保当事人的法律地位特殊。[①] (2) 在具体担保法律关系中的地位平等。无论何种民事主体都具有独立的平等地位，平等地参与担保法律关系，任何一方当事人都不享有超越对方的特权，都不得将自己的意志强加给对方。即使当事人在行政上存在某种隶属关系，在担保关系中也是平等的，不存在管理与服从的关系。(3) 担保活动的当事人平等地协商在担保活动中的权利义务。在担保关系中，当事人的权利义务可以由其平等地协商确定，如可以平等协商担保的方式、担保的范围等。(4) 担保活动的当事人的合法权益平等地受法律保护。在担保关系中，不论是债权人还是债务人，也不论被担保人还是担保人，他们的合法权益都平等地受法律的保护。法律不因担保当事人的身份不同而对其权利采取不同程度的保护，不实行权利保护上的"差别待遇"。

（二）自愿原则

担保法的自愿原则，是指在担保活动中当事人完全按照自己的意愿依法自主地决定担保的有关事项。在担保法上，自愿原则主要表现在以下几个方面：(1) 当事人有是否设立担保的自由。在民事活动中，债权人是否需要设立担保保障债权的实现，担保人是否愿意为债权人提供担保，完全由当事人自己来决定，任何人都不能强迫。《担保法》第11条规定："任何单位和个人不得强令银行等金融机构或者企业为他人提供保证；银行等金融机构或者企业对强令其为他人提供保证的行为，有权拒绝。"当然，在法定担保中，因担保是由法律直接规定的，故当事人没有是否设立担保的自由。(2) 当事人有选择担保相对人的自由。当事人决定为债权设立担保后，有权选择相对人。例如，在保证合同中，债权人有权选择保证人。如认为债务人推荐

---

① 有一种观点认为，当事人在从事担保活动中，一般来说他们都应适用同一法律。如果法律规定一些特殊机构在从事担保活动中享有特殊的法律地位，则依照该法律或法规的规定（参见李国光主编：《担保法新释新解与适用》，19页，北京，新华出版社，2001）。我们认为，在担保活动中，当事人不应有"特殊的法律地位"，而应处于平等的法律地位。如果说有"特殊的法律地位"，也仅是在担保行为能力方面存在特殊性。

的保证人不合适，有权要求债务人另行确定保证人。(3) 当事人有决定担保内容的自由。如在保证中，当事人可以约定保证方式、保证期间、保证担保范围等；在抵押权、质权中，当事人可以约定被担保的主债权种类和数额、担保的范围等。(4) 当事人有选择担保方式的自由。担保的方式有很多种，除当事人不能选择适用法定担保方式外，对保证、定金、抵押、质押等担保方式，当事人有权选择适用之。如果当事人违反自愿原则，担保的效力将受到影响。例如，依《担保法》第30条规定，主合同债权人采取欺诈、胁迫等手段，使保证人在违背真实意思的情况下提供保证的，保证人不承担保证责任。保证人之所以不承担保证责任，就是因为这种担保的设立违反了自愿原则。

当然，担保法上的自愿原则也不是绝对的。当事人只有在法律规定的范围内自主设立的担保才是有效的，才能受法律保护。如果当事人约定的担保违反了法律的规定，尽管其是自愿设立的，也不能发生效力。例如，当事人约定的定金数额超过了主合同标的额的20%，其超过部分就是无效的。

（三）公平原则

担保法的公平原则，是指在担保活动中当事人应以社会公认的公平正义观念指导自己的行为，有关机关也应当以公平正义观点协调当事人之间的利益关系。在担保法上，公平原则主要体现在以下几个方面：(1) 担保的设立要遵循公平原则。例如，在抵押合同、质权合同中，当事人不得约定在债务履行期届满抵押权人、质权人未受清偿时，抵押财产、质押财产的所有权转移为债权人所有（《物权法》第186条、第211条）。再如，债务人有多个普通债权人的，在清偿债务时，债务人与其中一个债权人恶意串通，将其全部或者部分财产抵押给该债权人，因此丧失了履行其他债务的能力，损害了其他债权人的合法权益的，受损害的其他债权人可以请求法院撤销该抵押行为（《担保法解释》第69条）。这些规定的目的在于平衡当事人之间的利益关系，从而体现了公平原则。(2) 担保权的行使要遵循公平原则。担保权人在行使担保权时，应当按照公平原则的要求维护当事人的利益。例如，在抵押权中，债务人不履行到期债务或者发生当事人约定的实现抵押权的情形，抵押权人可以与抵押人协议以抵押财产折价或者以拍卖、变卖该抵押财产所得的价款优先受偿。但如果协议损害其他债权人利益的，其他债权人可以在知道或者应当知道撤销事由之日起1年内请求人民法院撤销该协议（《物权法》第195条）。再如，在留置权的行使中，如果留置财产为可分物的，留置财产的价值应当相当于债务的金额（《物权法》第233条）。这些规定都是从公平原则的角度出发，维护相关当事人的利益。(3) 担保活动中的责任承担要遵循公平原则。例如，《担保法》第5条第2款、《物权法》第172条第2款规定："担保合同被确认无效后，债务人、担保人、债权人有过错的，应当根据其过错各自承担相应的民事责任。"根据过错程度承担民事责任，就体现了公平原则。

公平原则与平等原则、自愿原则是密切相连的。一般说来，只有在平等基础上由当事人自愿设立的担保，才能是公平的；不是由当事人在平等基础上自愿设立的担保，则难以达到公平（法定担保虽不是由当事人自愿设立的，但也是法律出于公平原则而确定的）。例如，担保人仅对自己同意担保的债务承担担保责任，对于担保设立后未经担保人同意而增加的债务，担保人不承担担保责任。否则，让担保人承担未经其同意的担保责任，也就是不公平的。所以，在确定担保是否公平时，首先应以担保是否为当事人自愿设立为标准。如果完全离开当事人的约定去分析担保是否公平，恰恰会背离公平原则。①

（四）诚实信用原则

担保法的诚实信用原则，是指当事人在担保活动中应诚实、守信用，善意、正当地行使权利和履行义务。在担保法中，诚实信用原则主要体现如下几个方面：(1) 担保的设立应遵循诚实信用原则。例如，主合同当事人双方串通，骗取保证人提供保证的，保证人不承担保证责任（《担保法》第30条）。当事人双方串通，骗取保证人提供保证，就是一种违背诚实信用原则的行为。再如，法律规定登记生效的抵押权，在抵押合同签订后，抵押人违背诚实信用原则拒绝办理抵押登记致使债权人受到损失的，抵押人应当承担民事责任（《担保法解释》第56条）。(2) 担保权的行使应遵循诚实信用原则。担保权人在行使担保权时，应当符合诚实信用原则的要求。例如，抵押期间，抵押人未经抵押权人同意，不得转让抵押财产，但受让人代为清偿债务消灭抵押权的除外（《物权法》第191条第2款）。再如，出质人请求质权人及时行使质权，因质权人怠于行使权利造成损害的，质权人应当承担赔偿责任（《物权法》第220条第2款）。质权人之所以承担赔偿责任，原因就在于其没有按照诚实信用原则的要求行使质权。

当事人违反诚实信用原则从事担保活动，其行为或者是无效的，或者应当承担民事责任。例如，债权人与债务人双方恶意串通，骗取第三人提供担保的；当事人采取欺诈、胁迫等不法手段迫使他人违心地供与担保的；当事人明知自己无担保能力而为他人提供担保的；担保权人擅自处分担保财产的；等等，都为无效的民事行为，行为人应承担相应的民事责任。②

第二节　担保的含义和方式

一、担保的含义和特点

（一）担保的含义

担保是一个具有多重含义的概念，在不同的场合具有不同的含义。在民法上，担保主要有两种含义：一是指对某一事项的保证，如瑕疵担保责任就是对商品质量的担保；二是指对债务履行的保证，即债的担保。债的担保又有一般担保和特别担保之分。

债的一般担保是对一般债权人的债权所设置的担保，是债的法律效力的自然结果，也是债的法律效力的表现之一。债的一般担保主要有民事责任和债的保全两种制度。从民事责任来说，由于债是一种信用关系，因而债务人须以自己的信用和财产来保证其债务的履行。债务人不履行债务是对债权人债权的一种侵害，因而债务人应当依法承担债务不履行的民事责任，以保障债权人的合法权益。而债务人要想不承担债务不履行的民事责任，就只有履行其债务。因而，民事责任制度以让债务人承担不履行债务的不利法律后果的方式保证债务的履行和债权的实现。从这一意义上说，民事责任属于债的一般担保方式。从债的保全来说，债权的实现需要

① 参见郭明瑞：《担保法》，2版，8页。

② 参见郭明瑞：《担保法》，2版，8页。

债务的适当履行，而债务的适当履行又须以债务人的财产为物质保障。在债的关系中，债务人是以其全部财产作为清偿债务的保障的，即债务人是以其全部财产担保债的履行的。债务人的全部财产或总财产构成了责任财产，债务人即以其责任财产对债权人的债权承担清偿责任。因此，债的关系成立后，债务人的责任财产减少会直接害及债权人的债权，影响债权的实现。为保证债务人能以全部财产清偿其全部债务，法律赋予债权人以代位权与撤销权。所谓债权人代位权，是指当债务人怠于行使其对第三人的权利而害及债权人的债权实现时，债权人为了保全自己的债权，得以自己的名义代位行使属于债务人权利的权利。可见，债权人代位权是为保持债务人的责任财产而设的，适用于债务人的财产应增加且能增加却因债务人的懈怠而未增加的情形。所谓债权人撤销权，是指当债务人实施减少其财产的行为而害及债权人的债权实现时，债权人为保全自己的债权，得请求法院予以撤销的权利。可见，债权人撤销权是为恢复债务人的责任财产而设的，适用于债务人不应减少而减少其财产的情形。债权人代位权和撤销权行使的结果，是保证债务人的财产得以清偿全部债务，保障全体债权人利益。因此，债权人代位权和撤销权又称为债的保全，都为债的一般担保。

债的特别担保是法律为保证特定债权人的债权实现而规定的担保。因为债的一般担保并不能保证某一特定债权人的债权实现，所以为保证特定债权人的利益，法律设特别担保制度，以使特定债权人采取特别的担保手段来保证债权的实现。例如，保证、抵押权、质押权、留置权、定金等都属于债的特别担保。一般地说，债的担保仅指债的特殊担保，这也是担保法中所指的担保，本书所讲的担保即为这种担保。这种担保是指法律为确保特定债权人的债权实现，以第三人的信用或者以特定财产保障债务人履行债务的制度。

（二）担保的特点

担保是为保障特定债权人的债权实现而设置的法律制度，因此，担保具有如下三个主要特点：

1. 特定性

担保的特定性包括两个方面内容：一方面，担保是为特定的债权人而设的，即债权人是特定的。担保不同于债的保全，它是为担保特定债权人利益而设的，是一种特殊担保，其目的就是使特定的债权人能够从第三人得到受偿或者优先于其他债权人受偿。另一方面，担保的标的是特定的第三人的信用或者特定的财产。担保是以第三人的信用或者特定的财产来担保特定的债权实现，其标的只能是特定第三人的信用，或者是第三人或债务人的特定财产，而不能是债务人的一般财产。因而，担保的标的具有特定性。债务人以其一般财产作担保的，不属于债的担保，而属于债的保全。

2. 效力补充性

担保是对债的效力的一种补充，是对债务人信用的一种保证措施。在债的关系中，债务人须以其全部财产承担债不履行的责任。但是，对特定的债权人来说，由于债务人责任的有限性和债权人地位的平等性，其债权并不具有完全的保障。而担保的设立，则使特定的债权人或得从第三人的财产中受偿，或得从特定的财产价值中优先于其他债权人受偿，债的效力得到了进一步增强。因此，担保在债务人不履行债务时使债权人的利益得到了保障，从而使债的效力得到了补充。

3. 从属性

担保的从属性又称为附随性，是指担保依附于被担保的债权，二者形成主从关系。担保从属于所担保的债权，被担保的债权为主债权。《担保法》第5条第1款规定："担保合同是主合同的从合同，主合同无效，担保合同无效。担保合同另有约定的，按照约定。"《物权法》第172条第1款亦规定："设立担保物权，应当依照本法和其他法律的规定订立担保合同。担保合同是主债权债务合同的从合同。主债权债务合同无效，担保合同无效，但法律另有规定的除外。"一般地说，担保的从属性主要体现在以下几个方面：(1) 担保成立与存在上的从属性。担保成立和存在上的从属性是指担保的成立和存在应以相应的债权成立和存在为前提条件，不能脱离债权而单独存在。因此，主债权不成立、无效或被撤销的，担保也不能成立和存在。当然，若法律规定主债权不存在担保也存在的，则该担保具有独立性，这就是独立担保。(2) 担保处分上的从属性。担保处分上的从属性是指担保应随同主债权的转让而转让，不能与主债权分离而单独转让。(3) 担保消灭上的从属性。担保消灭上的从属性是指担保随主债权的消灭而消灭，主债权不存在，担保必不能存在。

二、担保方式的概念和分类

（一）担保方式的概念

担保方式又称为担保方法，是指担保人用以担保债权的方法和手段。不同的担保方式，其法律规则存在很大差别，保障债权实现的功能也不完全一样。因此，明确担保方式对保障债权的实现具有重要意义。

从《担保法》和《物权法》的规定看，我国实行担保方式的法定主义，因此，担保方式具有法定性的特点。所谓法定性，是指担保方式是由法律直接规定的，而不是由当事人任意决定的。尽管担保法实行自愿原则，当事人采取何种方式担保，完全应由当事人自己决定。但是，当事人对于担保方式原则上仅有选择权，而无创设权。也就是说，当事人一般只能在法律规定的担保方式中选择适用自己所需要的担保方式，而不能在法律规定之外另行创设新的担保方式。当然，担保方式会随着市场经济关系的发展而不断变化。因此，立法上应当根据市场经济的发展而不断调整担保方式。

担保方式采取法定主义，是由担保的特殊性所规定的。一方面，担保是通过第三人的信用或特定的财产保障债权的实现，因此，担保不仅涉及债权人、债务人利益，而且涉及第三人的利益，甚至社会公共利益。为确保债权的实现以及债务人、第三人的利益，法律有必要通过法定主义的方式对担保方式加以规制。另一方面，法律对担保方式加以规定，有助于当事人了解不同担保方式下的权利义务关系，有助于当事人根据自己的利益需要选择适用不同的担保方式以保障自己的债权。

（二）担保方式的分类

根据不同的标准，担保方式可以有不同的分类。我们认为，担保方式主要有以下分类：

1. 典型担保与非典型担保

根据法律上规定的适用与类型化的程度，担保可以分为典型担保与非典型担保。

典型担保又称规则担保，是指法律上明确规定的、规则明确的担保方式。典型担保的范围如何，取决于法律的规定。只有由法律明确规定为担保方式的担保，才能称为典型担保。关于典型担保的范围，各国法律规定并不完全一致。例如，法国、德国民法并没有将留置权规定为担保方式而仅为债权的特别效力，而日本、瑞士民法则将留置权规定为一种担保方式。在我国，《担保法》第2条第2款规定："本法规定的担保方式为保证、抵押、质押、留置和定金。"可见，保证、抵押、质押、留置和定金都为典型的担保方式。除此以外，其他法律中规定的一些担保方式也应属于典型担保。例如，《海商法》中规定的船舶优先权、《民用航空法》中规定的民用航空器优先权等，其适用范围尽管有限，但因法律明定为担保方式，故也属于典型担保。

非典型担保又称非规则担保，是指法律上未明确规定为担保、不具有典型意义的担保方式。非典型担保包括两种情形：其一，法律上尚未予以类型化，还不具有典型意义的担保方式，让与担保、所有权保留等即属之。让与担保是指债务人或第三人为担保债务的履行，将一定财产的权利转移于债权人，在债务人履行债务后，债权人将标的物返还给担保人，于债务人不履行债务时，债权人得就该标的物优先受偿的一种担保方式；所有权保留是指当事人双方约定以保留所有权来担保价款债务履行的一种担保方式。关于让与担保，我国法上并无规定；而对所有权保留，《中华人民共和国合同法》（以下简称《合同法》）第134条从标的物所有权转移的角度作了规定："当事人可以在买卖合同中约定买受人未履行支付价款或者其他义务的，标的物的所有权属于出卖人。"其二，虽具有担保作用，但法律未明确规定为担保方式或者其主要功能并不在于担保的担保方式，违约金、抵销、连带债务、并存的债务承担等即属之。例如，违约金就是合同当事人经常适用的担保合同履行的一种方式。就其功能而言，违约金确有保障合同履行的担保作用，然而设立违约金的根本目的不在于担保债权，法律也并未明确规定违约金为担保方式，而是明定其为承担民事责任的方式。所以，违约金尽管具有担保功能，但仅属于非典型担保。再如，抵销也有担保作用，但抵销的主要功能是通过两项债务相互冲抵而消灭债，因为抵销并不是当事人为确保债权的实现而特别设立的，故抵销也不属于典型的担保方式。

2. 约定担保与法定担保

根据担保的发生根据，担保可以分为约定担保与法定担保。

约定担保又称意定担保，是指由当事人双方自行设立的担保。约定担保具有自愿性，当事人完全依自己的意愿设立担保。从担保的方式、担保的条件、担保的范围至担保权的行使等均由当事人自行约定，任何人不能强迫他人担保，也不能以不正当手段使他人作担保。由于担保法实行自愿原则，所以，约定担保是担保的最主要的、最常见的担保形式。在典型担保中，保证、抵押、质押以及定金通常为约定担保；在非典型担保中，让与担保、所有权保留等也属于约定担保。

法定担保是指根据法律直接规定产生的，而不是由当事人约定产生的担保。法定担保具有法定性，担保的条件、担保的当事人、担保的范围、担保的适用范围等均由法律规定，而无须当事人约定。因此，只要具备了法律所规定的条件，法定担保即可产生，并须按照法律规定行使法定担保权。法定担保有两种表现形式：一是当事人不得排除适用的法定担保，其典型方式是优先权。优先权的成立无须由当事人约定，当事人也不得排除优先权的适用。二是当事人得排除适用的法定担保，其典型方式是留置权。留置权的成立条件是由法律直接规定的，当事人不得约定，但留置权与优先权不同，当事人得事先约定排除留置的适用。也就是说，如果当事人事先约定不得留置，则虽符合法律规定的留置权的成立条件，也不能成立留置权担保。

3. 人的担保与物的担保、金钱担保

根据用于担保的标的，担保可以分为人的担保与物的担保、金钱担保。

人的担保又称信用担保，是指担保人以其信用所提供的担保。在人的担保中，其担保标的是第三人的信用，即第三人以其信用担保债权人的债权。例如，保证、连带债务、并存的债务承担等均属于人的担保。但是，人的担保的典型方式是保证。保证是以保证人即债权人与债务人以外的第三人的信用担保债权实现的。保证是一种债的关系，它是以债务人的信用担保着债权的实现。在设立保证担保后，保证人与债权人之间就债权的实现成立一种债的关系，当主债务人届期不履行债务时，保证人即应依约以自己的财产清偿主债务人所负担的债务。可见，保证是通过保证人对债务人债务的清偿来保障债权人的债权实现的。保证担保的成立实际上等于扩大了主债务人的责任财产的范围，从而增加了债权人的受偿机会。由于保证是以第三人的信用为担保标的，而第三人的信用是浮动的，其财产也会处于不断的变动之中，所以，即使设立了保证担保，债权人的债权仍有得不到清偿的危险。为此，债权人为确保自己债权受偿，在设立保证担保时，应当认真审查保证人的信用情况。

物的担保是指担保人以其特定的财产所提供的担保。在物的担保中，担保标的是债务人或者第三人的特定财产，即债务人或者第三人是以其一定的特定财产担保债权人的债权。在物的担保中，根据担保物是否转移所有权，物的担保又分为不转移权利型的物的担保和转移权利型的物的担保。前者是指在供与担保的财产上为债权人设立一定的特定权利以担保债权的担保方式。在这种物的担保中，当债务人不履行债务时，债权人得依法行使担保权从担保财产的价值中优先受偿。为担保债权的履行而在特定财产上设立的权利，统称为担保物权，包括抵押权、质权、留置权、优先权。后者是指以转移一定财产的所有权或其他权利来担保债权的担保方式。在这种物的担保中，当债务人不履行债务时，债权人则直接取得担保财产的所有权或其他权利用以清偿债权。转移权利型的物的担保通常属于非典型担保，主要包括让与担保、所有权保留等。

金钱担保是指担保人以其金钱所提供的担保。在金钱担保中，担保标的是债务人所提供的一定数额的金钱。在民法上，金钱也是一种特殊的物，因此，从本质上说，金钱担保也可归入物的担保之列，属于物的担保的一种特殊形态。但是，金钱毕竟是一般等价物，是种类物，以金钱为标的的担保与以其他物为标的的担保仍有着很大差异。所以，我们可以将金钱担保与物的担保作为两种不同的独立担保方式。金钱担保的典型形式为定金，它通常是以定金罚则的形式担保债权的实现。

4. 单一担保与混合担保

根据担保方式的种类，担保可以分为单一担保与混合担保。

单一担保是指由一种担保方式所提供的担保。例如，对同一债权，担保人只提供保证担保，或者只提供抵押、质押担保等。在单一担保中，当事人之间的关系相对比较简单，不涉及多个担保方式下的担保权的行使顺序问题。在担保方式中，单一担保属于通常形态。

混合担保是指由两个以上担保方式所提供的担保。例如，对同一债权，既有保证担保，又有抵押担保或者质押担保等。在混合担保中，由于存在多种担保方式，所以，相较于单一担保更有利于保证债权受偿。同时，因存在多种担保方式，又涉及不同担保方式下的担保权的行使顺序和担保人之间的追偿问题。对此，《担保法》第 28 条第 1 款规定："同一债权既有保证又有物的担保的，保证人对物的担保以外的债权承担保证责任。"《担保法解释》第 38 条第 1 款规定："同一债权既有保证又有第三人提供物的担保的，债权人可以请求保证人或者物的担保人承担担保责任。当事人对保证担保的范围或者物的担保的范围没有约定或者约定不明的，承担了担保责任的担保人，可以向债务人追偿，也可以要求其他担保人清偿其应当分担的份额。"

《物权法》第176条规定："被担保的债权既有物的担保又有人的担保的，债务人不履行到期债务或者发生当事人约定的实现担保物权的情形，债权人应当按照约定实现债权；没有约定或者约定不明确，债务人自己提供物的担保的，债权人应当先就该物的担保实现债权；第三人提供物的担保的，债权人可以就物的担保实现债权，也可以要求保证人承担保证责任。提供担保的第三人承担担保责任后，有权向债务人追偿。"

5. 单独担保与共同担保

根据担保人的人数或担保物的数量，担保可以分为单独担保与共同担保。

单独担保是指担保人为一人或担保物为一物的担保。例如，对同一债权，保证人一人提供保证担保，抵押人或质押人以一物设立抵押担保或质押担保。单独担保仅涉及担保人与债权人、债务人之间的关系，不涉及担保人之间的关系。在担保方式中，单独担保属于担保的通常形态。

共同担保是指担保人为二人以上或担保物为二物以上的担保。这里，确定共同担保的标准因人的担保与物的担保而有所不同。在保证担保中，共同担保的确定标准为担保人的人数，如果保证人为二人以上，则为共同保证；而在抵押、质押担保中，确定共同担保的标准是担保物的数量，而不是担保人的人数。如果抵押物、质押物为两个以上，则为共同抵押、共同质押。可见，在物的担保中，即使担保人为一人，但若担保人是以两个以上的物设立担保的，亦为共同担保。在共同担保中，由于担保人或担保物较多，因而更有利于债权的受偿。同时，在某一担保人承担担保责任之后，又涉及向其他担保人追偿的问题。关于共同担保，《担保法》有明确的规定。例如，《担保法》第12条规定："同一债务有两个以上保证人的，保证人应当按照保证合同约定的保证份额，承担保证责任。没有约定保证份额的，保证人承担连带责任，债权人可以要求任何一个保证人承担全部保证责任，保证人都负有担保全部债权实现的义务。已经承担保证责任的保证人，有权向债务人追偿，或者要求承担连带责任的其他保证人清偿其应当承担的份额。"《担保法解释》第75条中规定："同一债权有两个以上抵押人的，当事人对其提供的抵押财产所担保的债权份额或者顺序没有约定或约定不明的，抵押权人可以就其中任一或者各个财产行使抵押权。抵押人承担担保责任后，可以向债务人追偿，也可以要求其他抵押人清偿其应当承担的份额。"

应当指出的是，单独担保与共同担保的分类与前述的单一担保与混合担保的分类是不同的。单一担保是就担保方式而言的，因此，共同担保如共同保证、共同抵押、共同质押也属于单一担保。混合担保与共同担保都存在二个以上的担保，因此，也有学者将混合担保归入共同担保之中，称为混合的共同担保。①

6. 本人担保与他人担保

根据提供担保的担保人，担保可以分为本人担保与他人担保。

本人担保是指由债务人本人作为担保人的担保。在本人担保中，主债权债务的当事人与担保关系的当事人是同一的。主债权的债权人就是本人担保中的担保权人，主债权中的债务人就是本人担保中的担保人。可见，本人担保不涉及第三人，故担保的法律构成、当事人之间的权利义务关系比较简单。在典型担保中，留置权、定金只能是本人担保，而抵押、质押也可以是本人担保。在非典型担保中，所有权保留、违约金、抵销属于本人担保，而让与担保也可以是

① 参见曹士兵：《中国担保诸问题的解决与展望》，71页，北京，中国法制出版社，2001。

本人担保。

他人担保是指由债务人之外的第三人作为担保人的担保。在他人担保中，主债权债务的债务人与担保人是不同的人，担保人由债务人之外的第三人担任。在他人担保中，担保的法律构成、当事人之间的权利义务关系要比本人担保复杂得多。在他人担保中，会发生如下法律关系：一是主债权的债权人与债务人之间的主债关系；二是担保人与主债权人之间的担保关系；三是担保人与债务人之间的委托等关系；四是担保人与再担保人之间的反担保关系。在他人担保中，担保人在承担了担保责任后，有权向债务人追偿。在典型担保中，保证只能是他人担保，而抵押、质押也可以是他人担保。在非典型担保中，连带之债、并存的债务承担属于他人担保，而让与担保也可以是他人担保。

第三节　担保的设立和效力

一、担保的设立

担保的设立也即担保的设定，是指当事人通过协商设立担保关系。如前所述，担保有约定担保与法定担保之分。法定担保无须当事人设立，而约定担保须由当事人在平等、自愿的基础上设立。当事人协商设立担保的协议是一种双方民事行为，这种协议就是担保合同。

（一）担保合同的订立

1. 担保合同的当事人

在担保合同中，当事人双方是担保权人和担保人。担保权人是在担保合同中享有担保权利的一方。由于担保是保障债权实现的法律制度，所以，担保权人只能是主债的债权人。非为主债的债权人的，不能成为担保权人。担保人是为主债权提供担保，承担担保责任的一方。如前所述，担保有本人担保与他人担保之分。在本人担保中，担保人只能是主债务人。例如，定金担保，担保人只能是主债务人，主债务人之外的第三人不能充当担保人。在他人担保中，担保人只能是主债务人之外的第三人。例如，保证担保的担保人，只能是主债务人之外的第三人。当然，有些担保既可以是本人担保，也可以是他人担保，因此，担保人既可以是主债务人，也可以是主债务人之外的第三人。例如，在抵押担保、质押担保中，主债务人可以以其财产权设立抵押权、质权，第三人也可以以其财产设立抵押权、质权。

2. 担保合同的订立程序

担保合同如同其他合同一样，其订立要经过要约和承诺两个阶段。

在担保合同的订立中，要约是一方向另一方发出的以订立担保合同为目的的意思表示。就一般情况而言，担保人是在债权人的要求下才提供担保的，但债权人要求提供担保的意思表示一般并不构成要约，而是要约邀请，因为债权人的这种要求一般并不包含合同成立的主要条款。在债权人提出要求提供担保的要约邀请后，担保人向债权人提出的提供担保的意思表示构成要约。债权人如果接受担保人提出的提供担保的意思表示，则双方的意思表示一致，担保合同成立。否则，担保合同不能成立。

在本人担保中，担保人为主债务人，因此，担保人提出要约，担保权人同意后，双方之间成立担保合同。在他人担保中，担保人为主债务人之外的第三人。主债务人之外的第三人充当担保人，既可以是受主债务人委托提供担保，也可能是第三人为了主债务人的利益主动为债务人提供担保。但是，即使在第三人受委托为主债务人担保的情况下，主债务人向第三人提出的请求提供担保的意思表示和第三人同意提供担保的意思表示，也不是担保合同订立的必备程序。因为第三人与主债务人之间的关系并不是担保关系，而是担保的基础关系。在第三人受主债务人委托充当担保人时，主债务人与第三人之间的关系依其委托合同处理；在第三人未受委托而充当担保人时，第三人设立担保的行为可以构成无因管理。

3. 担保合同的内容和形式

担保合同的内容可以从两个方面理解：从民事法律关系而言，担保合同的内容是指当事人的权利和义务；从合同的表现形式而言，担保合同的内容是指担保合同的条款。我们这里所说的担保合同的内容，指的是担保合同的条款。

《担保法》第93条规定："本法所称保证合同、抵押合同、质押合同、定金合同可以是单独订立的书面合同，包括当事人之间的具有担保性质的信函、传真等，也可以是主合同中的担保条款。"可见，当事人可以单独订立担保合同（包括具有担保性质的信函、传真等），也可以在主合同中附加担保合同的内容。需要指出的是，当事人即使在主合同中附加担保的约款，该约款也不作为主合同的组成部分，而属于独立的担保合同。一般说来，担保合同应当具备以下条款：（1）担保合同的当事人；（2）担保方式，如保证担保、抵押担保、质押担保等；（3）被担保的主债权及其范围；（4）债务人履行债务的期限；（5）担保人的担保责任；（6）当事人认为需要约定的其他有关事项。

从《担保法》和《物权法》的规定来看，担保合同如保证合同、抵押合同、质权合同、定金合同应当采用书面形式。当事人没有采取书面形式订立担保合同的，其后果如何？理论上有不同的看法。我们认为，除法律另有特别规定外，未采用书面形式的担保合同不应仅因其书面形式的欠缺而无效。

（二）担保合同的有效条件

担保合同是一种双方民事行为，因此，担保合同的有效条件包括如下几项：

1. 当事人具有相应的民事行为能力

担保合同的双方当事人为担保权人和担保人。担保权人为主债中的债权人，因此，只要具有主债权人资格，即可成为担保权人。担保人可以是主债务人，也可以是第三人。无论是主债务人还是第三人作为担保人，均须具有担保能力。就人的担保来说，担保人不仅须具有民事行为能力，而且还须具有可为保证人的资格。凡是法律规定不得为保证人的，不具有为保证人的资格。如国家机关以及学校、幼儿园、医院等以公益为目的的事业单位、社会团体等，就不具有保证人的资格。就物的担保而言，担保人不仅须具有民事行为能力，而且还须对担保财产具有处分能力。对担保财产没有处分能力的债务人或第三人，不能成为物的担保的担保人。同时，如果法律对担保人的资格有特殊资格要求的，担保人只有具备了这种资格，才能具有担保能力。例如，《中华人民共和国公司法》（以下简称《公司法》）第16条中规定：公司为他人提供担保，依照公司章程的规定，由董事会或者股东会、股东大会决议；公司为公司股东或者实际控制人提供担保的，必须经股东会或者股东大会决议。

例题1 公司在经营活动中可以以自己的财产为他人提供担保。关于担保的表述中，下列哪一选项是正确的？（2008年司法考试题）

A. 公司经理可以决定为本公司的客户提供担保

B. 公司董事长可以决定为本公司的客户提供担保

C. 公司董事会可以决定为本公司的股东提供担保

D. 公司股东会可以决定为本公司的股东提供担保

解析：本题的考点是公司的担保能力。依《公司法》第 16 条规定，公司为他人提供担保的，依照公司章程的规定，由董事会或者股东会、股东大会决议；公司为公司股东或者实际控制人提供担保的，必须经股东会或者股东大会决议。因此，答案应为 D 项。

如果担保合同中的担保人是法人或其他组织的，其法定代表人或负责人不能超越权限订立担保合同。《担保法解释》第 11 条规定："法人或者其他组织的法定代表人、负责人超越权限订立的担保合同，除相对人知道或者应当知道其超越权限的以外，该代表行为有效。"这就是说，法人或其他组织的法定代表人或负责人超越权限订立担保合同，只有在相对人知道或应当知道时，担保合同才为无效。

如果担保合同是通过代理人订立的，须符合有效代理的规定。如果代理订立担保合同的行为人没有相应的代理权，或者滥用代理权，则担保合同会因无效代理而无效。当然，如果无权代理人的无权代理构成表见代理的，则担保合同可为有效。

2. 当事人的意思表示真实

担保合同是当事人意思表示一致的结果，而且是自愿协商的结果，因此，担保合同当事人的意思表示必须真实。所谓意思表示真实，是指当事人的表示行为必须真实地反映其内心的效果意思，即表示行为与效果意思须相一致。如果当事人关于担保的效果意思与表示行为不一致，或者一方关于担保的意思的形成受到了他方的不正当影响，担保合同则不发生效力。

至于担保合同当事人的意思表示不真实，担保合同是无效还是可撤销，理论上有不同的看法。我们认为，对此问题，应当依《合同法》关于可撤销合同的规定处理。如果当事人一方行使撤销权，则担保合同无效。例如，担保人在受欺诈、胁迫的情况下订立担保合同，或者因重大误解订立保证合同的，担保人即可行使撤销权使担保合同无效。《担保法解释》第 41 条中规定："债务人与保证人共同欺骗债权人，订立主合同和保证合同的，债权人可以请求人民法院予以撤销。"同理，债权人采取欺诈、胁迫等手段，使保证人在违背真实意思的情况下提供保证的，保证人亦有权撤销担保合同。

3. 不违反法律或社会公共利益

担保合同不违反法律的规定或社会公共利益，主要是指担保合同的内容、目的合法。如果担保合同的内容、目的违反法律、法规的规定，违反社会公共利益和社会公德，则担保合同无效。例如，以法律禁止抵押、质押的财产设立担保的，以合法形式掩盖非法目的，担保合同即因违法而无效。

（三）担保合同的无效及后果

担保合同应当具备法律所规定的有效条件，才能发生法律效力。同时，担保合同是主合同的从合同，因此，主合同无效也将导致担保合同无效。担保合同无效将不能发生当事人预期的法律后果，当事人之间不能产生担保的权利义务关系。但是，担保合同无效虽不能发生担保权利义务的法律后果，却并非不能发生任何法律后果。一般来说，在担保合同无效后，当事人之间会发生民事责任关系。

1. 主合同有效而担保合同无效

这里的担保合同无效，既包括担保合同的绝对无效，也包括相对无效即可撤销的担保合同因撤销而无效。如前所述，担保合同须具备合同的有效条件才能有效，不符合合同有效条件的担保合同则无效。依《担保法解释》的有关规定，担保合同的无效主要有以下情形：(1) 国家机关和以公益为目的的事业单位、社会团体提供担保的，担保合同无效（《担保法解释》第3条）；(2) 以法律、法规禁止流通的财产或者不可转让的财产设立担保的，担保合同无效（《担保法解释》第5条）；(3) 企业法人的分支机构未经法人书面授权提供保证的，保证合同无效（《担保法解释》第17条）；(4) 企业法人的职能部门提供保证的，保证合同无效（《担保法解释》第18条）；(5) 以法定程序确认为违法、违章的建筑物抵押的，抵押合同无效（《担保法解释》第48条）；(6) 违反法律规定订立的跨境担保合同无效（《担保法解释》第6条）。

《担保法》第5条第2款规定："担保合同被确认无效后，债务人、担保人、债权人有过错的，应当根据其过错各自承担相应的民事责任。"按照这一规定，担保合同被确认无效后，不仅担保合同的双方当事人即担保人和债权人因其过错应承担相应的民事责任，而且债务人有过错的，也应承担相应的民事责任。那么，债务人、担保人、债权人的民事责任应当如何分担呢？对此，《担保法解释》第7条规定："主合同有效而担保合同无效，债权人无过错的，担保人与债务人对主合同债权人的经济损失，承担连带赔偿责任；债权人、担保人有过错的，担保人承担民事责任的部分，不应超过债务人不能清偿部分的二分之一。"按照这一规定，在担保合同无效后，当事人之间的民事责任承担应按下列标准确定：一是债权人无过错的，若担保人与债务人均有过错，则双方对主合同债权人的损失应当承担连带赔偿责任；二是债权人、担保人有过错的，担保人承担的民事责任，不应超过债务人不能偿还部分的1/2。《担保法解释》第7条机械地将担保人的民事责任限制在债务人不能清偿部分的1/2以内，这就忽视了过错在确定责任中的作用。就是说，即使担保人的过错再大，如担保人对担保合同无效存在故意，而债权人对担保合同无效存在一般过错，担保人所承担的责任也不能超过债务人不能清偿部分的1/2。可见，担保人的民事责任"不应超过债务人不能清偿部分的二分之一"的限制尽管有利于法官掌握，但不利于法官根据案情酌情处理案件。①

2. 担保合同因主合同无效而无效

《担保法》第5条第1款规定："担保合同是主合同的从合同，主合同无效，担保合同无效。担保合同另有约定的，按照约定。"担保合同是以担保债权实现为目的的合同，属于从合同，其命运决定于主合同。因此，主合同无效，担保合同当然无效。应当指出的是，主合同无效导致担保合同无效只是一般原则，当事人也可以作出担保合同不随主合同的无效而无效的另外约定，即约定在主合同无效的情况下，担保合同有效。但是，对于设立担保物权的担保合同，依《物权法》第172条第1款规定，主债权债务合同无效，只有法律另有规定时，担保合同才可有效。如果当事人有担保合同不随主合同无效而无效的约定或者依法律规定担保合同不因主债权债务合同无效而无效的，则会发生两种后果：一是在主合同有效的情况下，担保合同有效，其法律后果是担保人对有效的主合同承担担保责任；二是在主合同无效的情况下，担保合同亦有效，其法律后果是担保人对主合同无效的后果承担担保责任。

那么，在主合同无效而导致担保合同无效的情况下，担保人是否应当承担民事责任呢？对

① 参见房绍坤：《民商法问题研究与适用》，252页，北京，北京大学出版社，2002。

此，《担保法解释》第 8 条规定："主合同无效而导致担保合同无效，担保人无过错的，担保人不承担民事责任；担保人有过错的，担保人承担民事责任的部分，不应超过债务人不能清偿部分的三分之一。"按照这一规定，在主合同无效导致担保合同无效时，如果担保人没有过错的，则不承担民事责任；如果担保人有过错，则应承担民事责任，但其民事责任的范围不能超过债务人不能清偿部分的 1/3。有学者指出，之所以这样规定，是因为在主合同无效方面，债权人和债务人大多属于混合过错或有过失情形，此时虽然担保人有过错，但其责任不应超过主合同当事人的责任。退而言之，即使主合同当事人中有一方没有过错，而担保人有过错，但由于担保合同无效是主合同无效所致，担保人的责任也不应超过主合同当事人的责任。① 我们认为，这一解释是不合适的。第一，担保人并不是主合同的当事人，不应对主合同一方因合同无效而产生的损失承担民事责任，即使担保人明知或应知主合同无效而提供担保且该担保是主合同成立的基础，也不能认为担保人对于主合同的无效有过错，因为担保合同无论如何只能是从合同，主合同的效力不会决定于从合同。当然，如果担保人与债务人通谋而致使主合同无效的，则担保人应当承担民事责任，但此时担保人的民事责任已不属于"主合同无效而导致担保合同无效"的责任。② 第二，按该条解释，担保人承担责任的范围的基础是"债务人不能清偿部分"。但是，在主合同无效的情况下，合同是没有履行效力的；而没有履行效力的合同，就无所谓"清偿"，当然也就不会存在"不能清偿"问题，也就无法确定"不能清偿部分"。既然无法确定债务人的"不能清偿部分"，实际上也就无法确定担保人的责任范围。第三，即使按照"不能清偿部分"确定担保人的责任范围，责任分担也是不合理的，损害了债权人的利益。从主合同无效的情况看，当事人的主观状态一般有如下三种情况：一是债权人与债务人均有过错，二是债权人无过错而债务人有过错，三是债权人有过错而债务人没有过错。可见，该条解释仅就第一种情况确定担保人的责任，而忽视了后两种情况。而在后两种情况下，按照过错责任的一般原理，担保人的责任范围显然不能是债务人"不能清偿部分"的 1/3。在债权人无过错而债务人有过错的情况下，主合同无效导致担保合同无效后，担保人的责任应当是债务人"不能清偿部分"的全部，而不应当是"不能清偿部分"的 1/3；在债权人有过错而债务人没有过错的情况下，主合同无效导致担保合同无效后，担保人的责任应当是债务人"不能清偿部分"的 1/2。可见，在这两种情况下，担保人的责任分担明显不利于债权人。③

依《担保法解释》第 9 条第 1 款规定，在担保人因无效担保合同向债权人承担民事责任后，有权向债务人追偿，或者在承担赔偿责任的范围内，要求有过错的反担保人承担赔偿责任。

二、担保的效力

担保的效力是指在担保成立后所发生的法律后果。如前所述，担保有约定担保与法定担保之分。在约定担保的情况下，担保合同成立并生效，担保即为成立。在法定担保的情况下，只要具备了法律所规定的条件，担保即为成立。担保成立后，担保对担保权人、担保人、被担保人均会发生一定的效力。

---

① 参见王闯：《对最高人民法院〈关于适用担保法若干问题的解释〉的若干理解》，载《判解研究》，2000 (2)。

② 参见郭明瑞：《担保法》，2 版，15～16 页。

③ 参见房绍坤：《民商法问题研究与适用》，252～253 页。

（一）担保对担保权人的效力

担保成立后，担保对于担保权人的效力主要体现为担保权人取得担保权。所谓担保权，是指担保权人所享有的请求担保人或以担保财产清偿其债权的权利。在担保中，担保权可以从以下几个方面理解：

第一，担保权是为担保主权利而存在的从权利。因此，担保权的效力决定于主债权的效力，具有从属性。

第二，担保权的行使须具备法律所规定的条件。担保权是为保障债权实现而设定的权利，因此，担保权只能在一定条件下，通过特定的方式才能行使。当然，担保权行使的条件和方式，因担保权标的不同而有所不同。例如，在抵押担保、质押担保、留置担保等物的担保中，担保权是在债务人不履行债务时，以担保财产的价值优先受偿的方式得以实现的；在保证担保中，担保权是在债务人不履行债务时，担保权人通过请求担保人承担保证责任的方式实现的；在金钱担保中，担保权是在债务人不履行债务时，通过收取定金或双倍返还定金的方式得以实现的。

第三，担保权的性质因担保方式的不同而不同。在人的担保、金钱担保和非典型物的担保中，担保权仅具有债的性质，为相对性权利，不具有对抗第三人的效力；而在典型物的担保中，担保权为物权，具有对抗第三人的效力。

（二）担保对担保人的效力

担保成立后，担保对于担保人主要发生如下两个方面的效力：

第一，担保人承担担保责任。担保责任又称担保义务，是指担保人所承担的清偿担保权人的债权的责任。担保责任因担保种类的不同，其表现形式也有所不同。例如，在人的担保中，担保责任为一种人的责任，担保人是以自己的财产清偿担保权人的债权；在物的担保中，担保责任为物的责任，担保人是以其提供的担保物的价值清偿担保权人的债权；在金钱担保中，担保责任为金钱责任即定金责任，担保人是以一定的金钱担保合同的债权。

从担保责任的限度看，担保责任可以是有限担保责任，也可以是无限担保责任。有限担保责任是指担保人仅对担保权人的特定部分债权承担担保责任。所以，有限责任担保又称为限额担保。无限担保责任是指担保人对担保权人的全部债权承担担保责任。所以，无限责任担保又称为全额担保。担保责任究竟是有限责任还是无限责任，在约定担保中，得由担保人与担保权人约定，若无约定，担保人承担的担保责任为无限责任，而物的担保则以担保物的价值为限度；在法定担保中，担保责任的范围取决于法律规定。

担保人承担担保责任须具备一定条件，并采取相应的方式。实际上，担保权人行使担保权，也就是担保人承担担保责任。因此，担保权的行使条件和方式也就是担保人承担担保责任的条件和方式。当然，无论是担保权的行使，还是担保责任的承担，都须以主债权债务存在为前提。如果主债权债务不存在，则担保权或担保责任即不会发生。但是，《担保法解释》第 10 条规定："主合同解除后，担保人对债务人应当承担的民事责任仍应承担担保责任。但是，担保合同另有约定的除外。"对这一规定，应当从两个方面理解：一方面，只有在主合同解除债务人应当承担民事责任时，担保人才能承担担保责任；另一方面，担保人所承担的担保责任仅限于担保合同中约定的担保责任的范围。对于担保合同约定的担保责任之外的债务，担保人不承担担保责任。

第二，在第三人充当担保人时，担保人在承担了担保责任后，对主债务人享有追偿权。在第三人充当担保人时，无论其是基于何种原因而提供担保，担保人承担担保责任都是代替债务人履行债务。因此，在担保人承担担保责任后，对主债务人享有追偿权。例如，《担保法》第31条规定："保证人承担保证责任后，有权向债务人追偿。"《物权法》第176条中规定："提供担保的第三人承担担保责任后，有权向债务人追偿。"

（三）担保对被担保人的效力

担保成立后，担保对于被担保人而言，是对主债的效力的加强和补充，并不减轻或削弱被担保人的债务。因此，被担保人作为主债的债务人仍应向债权人履行自己的债务。如果被担保人履行了自己的债务，担保人的担保责任则不会发生。因此，被担保人不履行债务，是担保责任发生的基本条件。

如前所述，第三人为担保人的，在其承担担保责任后，担保人对被担保人享有追偿权。相应地，被担保人负有向担保人返还的义务，就担保人代其清偿的债权额向担保人偿还之。

第四节　反担保

一、反担保的概念和特点

《担保法》第4条第1款和《物权法》第171条第2款中规定：第三人为债务人向债权人提供担保的，可以要求债务人提供反担保。《担保法解释》第2条第1款规定："反担保人可以是债务人，也可以是债务人之外的其他人。"根据这些规定，反担保是指债务人或第三人为确保担保人承担担保责任后实现对主债务人的追偿权而设立的担保。

反担保也是一种担保，但与担保相比，反担保具有如下特点：

第一，反担保以担保的存在为前提。反担保作为一种担保，亦具有从属性。反担保的从属性可以从两个方面来看：一方面，反担保直接从属于担保。反担保是为担保人所设立的担保，因此，只有担保存在，反担保才能存在；没有担保的存在，反担保自然不能存在。因此，担保与反担保之间是一种主从关系。担保不成立、无效或被撤销的，则反担保同样不成立、无效或被撤销。另一方面，反担保间接从属于担保中的主合同。这是因为，担保中的主合同不存在的，担保亦不存在，而担保不存在，反担保也就不能存在。

第二，反担保中的债权人是为债务人提供担保的第三人。在反担保中，双方当事人是反担保人和担保人。其中，反担保人是义务人。反担保人可以是债务人或者债务人以外的第三人，还可以是债务人与第三人共同担任。而且该第三人要求债务人再提供反担保的，该再反担保人也可以是其他第三人，而不限于债务人。担保人是权利人，只能是在担保中为债务人提供担保的第三人。如果在担保中，债务人自己为担保人的，则不会发生反担保问题。

第三，反担保所保障的对象是担保人对债务人的追偿权。因此，反担保又称为求偿担保。任何担保都是为担保债权的实现而设立的，反担保也不例外，反担保的对象是担保人对债务人的追偿权。因此，在不存在追偿权的担保方式中，不能设立反担保。例如，在留置担保、定金担保中就无反担保的适用。反担保所担保的追偿权属于附延缓条件的未来债权，只有在担保人于债务人不履行债务而承担了担保责任时才能生效。如果债务人履行了清偿义务，则担保人的追偿权就不能生效，反担保也就不能生效。因此，只有在担保人承担担保责任后，担保人享有对债务人的追偿权时，反担保人才能承担反担保责任。

二、反担保的意义

反担保也是一种担保，因此，反担保亦具有促进资金融通和商品流通、保障债权实现的意义。但反担保与担保相比，又具有特殊的意义，这主要体现为两个方面：一方面，反担保有利于维护担保人的利益。第三人为债务人提供担保后，债务人不履行债务的，担保人就应承担担保责任。法律为保护担保人的利益，赋予担保人向债务人追偿的权利。但是，担保人的追偿权能否实现，完全取决于债务人的财力。通过反担保制度，担保人在承担担保责任后，就可以要求反担保人承担担保责任，从而有利于满足担保人的追偿要求。另一方面，反担保有利于促进担保关系的设立。在市场经济条件下，市场主体从自身的利益出发，一般不愿为债务人提供担保。但通过反担保制度，担保人的利益有了可靠的保障，担保人就可以放心地为债务人提供担保，从而有助于促进担保关系的设立。

三、反担保的方式

《担保法》第 4 条第 2 款规定："反担保适用本法担保的规定。"《物权法》第 171 条第 2 款中规定："反担保适用本法和其他法律的规定。"因此，有关反担保的设立、反担保的有效条件、反担保当事人的权利义务、反担保的实现方式等，均应适用法律有关担保的规定。那么，反担保的方式是否适用《担保法》的相关规定呢？就是说，保证、抵押、质押、留置和定金这五种担保方式能否作为反担保的方式呢？对此，理论上存在着不同的看法。

【学术争鸣】

第一种观点认为，反担保方式有保证、抵押、质押、留置和定金。[①] 第二种观点认为，反担保方式只有保证、抵押和质押。[②] 第三种观点认为，反担保只能在原担保为保证、抵押和质押的情况下，由债务人就自己的财产设立抵押或质押甚至定金的担保方式。[③]

我们认为，反担保的方式只能是保证、抵押、质押。对此，《担保法解释》第 2 条第 2 款规定："反担保方式可以是债务人提供的抵押或者质押，也可以是其他人提供的保证、抵押或者质押。"这一规定只承认保证、抵押、质押为反担保的方式，排除了留置、定金作为反担保的方式，这是正确的。

首先，留置、定金不能作为反担保方式。留置权属于法定担保，且担保人与债务人为同一个人。所以，留置权自然不能作为反担保的方式。定金担保只能产生在债权人和债务人之间，即担保人与债务人为同一个人。同时，定金只是在双务合同的情况下才适用的，而担保人和反担保人之间并无双务合同的存在，所以，定金不能作为反担保方式。

其次，保证可以作为反担保的方式。保证属于人的担保，保证人系以自己的信用为债务人

---

① 参见唐德华等：《最新担保法条文释义》，17 页，北京，人民法院出版社，1995；刘俊海等：《最新担保法实用问答》，7 页，北京，人民法院出版社，1995。

② 参见刘保玉：《反担保初探》，载《法律科学》，1997 (1)。

③ 参见陈小君等：《论反担保》，载《法商研究》，1997 (1)。

的债务履行提供担保。为保证担保人追偿权的实现，担保人和债务人之外的其他人可以通过保证的方式设立反担保。当担保人承担担保责任后，由反担保人按照约定向担保人承担反担保的保证责任。当然，在反担保的方式为保证时，反担保人只能是债务人之外的其他人，而不能是债务人。

再次，抵押、质押可以作为反担保方式。当第三人为债务人提供担保时，为保证担保人的追偿权实现，债务人可以作为反担保人为担保人设立抵押、质押，债务人之外的其他人也可以作为反担保人为担保人设立抵押、质押。

可见，反担保的方式只能是保证、抵押、质押。因此，在担保为保证的情况下，反担保的方式可以是保证、抵押或质押；在担保为抵押或质押的情况下，反担保方式也可以是保证、抵押或质押。因此，反担保与担保之间的关系是十分复杂的，在适用反担保时，应认真分析担保与反担保的方式。

四、反担保与担保的区别

反担保与担保虽然都属于担保的范畴，但二者因设立的目的不同而存在诸多差别，主要体现在以下几个方面：

第一，二者担保的对象不同。担保所担保的对象是主债权，而且这种债权在担保设立时，其数额已确定，至少其债权范围是确定的（如最高额抵押、最高额保证）；而反担保所担保的对象则是担保人对被担保人在承担担保责任后的追偿权，属于一种附延缓条件的未来债权。这种债权在反担保设立时，其数额和范围都是不确定的。当然，这种债权的数额与范围应当以担保责任额为限。

第二，二者的当事人不同。在担保中，担保权人是主债权人，担保人为主债务人或者第三人；而在反担保中，担保权人只能是担保中的担保人而不能是主债权的债权人或者主债务人，而担保人可以是主债务人，也可以是第三人。

第三，二者的担保方式不同。在担保中，担保的方式可以是保证、抵押、质押、留置、定金等典型担保，也可以是让与担保、所有权保留等非典型担保；而反担保的方式只能是保证、抵押、质押。

第四，二者的担保责任承担条件不同。在担保中，担保人承担担保责任的条件是债务人不履行债务；而是反担保中，担保人承担反担保责任的条件是债务人不履行债务而使担保人承担了担保责任。

第五，二者的适用范围不同。在担保中，担保可以是依法律规定而产生的法定担保，也可以是依当事人约定而产生的约定担保；而反担保只能是约定担保，而不能是法定担保。

第五节　跨境担保

一、跨境担保的概念和特点

跨境担保是指担保人向债权人书面作出的、具有法律约束力、承诺按照担保合同约定履行相关付款义务并可能产生资金跨境收付或资产所有权跨境转移等国际收支交易的担保行为。跨境担保具有如下特点：

第一，跨境担保关系的要素须有境外因素。担保关系的要素包括担保关系当事人、担保物权登记地等。担保关系当事人的任何一方或担保物权登记地在境外的，即构成跨境担保。担保关系当事人是否处于境外，应当按照担保关系当事人的注册地确定。

第二，跨境担保的内容仅限于付款责任。在跨境担保中，担保人仅是承诺按照担保合同的约定履行相关付款义务，不承担合同的履行责任。也就是说，无论担保人提供的跨境保证，还是跨境物权担保（抵押、质押），担保人均不以合同的实际履行为担保内容，而仅于一定条件下承担付款责任。

第三，跨境担保责任的承担涉及国际收支交易。在跨境担保中，由于担保人仅承担付款责任，因而，在担保人承担担保责任时，不仅会发生资金的跨境收付，也可能会发生资产所有权的跨境转移。由于这类国际收支交易涉及外汇收支，国家对此须进行外汇管理。

二、跨境担保的种类

（一）内保外贷、外保内贷和其他形式跨境担保

根据担保关系要素的境外因素，跨境担保可以分为内保外贷、外保内贷和其他形式跨境担保。

内保外贷是指担保人注册地在境内、债务人和债权人注册地均在境外的跨境担保。内保外贷的特点在于，担保人须处于境内，而债务人和债权人均须处于境外。

外保内贷是指担保人注册地在境外、债务人和债权人注册地均在境内的跨境担保。外保内贷的特点在于，担保人须处于境外，而债务人和债权人均须处于境内。

其他形式跨境担保是指除内保外贷和外保内贷以外的其他跨境担保情形。这类跨境担保主要包括以下情形：（1）担保人在境内，债务人与债权人分属境内或境外的跨境担保；（2）担保人在境外，债务人与债权人分属境内或境外的跨境担保；（3）担保当事各方均在境内，担保物权登记地在境外的跨境担保；（4）担保当事各方均在境外，担保物权登记地在境内的跨境担保。

（二）融资性跨境担保和非融资性跨境担保

根据担保的目的，跨境担保可以分为融资性跨境担保和非融资性跨境担保。

融资性跨境担保是指担保人为融资性付款义务所提供的担保。在融资性跨境担保中，付款义务主要来源于具有融资合同一般特征的相关交易，如普通借款、债券、融资租赁、有约束力的授信额度等。

非融资性跨境担保是指担保人为非融资性付款义务提供的担保。在非融资性跨境担保中，付款义务主要来源于不具有融资合同一般特征的交易，如招投标担保、预付款担保、延期付款担保、货物买卖合同下的履约责任担保等。

三、跨境担保的设立

（一）跨境担保的担保人

在跨境担保中，担保人的资格因担保种类不同而有不同的要求。例如，在内保外贷中，担保人为银行和非银行金融机构或企业（以下简称非银行机构），境内个人可以作为担保人并参照非银行机构办理内保外贷业务。当金融机构作为担保人时，按照行业主管部门规定，应当具有相应担保业务经营资格；以境内分支机构名义提供的跨境担保，应当获得相应授权。在外保内贷中，担保人并无相关资格要求，境外机构或个人均可以提供跨境担保。

在担保人资格上，跨境担保不同于境内担保的一个重要特点在于，无论跨境担保是保证担保还是物权担保，其担保人只能是债权人与债务人之外的第三人，债务人不能作为担保人。

（二）跨境担保合同

在跨境担保中，担保人须与债权人签订担保合同。由于跨境担保的种类不同，跨境担保合同的要求也有所不同。

在内保外贷中，担保人办理担保业务的，在遵守国家法律法规、行业主管部门规定及外汇管理规定的前提下，可以自行签订内保外贷合同，无须国家外汇管理局的审批。担保人在办理内保外贷业务时，应当对债务人主体资格、担保项下资金用途、预计的还款资金来源、担保履约的可能性及相关交易背景进行审核，对是否符合境内外相关法律法规进行尽职调查，并以适当方式监督债务人按照其申明的用途使用担保项下资金。在发生内保外贷履约时，如担保人为银行的，可以自行办理担保履约项下对外支付；如担保人为非银行机构的，可以凭担保登记文件直接到银行办理担保履约项下购汇及对外支付。在境外债务人偿清因担保人履约而对境内担保人承担的债务之前，未经国家外汇管理局批准，担保人须暂停签订新的内保外贷合同。

在外保内贷中，境内非金融机构从境内金融机构借用贷款或获得授信额度，在同时满足以下条件的前提下，可以接受境外机构或个人提供的担保，并自行签订外保内贷合同：（1）债务人为在境内注册经营的非金融机构；（2）债权人为在境内注册经营的金融机构；（3）担保标的为金融机构提供的本外币贷款（不包括委托贷款）或有约束力的授信额度；（4）担保形式符合境内、外法律法规。若外保内贷业务发生担保履约的，在境内债务人偿清其对境外担保人的债务之前，未经国家外汇管理局批准，境内债务人应暂停签订新的外保内贷合同；已经签订外保内贷合同但尚未提款或尚未全部提款的，未经所在地外汇管理局批准，境内债务人应暂停办理新的提款。

在其他形式跨境担保中，境内机构提供或接受除内保外贷和外保内贷以外的其他形式跨境担保的，在符合境内外法律法规和《跨境担保外汇管理规定》的前提下，可以自行签订跨境担保合同。除外汇管理局另有明确规定外，担保人、债务人不需要就其他形式跨境担保到外汇管理局办理登记或备案。境内机构办理其他形式跨境担保的，可以自行办理担保履约。

应当指出的是，按照《跨境担保外汇管理规定》第 27 条的规定，担保人、债务人不得在明知或者应知担保履约义务确定发生的情况下签订跨境担保合同。担保人、债务人和债权人可以按照合理商业原则，依据以下标准判断担保合同是否具备明显的担保履约意图：（1）签订担保合同时，债务人自身是否具备足够的清偿能力或可预期的还款资金来源；（2）担保项下借款合同规定的融资条件，在金额、利率、期限等方面与债务人声明的借款资金用途是否存在明显不符；（3）担保当事各方是否存在通过担保履约提前偿还担保项下债务的意图；（4）担保当事各方是否曾经以担保人、反担保人或债务人身份发生过恶意担保履约或债务违约。

四、跨境担保的管理

跨境担保的管理主要登记管理，即担保关系的当事人应当按照规定办理相应登记手续。但应当指出的是，外汇管理局对跨境担保合同的核准、登记或备案情况以及其他管理事项与管理要求，并不是跨境担保合同的生效要件。按照《跨境担保外汇管理规定》的规定，跨境担保的登记管理主要包括以下内容：

第一，内保外贷的管理。担保人签订内保外贷合同的，根据担保主体不同实行分类登记管理：因银行出具的担保手续相对于非银行机构较为规范、成熟，故登记方式主要采用利用现有资本项目信息系统对内保外贷业务进行登记报告，即由担保人通过数据接口程序或其他方式向外汇管理局报送内保外贷业务相关数据；而对于非银行机构，因其抵抗风险能力差、国际信用度较低，故登记方式要求为在签订担保合同后 15 个工作日内到所在地外汇管理局办理内保外贷签约登记手续。当担保合同或担保项下债务合同主要条款发生变更（包括债务合同展期以及债务或担保金额、债务或担保期限、债权人等发生变更）时，担保人应当在 15 个工作日内办理内保外贷变更登记手续。外汇管理局应当按照真实、合规原则对非银行机构担保人的登记申请进行程序性审核，并为其办理登记手续。

在担保人付款责任到期、债务人清偿担保项下债务或发生担保履约后，担保人应办理内保外贷登记注销手续。若内保外贷业务发生担保履约的，成为对外债权人的境内担保人或反担保人应当按规定办理对外债权登记手续。

第二，外保内贷的管理。境内债务人向债权人申请办理外保内贷业务时，应当真实、完整地向债权人提供其已办理外保内贷业务的债务违约、外债登记及债务清偿情况。外保内贷业务发生境外担保履约的，境内债务人应到所在地外汇管理局办理短期外债签约登记及相关信息备案手续。国家外汇管理局在外债签约登记环节，对债务人外保内贷业务的合规性进行事后核查。境外担保人向境内金融机构为境内若干债务人发放的贷款组合提供部分担保（风险分担），发生担保履约（赔付）后，如合同约定由境内金融机构代理境外担保人向债务人进行债务追偿，则由代理的金融机构向外汇管理局报送外债登记数据。

第三，其他形式的跨境担保的管理。在其他形式的跨境担保中，担保项下对外债权债务需要事前审批或核准，或因担保履约发生对外债权债务变动的，应按规定办理相关审批或登记手续。如果担保人在境内、债务人在境外，担保履约后构成对外债权的，应当办理对外债权登记；担保人在境外、债务人在境内，担保履约后发生境外债权人变更的，应当办理外债项下债权人变更登记手续。

第四，物权担保外汇管理。在物权担保中，当担保人与债权人分属境内、境外，或担保物权登记地（或财产所在地、收益来源地）与担保人、债权人的任意一方分属境内、境外时，境内担保人或境内债权人应按下列规定办理相关外汇管理手续：（1）当担保人、债权人注册地或担保物权登记地（或财产所在地、收益来源地）至少有两项分属境内外时，担保人实现担保物权的方式应当符合相关法律规定；（2）除另有明确规定外，担保人或债权人申请汇出或收取担保财产处置收益时，可以直接向境内银行提出申请，在银行审核担保履约真实性、合规性并留存必要材料后，担保人或债权人可以办理相关购汇、结汇和跨境收支；(3) 相关担保财产所有权在担保人、债权人之间发生转让，按规定需要办理跨境投资外汇登记的，当事人应办理相关登记或变更手续。

担保人为第三方债务人向债权人提供物权担保，构成内保外贷或外保内贷的，应当按照内保外贷或外保内贷相关规定办理担保登记手续，并遵守相关规定。如果经外汇管理局登记的物权担保因任何原因而未合法设立的，担保人应到外汇管理局注销相关登记。应当指出的是，境内机构为自身债务提供跨境物权担保的，不需要办理担保登记。

问题与思考

1. 担保法的基本原则有哪些？
2. 担保具有哪些特点？
3. 试述担保的设立。
4. 担保有哪些效力？
5. 反担保与担保有何区别？
6. 试述跨境担保的特点和适用范围。
7. 案例分析：

2000 年 4 月 30 日，甲银行与乙厂、丙乡人民政府签订了保证担保借款合同。合同约定：乙厂向甲银行借款 50 万元，作为乙厂的流动资金，贷款期限为 1 年，由丙乡人民政府提供担保。合同签订后，甲银行向乙厂如期提供了贷款。贷款到期后，乙厂因经营不善，无力偿还贷款。于是，甲银行要求丙乡人民政府偿还贷款。请回答以下问题：

(1) 甲银行与丙乡人民政府之间的担保合同是否有效？

(2) 丙乡人民政府对甲银行的损失是否应承担赔偿责任？

8. 案例分析：

甲厂向银行贷款 100 万元，用于更新设备，乙厂提供保证担保。因担心甲厂不能如期偿还贷款，乙厂与甲厂法定代表人丙签订了一份抵押合同，约定丙以自己的一套别墅为乙厂对甲厂提供的保证担保提供抵押担保，并办理了抵押登记。贷款到期后，甲厂无力偿还贷款，乙厂代替甲厂偿还了全部贷款及利息，共计 110 万元。乙厂偿还贷款后，便向丙提出要求行使抵押权，但遭到丙的拒绝。请回答如下问题：

(1) 乙厂与丙之间是否成立反担保关系？

(2) 若乙厂与丙之间成立反担保关系，则反担保的对象是什么？

第二章

保　证

本章概要

保证属于人的担保，是保证人以其信用担保债务人履行债务。保证的方式包括一般保证和连带责任保证。在保证中，当事人须明确保证债务的性质、范围及保证期间。保证成立后，在保证人与债权人之间、保证人与主债务人之间均发生一定的效力，当事人均享有一定的权利。保证人的保证责任因具备法律规定的原因而免除或消灭。在保证中，最高额保证、共同保证属于特殊保证。本章重点问题包括：保证的概念和特点、保证合同的成立、保证方式、保证债务的性质和范围、保证期间、保证的效力、保证责任免除和消灭的事由、最高额保证的特点、共同保证的种类及效力。

关键术语

保证　一般保证　连带责任保证　保证期间　保证人求偿权　保证人代位权　最高额保证　共同保证

第一节　保证的概念和特点

一、保证的含义

《担保法》第 6 条规定，保证是指保证人和债权人约定，当债务人不履行债务时，保证人按照约定履行债务或者承担责任的行为。依据这一规定，保证具有以下含义：

（一）保证是一种双方民事行为

双方民事行为是须有双方当事人的意思表示一致才能成立，仅有单方意思表示不能成立的民事行为。保证是否为经债权人与保证人合意而实施的双方民事行为，理论上并非无争议。例如，在英美担保法上，保证由保证人单方签署保证书给债权人即可生效，而无须债权人的同意。在大陆法系，保证被定位为一种合同，故需要保证人与债权人的合意。在我国，《担保法解释》第 22 条第 1 款规定：“第三人单方以书面形式向债权人出具担保书，债权人接受且未提出异议的，保证合同成立。”这一规定被有的学者称为“确认了单方面出具担保书的有效性”，该学者进而主张保证可以是单方民事行为。我们认为，依《担保法解释》第 22 条规定，第三人单方出具担保书，须经债权人接受，这也就是说双方的意思表示须一致，保证才能成立。同时，《担保法》第 13 条规定：“保证人与债权人应当以书面形式订立保证合同。”因此，在我国担保法上，保证是双方民事行为，仅有一方的意思表示不能成立担保法上的保证。

保证是一种双方民事行为，且不属于身份关系的协议，因此，除担保法的特别规定外，应当适用合同法的有关规定。① 在保证关系中，除保证人与主债权人之间存在保证合同关系外，保证人与主债务人之间也存在某种法律关系，这种关系多为委托合同关系，有时为无因管理或赠与关系。因此，学理上称保证存在三方面的法律关系。② 但应当指出，保证乃债权人与保证人之间的双方民事行为，而绝非涉及三方主体的民事行为。保证人与主债务人之间的法律关系是另一层面的问题，即使其有无效或被撤销的事由，对保证的效力亦不产生任何影响。③

（二）保证是对主债务履行的担保行为

保证是保证人以自己的信用担保债务人履行债务，因而保证人只能是债务人以外的第三人，而不能是债务人本身。债务人对自己履行债务提供担保的，不为保证。例如，债务人对自己产品的质量所作出的保证，并不是担保法上的保证。同时，不以债务履行为担保目的的行为，亦不属于担保法上的保证。例如，人事保证就不是我国担保法上的保证。严格地说，实践中常见的银行向债权人保证监督专款专用、保证人对债务人的注册资金提供的保证，均不属于担保法意义上的保证。

（三）保证是当事人约定于债务人不履行债务时由保证人承担保证责任的行为

依保证合同，当债务人不履行债务时，保证人应当按照约定履行债务或者承担责任。保证人的这一义务也就是保证债务，或称保证责任。可见，债务人不履行债务是保证人承担保证债务的前提条件。那么应当如何理解“债务人不履行债务”呢？对此，理论上存在着不同的看法。

【学术争鸣】

第一种观点认为，债务人不履行债务仅指履行不能，且仅限于主债务人客观上无法履行债务或是没有能力履行债务，而不包括债务人主观上不愿履行债务或拒绝履行债务。④ 另一种观点认为，债务人不履行债务包括给付迟延、给付不能、不完全给付、拒绝给付等。⑤

我们认为，如果当事人没有特别约定，所谓的债务人不履行债务应依保证方式之不同而异其理解。就一般保证而言，由于保证人享有先诉抗辩权，只有债权人提起诉讼或申请仲裁并强

---

① 参见郭明瑞：《担保法》，2 版，28 页。
② 参见王泽鉴：《民法概要》，452 页，北京，中国政法大学出版社，2003。
③ 参见邱聪智：《新订债法各论》下，343 页，北京，中国人民大学出版社，2006。
④ 参见李国光主编：《担保法新释新解与适用》，182 页。
⑤ 参见邱聪智：《新订债法各论》下，345 页。

制执行主债务人的财产而未获得全部适当清偿，才能请求保证人履行保证债务，此时主债务人实际上已履行不能；而就连带责任保证而言，保证人不享有先诉抗辩权，当债务人不能履行债务时，主债权人可以要求主债务人承担债的不履行责任，也可以请求保证人履行保证债务。此时，主债务人并不一定陷入履行不能，还可能是履行迟延、不完全给付等债务不履行行为。

二、保证的特点

关于保证的特点，可从以下几个方面概括：

(一) 保证具有从属性

保证债务是主债务的从债务，保证合同是主合同的从合同。作为从债的保证当然具备从属性，这主要体现在以下几个方面：

1. 保证以主债的有效存在为前提

保证以主债的存在为前提，并于主债存续中从属于主债。主债关系无效的，作为从债的保证一般也无效。当然，保证以主债的有效存在为前提只是一般原则，这种从属性也存在着例外。例如，我国台湾地区“民法”第 743 条规定，保证人对于因行为能力之欠缺而无效之债务，如知其情事而为保证者，其保证仍为有效。再如，法国最高法院商事庭于 1982 年 11 月 17 日的判决指出，如果借款合同已被撤销，只要当事人尚未恢复至借贷合同缔结之前的状态，与该借贷合同相关联的返还义务仍然有效，因此，只要这一有效的债务没有消灭，在同意给予借贷时作为考虑依据的保证就仍然存在。①

在一般情况下，保证的成立须以主债的存在为前提，即先有主债后有保证。但在某种情况下，也可以先设立保证，而后成立主债，最高额保证或者以将来发生的债为标的的保证即是如此。但无论何种情况，只有主债有效存在，保证才能有效存在。因此，债权人要求保证人承担保证责任的，不仅须证明保证债务的存在，而且还须证明主债的存在。

2. 保证债务的范围与强度从属于主债务

保证人可以与债权人协商保证担保的范围，但保证债务的范围和强度不得大于主债务；当事人约定的保证债务的范围与强度大于主债务的，应减到主债务的限度。例如，主债务附有条件者，不能使保证债务不附条件；约定的保证担保的利息高于主债务利息的，应减至与主债务相同的利息；保证担保的数额高于主债务的，应减为与主债务相同的数额；主债务的数额于保证合同成立后减少的，保证债务的数额也相应地减少。既然保证的范围与强度从属于主债，当主债务的范围与强度压缩或降低时，保证债务的范围与强度随之降低；但反之却不然，如主债务人与债权人约定扩张主债务的范围时，如未经保证人同意，这一扩张对保证人不产生效力。② 当事人约定的保证债务的履行期先于主债务履行期的，其约定无效。对此，《担保法解释》第 32 条第 1 款规定：“保证合同约定的保证期间早于或者等于主债务履行期限的，视为没有约定，保证期间为主债务履行期届满之日起六个月。”

3. 保证债权随主债权的转移而转移

保证债权是主债权的从权利，随主债权的转移而转移。这种转移属于法定转移，无须当事

---

① 参见罗结珍译：《法国民法典》，1462 页，北京，法律出版社，2005。

② 参见邱聪智：《新订债法各论》下，363 页。

人之间另有让与之意思。[①]《担保法解释》第28条规定：“保证期间，债权人依法将主债权转让给第三人的，保证债权同时转让，保证人在原保证担保的范围内对受让人承担保证责任。但是保证人与债权人事先约定仅对特定的债权人承担保证责任或者禁止债权转让的，保证人不再承担保证责任。”应当注意的是，保证债务不能随主债务的转移而当然转移。由于保证是保证人对特定的债务人履行债务的信用所作出的担保，因而原则上仅随被保证的特定债务人的债务的存在而存在。主债务转移给第三人的，除保证人明确表示对债务转移承担保证责任外，保证人的保证债务随原主债务人债务的消灭而消灭。

4. 保证债务随主债务的消灭而消灭

当主债务因清偿、提存、抵销、免除、混同等原因而消灭时，保证就没有继续存在的理由，保证债务当然也就消灭。主债务是可分的，而主债务部分消灭时，保证债务也部分消灭。

主债务因合同解除而消灭的，主债双方当事人负有恢复原状的义务。此时，主债务人如不履行恢复原状的义务，保证人是否需代其履行应视具体情况而定。如果因主债务人不履行债务而导致合同被解除的，恢复原状义务属于保证责任的范围，此时，保证债务不因合同解除而消灭，保证人仍需代为履行；如果基于当事人之意思而解除合同（如协议解除合同）的，主合同的解除将导致保证债务的消灭。[②]

（二）保证具有相对独立性

保证债务的相对独立性主要体现为以下两种情形：

1. 保证合同是一个完整的、独立的合同

保证合同是一个完整、独立的合同，因此，一方面，保证合同不是主合同的组成部分，保证债务也不是主债务的一部分，而是独立于主债务的单独债务。保证的这一特点，使保证与并存的债务承担得以区分。债务承担包括免责的债务承担和并存的债务承担。免责的债务承担是指由第三人代替债务人承担全部债务而使债务人脱离债的关系的债务承担；并存的债务承担又称债务的加入，是指第三人加入债的关系，与原债务人共同承担债务的债务承担。在并存的债务承担中，债务承担人加入债务关系后，与原债务人一并成为债权人的连带债务人。因此，并存的债务承担也具有担保功能。但是，保证人是从债务人，是为主债务人的债务负责；而并存的债务承担人本身就是主债务人，是为自己的债务负责。因此，一般保证的保证人享有先诉抗辩权，而并存的债务承担人则不享有此项权利。

另一方面，保证合同的效力也具备独立性，其存在独立的成立和生效条件。例如，保证合同可以存在独立的无效、可撤销或可变更事由；保证合同无效的，主债务的效力不受影响；主债务不附条件、期限的，保证债务可以附条件、期限；主债务人与债权人之间诉讼的判决，其效力不能当然地及于保证人；基于保证合同而发生的抗辩权，债务人不得享有，保证人得单独行使其抗辩权。债务人放弃对债权人的抗辩权的，保证人仍有权抗辩。保证合同成立后主债务变为自然债务的，保证人得主张主债务人的时效完成的抗辩，即使债务人抛弃该抗辩权；但对时效完成的自然债务进行保证的，保证人不得主张此抗辩。即使主债务人获败诉的判决，保证人也得于另一诉讼中，以自己的证据证明主债务的不存在或已消灭。债权人免除保证人保证债务的，主债务人的债务仍然存在。

---

① 参见黄立：《民法债编各论》下，862页，北京，中国政法大学出版社，2003。

② 参见黄立：《民法债编各论》下，863页。

2. 保证可以因当事人的特别约定而存在独立性

保证因当事人的特别约定而存在独立性，主要有两个方面的体现：一方面，保证债务不能依约定而重于主债务，但却可依约定而减轻。例如，约定仅保证原本而不保证利息；约定仅保证债务之一部而不保证全部；约定仅保证债务不履行时的损害赔偿而不保证主债务给付本身；约定仅就主债务人之故意或重大过失所生之不履行为保证，而不及债务不履行之全面。[①] 另一方面，日趋发达的独立保证制度凸显了保证的相对独立性。《担保法》第 5 条规定："担保合同是主合同的从合同，主合同无效，担保合同无效。担保合同另有约定的，按照约定。"《物权法》第 172 条第 1 款中亦规定："主债权债务合同无效，担保合同无效，但法律另有规定的除外。"这里的"但书"规定，实际上就是对独立保证的肯定。

（三）保证合同具有无偿性、单务性

保证合同是无偿合同，保证人承担保证债务不以从债权人取得一定财产权益为对价。保证合同的无偿性是指主债权人不需支付对价即可获得保证，而不涉及保证人与主债务人之间的关系是否具备有偿性。换言之，即便主债务人给予保证人报酬，主债务人与保证人之间成立有偿合同，这也与保证合同无关。应当指出，由于保证人须承担较大的风险或责任，导致保证的风险性与无偿性失衡，从而抑制了民事主体充任保证人的积极性，保证制度也难以发挥应有的功能。当然，法律也不禁止保证人因提供保证而从债权人处取得利益的可能性。如果保证人与主债权人约定，须由债权人给予报酬作为对价的，保证合同也可构成有偿合同。[②]

保证合同为单务合同，当事人双方之间没有相互对待给付的义务，即使当事人约定债权人也负有一定的义务，如债权人应定期报告债务履行情况，债权人的义务与保证人的保证债务也不具有对待给付性质。所以，在保证之债中，双方的权利义务不具有对等性，不发生义务的履行顺序问题。

（四）保证责任具有补充性

保证债务是对主债务的补充和加强。保证的补充性决定了主债务人须对债权人负第一次的责任，而保证人负第二次的责任。[③] 只有在主债务人不履行债务时，保证人才可负保证责任。因此，债权人请求保证人履行保证债务时，不仅要证明保证债务的存在，而且应当证明主债务人未履行债务的事实。在主债务的履行期限届满前，不发生主债务人不履行债务的事实，债权人也不能请求保证人履行保证债务。保证债务以主债务的不履行为停止条件，保证债务原则上应债权人的请求始届清偿期，因此在主债务人不履行债务时，除保证合同中有主债务人不履行债务则保证人即应履行的特别约定外，只有在债权人向保证人提出请求时，保证债务才能发生应履行的效力。虽主债务的履行期届满，债权人未向保证人请求履行的，保证债务也不届清偿期，不能发生保证人迟延履行的责任。[④] 应当指出，在保证法律关系中，主债务人不履行债务时，债权人并非不得对主债务人及保证人同时起诉。对此，《担保法解释》第 125 条规定："一

---

① 参见邱聪智：《新订债法各论》下，364 页。

② 参见邱聪智：《新订债法各论》下，350 页。

③ 参见黄立：《民法债编各论》下，864 页。

④ 参见郭明瑞：《担保法》，2 版，31 页。

般保证的债权人向债务人和保证人一并提起诉讼的，人民法院可以将债务人和保证人列为共同被告参加诉讼。但是，应当在判决书中明确在对债务人财产依法强制执行后仍不能履行债务时，由保证人承担保证责任。”

在不同的保证方式中，保证责任补充性的表现并不相同。保证人享有先诉抗辩权的，保证责任的补充性表现最充分。当一般保证人丧失先诉抗辩权或自愿放弃先诉抗辩权时，以及在连带责任保证中，保证责任的补充性表现在主债务人不履行债务时保证人才承担保证责任。于此情形下，债权人既可以要求债务人履行债务，也可以要求保证人在其保证范围内承担保证责任。

第二节　保证合同和保证方式

一、保证合同

保证合同是担保合同的一种，因此，担保合同的订立程序、有效条件等有关内容亦适用于保证合同。当然，保证合同亦具有自己的特殊性。

（一）保证合同的当事人

保证合同的当事人为债权人与保证人。保证合同的债权人即为主债的债权人。因保证合同为无偿合同，保证合同的债权人是纯受利益的，所以，保证合同的债权人无须为完全民事行为能力人。无完全民事行为能力人只要享有主债权，其订立的保证合同也可以有效。债权人既可以是合同债权人，也可以是非合同债权人，但以合同债权人为常见。债权人可以是单一的人，也可以是多数人。

保证人是保证合同的债务人。《担保法》第 7 条规定：“具有代为清偿债务能力的法人、其他组织或者公民，可以作保证人。”保证人可以是自然人、法人、其他组织（或称非法人组织），其范围十分广泛，但并非任何一个民事主体都适合担任保证人。《担保法》既从积极意义上规定了符合保证人资格的条件，这可称为保证人的积极条件；又从消极意义上规定了哪些主体不具备保证人的资格，这可称为保证人的消极条件。

1. 保证人的积极条件

只有符合一定条件的民事主体才能成为保证人，符合积极条件的民事主体则具有保证人的资格或保证能力。关于保证人的积极条件的具体内涵，理论上有不同的观点。我们认为，保证人的积极条件包括保证人须具备担任保证人的民事行为能力及保证人须具备代偿能力。

（1）保证人须具有担任保证人的民事行为能力，即保证行为能力。依《合同法》的规定，当事人具有相应的民事行为能力是合同的有效要件之一。那么，具有何种程度的民事行为能力才适合担任保证人呢？

就自然人而言，完全民事行为能力人符合保证人的条件，而无民事行为能力人不具有保证人的条件，当无疑问。值得探讨的是，限制民事行为能力人能否订立保证合同。一般而言，限制民事行为能力人可以订立与其年龄、智力、精神健康状况相适应的合同，其他的合同则需由法定代理人事先同意或事后追认始可订立。保证行为明显与限制民事行为能力人的年龄、智力、精神健康状况不相适应，因此，不得由限制民事行为能力人独立订立保证合同。但可否经法定代理人事先同意或事后追认而订立保证合同呢？对此，理论上有不同的观点。我们认为，《担保法》对保证人的民事行为能力并未作特别要求，对此应适用《合同法》的规定。依《合同法》第47条规定，限制民事行为能力人订立的合同，经法定代理人追认后，该合同有效，但纯获利益的合同或者与其年龄、智力、精神健康状况相适应而订立的合同，不必经法定代理人追认。保证合同为单务、无偿合同，不属于“纯获利益的合同”或者“与其年龄、智力、精神健康状况相适应而订立的合同”，因而限制民事行为能力人须由法定代理人代理订立保证合同，或者其订立的保证合同经法定代理人事先同意、事后追认而产生法律效力。可见，限制民事行为能力人不能独立订立保证合同，只有经其代理人的事先同意或事后追认，限制民事行为能力人所订立的保证合同才为有效合同。应当指出的是，如果法定代理人代理限制民事行为能力人订立保证合同损害了被代理人的利益，则法定代理人应对被代理人承担损害赔偿责任。

就法人而言，法律关于法人的保证行为能力一般不作原则性限制，唯在公司法上基于保持公司资本恒定、避免关联交易、防止大股东或管理人员通过保证行为抽逃公司资本等因素之考量，多对公司法人的保证行为能力作出限制。当然，如果公司章程规定公司可以提供担保的，则按照公司章程规定应承认法人的保证行为能力（《公司法》第16条）。

就其他组织而言，法律赋予了其他组织保证行为能力。依《担保法解释》第15条规定，其他组织主要包括：依法登记领取营业执照的独资企业、合伙企业；依法登记领取营业执照的联营企业；依法登记领取营业执照的中外合作经营企业；经民政部门核准登记的社会团体；经核准登记领取营业执照的乡镇、街道、村办企业。依据上述规定，能够担任保证人的“其他组织”具备以下特点：首先，“其他组织”均不具备法人资格，而具备法人资格的独资企业、联营企业、中外合作经营企业、中外合资经营企业、社会团体法人、乡镇街道村办企业均不属此列。其次，具备组织体特点，能以自己的名义对外从事民事活动。最后，必须依法登记领取营业执照。

（2）保证人须具有代偿能力。依《担保法》第7条规定，保证人须具备代为清偿债务的能力，即代偿能力。

保证人的代偿能力是指保证人代为清偿或者承担赔偿责任的资格或条件。关于保证人的代偿能力，可以从以下几个方面理解：首先，代偿能力是一项具体的能力，须结合保证债务的内容作具体判断。“在保证系单纯地为担保债权人不因债务人违约而受损害场合，或者保证责任为连带赔偿责任场合，保证人拥有足额的财产即为有代偿能力。在保证责任必须是代债务人实际履行主合同，主合同债务又非金钱债务场合，保证人仅有足额的金钱而无实际履行主合同规定的物品、技能等，则不算是具有代偿能力。”① 其次，代偿能力是一项涉及多项考察指标的能力，须结合保证人的一切情形作综合性判断。尤其“应从保证人的资产保有状况、信用优劣状况、技术力量以及知识产权拥有程度等多方面进行考察评价，而不仅仅以财产为限”②。企业法人作为保证人时，须审查“开办单位的注册资金实际是否到位，开办单位的投入资金是否满足成立法人的最低数额，主合同约定从事专营业务的，保证人是否有此项专营业务的经营范

① 崔建远：《我国担保法的解释与适用初探》，载《吉林大学社会科学学报》，1996（2）。

② 王利明（项目主持人）：《中国民法典学者建议稿及立法理由——债法总则编、合同编》，741页，北京，法律出版社，2005。

围，以及保证人在为债务人提供保证时其实际财务状况是否已经资不抵债等”[①]。最后，代偿能力具有变动性。保证合同成立时保证人就有足额的代偿财产固然表明保证人有代偿能力，保证合同成立时虽无足额的代偿财产，但于保证责任实际承担时具有足额的财产亦为保证人有代偿能力。[②] 其实，保证人的资力的有无，最终应以主债务应履行之时为标准，保证人现在虽无清偿资力，但迄于履行期确可取得清偿债务全部之充分的财产者，尚不能谓无资力。[③]

保证人的代偿能力是否为保证合同的有效要件呢？对此，理论上存在着不同的看法。

【学术争鸣】

肯定说认为，保证人在提供保证时应当具有代偿能力，否则不得成立保证。[④] 否定说认为，保证人是否具有清偿能力并不影响保证合同的有效性，其主要理由有：其一，清偿能力不属于民事行为能力范围；其二，清偿能力属于一种不确定量；其三，排除清偿能力作为保证人资格的要件，并不违背保证制度的目的；其四，不将清偿能力作为保证人资格的要件，有助于促使债权人慎重审查保证人的清偿能力，确保自己债权的实现；其五，担保法中并没有将履行能力作为保证人资格的必要条件。[⑤]

我们认为，保证人应当具有代偿能力，这是保证功能上的当然要求，如保证人没有代偿能力，保证对于债权人也就失去意义。如果保证人于订立合同时无代偿能力，其后于承担保证责任时亦无代偿能力，则该保证合同属于自始履行不能的无效合同。如果保证人于订立合同时无代偿能力而其后具有代偿能力的，或者保证人于订立合同时不具有完全代偿能力其后也不具有完全代偿能力的，则该保证合同仍有效，保证人不得以自己不具有代偿能力而主张保证合同无效。[⑥]《担保法解释》第 14 条规定：“不具有完全代偿能力的法人、其他组织或者自然人，以保证人身份订立保证合同后，又以自己没有代偿能力要求免除保证责任的，人民法院不予支持。”

2. 保证人的消极条件

符合消极条件的民事主体不得担任保证人，否则保证合同无效。按现行法规定，下列民事主体不得担任保证人：

（1）未经国务院批准的国家机关不得担任保证人。《担保法》第 8 条规定：“国家机关不得为保证人，但经国务院批准为使用外国政府或者国际经济组织贷款进行转贷的除外。”因此，国家机关原则上不得担任保证人。首先，国家机关不具有担任保证人的权利能力或行为能力。国家机关以行使国家权力为本职，其运作效率关乎国家利益与公共利益。故一般认为，除为维持国家机关的生存而参与民事活动外，国家机关不得参与民事活动。保证行为是一种经济行为，并非为维持国家机关的生存而必须参与的民事活动，因此，国家机关当然不能担任保证人。其次，国家机关不具备代偿能力。国家机关的活动经费源于国家的预算拨款，这种拨款一般只能用于行使国家权力。如果允许国家机关担任保证人，其承担保证责任时，须以预算经费

---

① 于静明：《也论无效保证合同的确认与处理——兼评〈担保法〉第 29 条的有关规定》，载《法学评论》，1999（1）。

② 参见崔建远：《我国担保法的解释与适用初探》，载《吉林大学社会科学学报》，1996（2）。

③ 参见史尚宽：《债法各论》，891 页，北京，中国政法大学出版社，2000。

④ 参见邹海林、常敏：《债权担保的方式和应用》，44 页，北京，法律出版社，1998。

⑤ 参见李国光等：《最高人民法院〈关于适用中华人民共和国担保法若干问题的解释〉理解与适用》，95～99 页，长春，吉林人民出版社，2000。

⑥ 参见郭明瑞：《担保法》，2 版，36 页。

进行清偿，这势必影响国家机关正常公务的进行。为此，国家机关不能担任保证人。

但是，在特定情况下，国家机关也可以担任保证人，即国家机关经“国务院批准为使用外国政府或者国际经济组织贷款进行转贷”的，可以担任保证人。外国政府或者国际组织的贷款一般数额巨大，且用于交通、能源、邮电通信、环境保护、城市基础建设、农业科技推广、扶贫开发等周期长、见效慢的项目。对于这种贷款，一般个人和单位不愿意也没有能力提供保证。在使用外国政府或者国际经济组织贷款进行转贷和还贷问题上，目前已经形成了独特的还款及担保方式：中央政府将筹借到的外国政府或者国际经济组织贷款转贷给项目使用，同时要求地方政府委托其计划、财政管理部门向中央政府提供还款担保，保证向中央政府偿还所用的贷款，中央政府和地方政府通过这种担保，共同维护国家偿还外债的信誉。[1] 应当强调的是，“经国务院批准”是国家机关担任保证人的决定性条件。否则，即使是外国政府或国际经济组织提供的贷款，国家机关也不得提供担保。

（2）以公益为目的的事业单位以及社会团体不得担任保证人。《担保法》第 9 条规定：“学校、幼儿园、医院等以公益为目的的事业单位、社会团体不得为保证人。”《担保法解释》第 16 条规定：“从事经营活动的事业单位、社会团体为保证人的，如无其他导致保证合同无效的情况，其所签订的保证合同应当认定为有效。”上述规定表明，事业单位、社会团体能否担任保证人，取决于其是否以公益为目的。[2] 以公益为目的的事业单位，其活动经费主要来自国家预算拨款或者捐助，它们当然不具备从事保证的行为能力，其为保证人的保证合同也因主体不合格而无效。

（3）企业法人的分支机构、职能部门原则上不得担任保证人。企业法人的分支机构，是指由企业法人设立的，经登记主管机关核准，领取营业执照，在核准登记的经营范围内从事经营活动，但又不能独立承担民事责任的组织，例如，分公司、分厂、分店、银行支行、保险分公司等。企业法人的分支机构本属于“其他组织”的重要类型，理应具备从事保证行为的能力，但由于保证不属于一般性的经营活动，具有较大的风险，而企业法人的分支机构的财产只具有相对独立性，因而立法对企业法人分支机构提供担保进行了特别严格的限制。[3]《担保法》第 10 条规定：“企业法人的分支机构、职能部门不得为保证人。企业法人的分支机构有法人书面授权的，可以在授权范围内提供保证。”《担保法解释》第 17 条第 1 款规定：“企业法人的分支机构未经法人书面授权提供保证的，保证合同无效”。据此，企业法人分支机构原则上不得担任保证人，只有在企业法人授权的情况下才能担任保证人。依《担保法解释》第 17 条第 2 款规定，企业法人的分支机构经法人书面授权提供保证的，如果企业法人的书面授权范围不明，企业法人的分支机构应当对保证合同约定的全部债务承担保证责任。企业法人分支机构经授权担任保证人而设立的有效保证行为存在两种情形：一是企业法人授权分支机构以企业法人名义提供保证，于此情形下，企业法人的分支机构提供保证为代理行为。由于代理行为的后果应归于被代理人，因而此时保证责任应当由企业法人承担。二是企业法人授权分支机构以自己的名义提供保证，这实际是等于企业法人授权分支机构可以从事该项保证业务。企业法人的分支机

---

① 参见王利明（项目主持人）：《中国民法典学者建议稿及立法理由——债法总则编、合同编》，750 页。

② 有学者认为，依《社会团体登记管理条例》第 4 条第 2 款规定，社会团体不得从事营利性经营活动，因此，《担保法解释》中规定的“从事经营活动的社会团体”自无适用的可能。参见王利明（项目主持人）：《中国民法典学者建议稿及立法理由——债法总则编、合同编》，751 页。

③ 参见易军、宁红丽：《合同法分则制度研究》，322 页，北京，人民法院出版社，2003。

构以自己名义从事保证的，为自己的业务，须有相应的从事保证的行为能力，而企业法人分支机构的民事行为能力决定于企业法人对其授权的经营范围。由于企业法人的分支机构不具有独立承担民事责任的能力，其从事经营活动的责任最终是由法人承担的，所以，即使企业法人的分支机构经法人书面授权提供保证，也只能在授权的范围内提供保证。依《担保法解释》第17条第3款规定，企业法人的分支机构以自己的财产不足以承担保证责任的，由企业法人承担民事责任。企业法人的分支机构未经法人书面授权或者超出授权范围与债权人订立保证合同的，该合同无效或者超出授权范围的部分无效，债权人和企业法人有过错的，应当根据其过错各自承担相应的民事责任；债权人无过错的，由企业法人承担民事责任。

企业法人的职能部门也不得担任保证人。因为企业法人的职能部门是企业法人为实现设立目的而设立的内部机构，并非独立的民事主体，不具备民事权利能力与行为能力，当然不能从事保证行为。《担保法解释》第18条规定："企业法人的职能部门提供保证的，保证合同无效。债权人知道或者应当知道保证人为企业法人的职能部门的，因此造成的损失由债权人自行承担。债权人不知保证人为企业法人的职能部门，因此造成的损失，可以参照担保法第五条第二款的规定和第二十九条规定处理。"通常情况下，债权人较容易区分保证人是否属于企业法人的职能部门，债权人明知或应当知道保证人属于法人的职能部门，仍然与之订立保证合同，该保证合同无效后，债权人不存在"信赖利益"损失，企业法人不承担任何损害赔偿责任。如果确有证据证明债权人无法判断保证人是否属于企业法人的职能部门，债权人无过错的，则企业法人应当对债权人承担保证无效后的损害赔偿责任。但这在司法实践中几乎不可能，因为职能部门只要在保证合同上签章，债权人就应当看出该职能部门的性质，无法判断的情况很难出现。[①]

（二）保证人的保证意思表示

保证合同作为一种合同关系，是当事人双方意思表示一致的结果。因此，在保证合同中，考察保证人是否具有保证的意思表示，对确定保证合同的成立和有效是至关重要的。只有保证人有明确的保证意思表示，保证合同才能成立；只有保证人的保证意思表示真实，保证合同才能有效。

1. 保证人须有明确的保证意思表示

保证意思表示是保证人承担保证责任的意思表示。只有保证人具有明确的承担保证责任的意思表示，保证合同才能成立。那么，应当如何确定保证人的这种意思表示呢？对此，我们认为，只要保证人在客观上有承担保证责任的表示，则不论其主观上是否有承担保证责任的意思，保证合同都应成立。例如，第三人在主合同上于保证人的栏目中签名、盖章，而未作其他另外的说明，则应推定其有承担保证责任的意思表示，该第三人即为保证人，保证合同成立，该第三人不能以自己并不愿承担保证责任或者并未表示承担保证责任为由否认保证的存在。又如，有的第三人为债务人担任保证人，但并不了解作保证人的后果，认为只不过是在保证合同上盖个章或签个名而已，其并没有为债务人代偿债务的"真实意思"。这种法律上的无知或误解，也不能影响保证合同的成立。[②]《担保法解释》第22条规定："第三人单方以书面形式向债权人出具担保书，债权人接受且未提出异议的，保证合同成立。主合同中虽然没有保证条款，

① 参见曹士兵：《中国担保诸问题的解决与展望》，103～104页。

② 参见郭明瑞：《担保法》，2版，37页。

但是，保证人在主合同上以保证人的身份签字或者盖章的，保证合同成立。”

例题 2　甲向乙借款 5 万元，乙要求甲提供担保，甲分别找到友人丙、丁、戊、己，他们各自作出以下表示，其中哪些构成保证？（2008 年司法考试题）

A. 丙在甲向乙出具的借据上签署“保证人丙”

B. 丁向乙出具字据称“如甲到期不向乙还款，本人愿代还 3 万元”

C. 戊向乙出具字据称“如甲到期不向乙还款，由本人负责”

D. 己向乙出具字据称“如甲到期不向乙还款，由本人以某处私房抵债”

解析：本题的考点是保证意思表示的成立。A 项表明了丙以保证人的身份在主合同上签字，B 项表明了丁对甲的 3 万元借款承担保证责任，C 项表明了戊对甲的全部借款承担保证责任，D 项表明了己以自己的私房抵债而不构成保证。因此，答案应为 A、B、C 项。

例题 3　根据甲公司的下列哪些《承诺（保证）函》，如乙公司未履行义务，甲公司应承担保证责任？（2015 年司法考试题）

A. 承诺：“积极督促乙公司还款，努力将丙公司的损失降到最低”

B. 承诺：“乙公司向丙公司还款，如乙公司无力还款，甲公司愿代为清偿”

C. 保证：“乙公司实际投资与注册资金相符”。实际上乙公司实际投资与注册资金不符

D. 承诺：“指定乙公司与丙公司签订保证合同”。乙公司签订了保证合同但拒不承担保证责任

解析：本题的考点是保证的成立。A 项承诺中，甲公司并没有明确的保证意思表示，不构成保证。B 项承诺中，甲公司有明确的承担保证责任的意思表示，构成保证。C 项承诺中，甲保证乙公司的实际投资与注册资金相符，这属于对注册资金的担保，也可以构成保证。D 项中，甲公司只是指定乙公司与丙公司签订保证合同，自己并没有明确的保证意思表示，不构成保证。因此，答案为 B、C 项。

2. 保证人的保证意思表示须真实

保证人不仅须有明确的保证意思表示，而且该意思表示须是真实的，保证合同才能有效。

（1）因债权人欺诈、胁迫保证人而订立的保证合同。依《担保法》第 30 条第 2 项的规定，主合同债权人采取欺诈、胁迫等手段，使保证人在违背真实意思的情况下提供保证的，保证人不承担保证责任，保证合同无效。依此规定，因欺诈、胁迫订立的保证合同无效。但依《合同法》第 52 条和第 54 条规定，只有“一方以欺诈、胁迫的手段订立合同，损害国家利益”时，合同才无效。在不损害国家利益的情况下，因欺诈、胁迫而订立的合同，受害方享有撤销或变更合同的权利，合同并不当然无效。可见，《担保法》的上述规定与《合同法》存在冲突，构成体系矛盾。按照后法优于前法的法律适用原则，应当适用《合同法》的规定。

在实践中，债权人胁迫保证人订立保证合同的情况较少，但保证人因债权人的欺诈行为而陷入判断错误并依此而与债权人订立保证合同的则时有发生。例如，债权人实施了不当陈述、故意隐瞒、歪曲事实等行为。债权人无论是作为还是不作为，均可构成保证合同中的欺诈。依此，我们可以将常见的债权人的欺诈行为分为两类：一是故意告知对方虚假情况，二是故意隐瞒真实情况。其中前者较为直观、较容易判断；而对于后者，法官需要结合交易性质、依照诚实信用原则及其他交易情形综合判断相对方是否有告知真实情况的义务。[1] 如果债权人有告知

---

① 参见［德］海因·克茨：《欧洲合同法》上，周忠海等译，287～289 页，北京，法律出版社，2001。

义务而隐瞒事实真相，可构成欺诈。例如，作为债权人的银行，在保证人签署保证书的前夕向保证人提供了证明，谎称债务人的经济状况良好，不会有任何风险，而实际上债务人已经负债累累，则银行明显有欺诈行为。另外，银行应当负有善意缔结合同之义务，向保证人披露其掌握的债务人资力状况，如果其采取沉默态度，不向保证人说明债务人处于不可逆转的经济困境，则银行也存在欺诈。[①] 债权人欺诈保证人的情况，往往与债权人和主债务人恶意串通，骗取保证人提供保证的情况相互交叉。前者可适用《担保法》第 30 条第 2 项，后者不仅可适用第 30 条第 2 项，还可以适用第 30 条第 1 项，即主合同当事人双方串通，骗取保证人提供保证的，保证人不承担民事责任。此时应按照法条竞合处理，当事人在诉讼中可自由选择法律依据。

债权人与主债务人恶意串通骗取保证人提供保证的，其中的"恶意串通"并不要求双方具备共同的恶意或过错，而只要保证人能证明双方存在主观上的意思联络即可。证明双方意思上存在联络的主要途径是从考察主合同的合同目的入手，能够证明主合同的目的是双方当事人的共同目的，就等于证明了主合同双方当事人意思上的联络。[②] 债权人与主债务人恶意串通骗取保证人提供保证，在实践中尤以"以贷还贷"（或"借新还旧"）为典型。主债务人（借款人）在旧借款到期后无力偿还，为转嫁风险，债权人（主要是金融机构）往往与借款人重新签订一份借款合同，并由债权人或债务人找一个有偿付能力的保证人为该借款合同提供保证，用新借的款项归还原到期的借款。新贷与旧贷往往存在密切关联，一般后一合同项下的贷款在当天进入借款人的存款账号，该账号的余额为零或小于贷款额，随即又打回贷款人的账号。而有些案件中，第二笔贷款就在贷款人账号内部划转，根本不进入借款人的账号，用特种支票转账，没有借款借据。因此，认定以新贷偿还旧贷主要是审查贷款资金的走向实际是否用于归还同一银行前一到期贷款。[③] 以贷还贷是在国内外金融业务中普遍存在的现象，其中的新贷款合同并不宜一概否认其效力。但在"以贷还贷"中，如果债权人与债务人新贷款的目的在于偿还旧贷，而由于债务人支付能力不足，新贷款肯定不能清偿，则保证人势必承担保证责任。因此，订立新贷款合同实际上为主合同当事人恶意串通欺骗保证人的行为，也可构成共同欺诈行为。如果保证人知道或应当知道上述情形的，"以贷还贷"不能构成共同欺诈行为，保证人不能免责。当新贷与旧贷的保证人相同时，旧贷债务消灭，原保证责任也消灭，但因新贷的保证人也为旧贷的保证人，所以该保证人应就新贷债务承担保证责任。[④]《担保法解释》第 39 条规定："主合同当事人双方协议以新贷偿还旧贷，除保证人知道或者应当知道的外，保证人不承担民事责任。新贷与旧贷系同一保证人的，不适用前款的规定。"

（2）债务人欺诈、胁迫保证人而订立的保证合同。因保证合同当事人之外的第三人的欺诈、胁迫行为而订立的保证合同的效力如何？对此，《担保法解释》第 40 条规定："主合同债务人采取欺诈、胁迫等手段，使保证人在违背真实意思的情况下提供保证的，债权人知道或者应当知道欺诈、胁迫事实的，按照担保法第三十条规定处理。"当然，如果有证据证明债权人参与了主合同债务人实施的欺诈、胁迫行为时，可以按照主合同双方当事人恶意串通骗取保证

① 参见罗结珍译：《法国民法典》，1461 页。
② 参见曹士兵：《中国担保诸问题的解决与展望》，166 页。
③ 参见李国光主编：《担保法新释新解与适用》，354 页。
④ 参见郭明瑞：《担保法》，2 版，63 页。

处理。[①]

（3）债务人、保证人共同欺骗债权人而订立的保证合同。债务人、保证人共同欺骗债权人订立主合同和保证合同的，只要这种欺诈行为尚不构成侵害国家利益，依《合同法》的规定，主合同和保证合同都为可撤销的合同。如果债权人请求撤销主合同，则保证合同因主合同的撤销而归于无效；如果债权人仅请求撤销保证合同而不请求撤销主合同，则仅保证合同无效。当然，后一种是比较少见的。《担保法解释》第 41 条规定："债务人与保证人共同欺骗债权人，订立主合同和保证合同的，债权人可以请求人民法院予以撤销。因此给债权人造成损失的，由保证人与债务人承担连带赔偿责任。"

（4）因不当影响（undue influence）缔结的保证合同。不当影响是指一方当事人利用其优越的地位、意志或思想在精神或其他方面向另一方当事人施加非正当的间接压力，从而迫使对方签订合同的行为。当事人被施加不当影响后，意志处于不自由状态，其订立的合同显然存在瑕疵。不当影响可以由合同当事人实施，也可以由第三人实施。不当影响是英美衡平法为弥补普通法上胁迫制度之不足而创设的概念，构成合同的撤销原因。我国现行法并无不当影响的规定。《担保法》第 11 条规定："任何单位和个人不得强令银行等金融机构或者企业为他人提供保证；银行等金融机构或者企业对强令其为他人提供保证的行为，有权拒绝。"其中"强令银行等金融机构或者企业为他人提供保证"的行为就属于第三人实施不当影响的行为。关于这种行为的效力，理论上存在不同的观点。[②] 我们认为，如果银行等金融机构或者企业因受债权人以外的某单位或者个人的强令而为他人提供保证时，其保证行为仍应有效。因为在这种情况下，在保证合同当事人之间并不存在欺诈、胁迫的事实。况且，银行等金融机构或企业对于强令其提供保证的行为本有权拒绝，其不予拒绝而予以提供保证时，因此而发生的不利后果只能由其自己负责，而不能转嫁给无辜的债权人。当然，保证人于承担保证责任后，得就其因此而承担的损失请求强令其提供保证者赔偿。[③]

（5）保证人意思表示错误而订立的保证合同。保证合同当事人对保证合同有重大误解时，得请求变更或撤销合同。但重大误解是因保证人自己的过错造成或者债权人对保证人的代偿能力有误解的，保证人不得撤销合同，以保障债权人的利益。[④]

例题 4　甲乙双方拟订的借款合同约定：甲向乙借款 11 万元，借款期限为 1 年。乙在签字之前，要求甲为借款合同提供担保。丙应甲要求同意担保，并在借款合同保证人一栏签字，保证期间为 1 年。甲将有担保签字的借款合同交给乙。乙要求从 11 万元中预先扣除 1 万元利息，同时将借款期限和保证期间均延长为 2 年。甲应允，双方签字，乙依约将 10 万元交付给甲。下列哪一表述是正确的？（2011 年司法考试题）

A. 丙的保证期间为 1 年　　B. 丙无须承担保证责任

C. 丙应承担连带保证责任　　D. 丙应对 10 万元本息承担保证责任

解析：本题的考点是保证合同的成立。依《担保法解释》第 22 条的规定，主合同中虽然

---

① 参见曹士兵：《中国担保诸问题的解决与展望》，166 页。

② 例如，有人认为，保证合同属于民事合同的一种，理应遵循自愿协商的原则，凡是违背真实自愿原则，例如当事人在外力压迫因素之下（指《担保法》第 11 条的情况）违背自己的真实意愿所签订的合同均应属于无效合同。参见邓曾甲：《中日担保法律制度比较》，100 页，北京，法律出版社，1999。

③ 参见郭明瑞：《担保法》，2 版，37 页。

④ 参见郭明瑞：《担保法》，2 版，37 页。

没有保证条款，但保证人在主合同上以保证人的身份签字或者盖章的，保证合同成立。本题中，丙虽然在甲乙双方拟订的借款合同中以保证人的身份签字了，但该签字是在乙签字之前进行的，后乙并没有在此份合同书上签字或盖章，这说明该份借款合同及保证合同均没有成立。后甲、乙经过协商改变了原来约定的主合同内容，同时将借款期限和保证期间作了延长，但没有再次让丙在主合同上以保证人的身份签字或盖章，因此对于新约定的内容，丙不承担保证责任。因此，答案应为B项。

（三）保证合同的担保对象

保证合同的担保对象是主债务，因此，只有主债务合法有效存在，保证合同才能成立。那么，是否合法有效存在的债务均可以成为保证合同的担保对象呢？对此，主要涉及如下情况：

1. 诉讼时效届满后的债务

诉讼时效届满后，债权人的债权不再受法律保护，债务人的债务成为自然债务。那么，自然债务能否成为保证的对象呢？对此，我们认为，如果保证合同成立生效后主债务变为自然债务的，保证合同不能因此而无效，但保证人可行使时效抗辩权；如果当事人就担保自然债务而订立保证合同的，因债权人的债权仍有效存在，故自然债务仍可以作为保证合同的担保对象，但保证人不享有时效抗辩权。《担保法解释》第35条规定："保证人对已经超过诉讼时效期间的债务承担保证责任或者提供保证的，又以超过诉讼时效为由抗辩的，人民法院不予支持。"那么，此时主债务人的时效抗辩权是否受影响呢？对此，理论上存在着不同的看法。

【学术争鸣】

一种观点认为，此时不仅保证是有效的，而且应视之为主债务人抛弃时效利益。① 另一种观点认为，如果保证非经主债务人委托而为之，则主债务人原有之法定权益不能因保证人提供保证而受影响；如果保证人系因主债务人之委托而对自然债务提供保证，则不仅保证人不得援用时效抗辩权，主债务人亦因其合同承认该债务而丧失拒绝给付抗辩权。至于因此所生之不利益，则由主债务人负终局承担责任。②

我们认为，只有在主债务人委托保证人订立保证合同的情况下，才应推定主债务人有放弃时效利益的意思；在保证人依无因管理订立保证合同时，主债务人可能对保证并不知情，也就不能推定主债务人有放弃时效利益的意思。

2. 将来债务

被保证的主债务通常于保证合同成立前已发生，但并不以现实发生为必要，只要有发生基础且将来可能发生即可。因此，将来债务亦可成为保证合同的担保对象。例如，附停止条件的债务，在停止条件成就前，债务是否发生处于不确定状态，其情形犹如将来债务，可以成为保证合同的担保对象。将来债务的数额也不以现实具体、确定为必要，只要明定最高限额即可，此时成立的保证为最高额保证。

3. 专属性债务

专属性债务如劳务给付之债、不作为之债，可否为保证合同的担保对象？对此，应依保证债务是履行责任还是赔偿责任而有所不同。如果保证债务是履行责任，那么主债务须具备可替

---

① 参见黄立：《民法债编各论》下，866页。

② 参见邱聪智：《新订债法各论》下，347页。

代性，专属性债务并非保证的对象；如果保证债务是赔偿责任，则主债务不需具备可替代性，专属性债务可以为保证的对象。[①]

（四）保证合同的形式和内容

1. 保证合同的形式

保证合同是否须满足一定的形式要件，换言之，保证合同是否为要式合同，各国立法例所持之立场有所不同。有的国家规定保证合同为要式合同，保证合同须采取书面形式，如德国、瑞士、俄罗斯等。[②] 有的国家规定保证合同为不要式合同，法律并不限制保证合同的形式，如法国、日本等。

《担保法》第13条规定："保证人与债权人应当以书面形式订立保证合同。"据此，保证合同应为要式合同。在实践中，保证合同的书面形式主要有三种情况：一是保证人与债权人单独订立保证合同。依《担保法》第93条规定，书面保证合同可以是单独订立的书面合同，包括当事人之间的具有担保性质的信函、传真等。《合同法》第11条规定："书面形式是指合同书、信件和数据电文（包括电报、电传、传真、电子数据交换和电子邮件）等可以有形地表现所载内容的形式。"由此可见，保证人与债权人单独订立的保证合同的书面形式包括合同书、信件和数据电文等。二是以主合同的保证条款形式订立的保证合同。依《担保法》第93条规定，保证合同不限于保证人与债权人单独订立的书面保证合同，也可以表现为主合同中的保证条款。此时，主合同与保证合同虽共存于同一合同文书中，但保证合同仍然是一个独立的合同。三是保证人单方出具保证书并为债权人所接受。《担保法解释》第22条第1款规定："第三人单方以书面形式向债权人出具担保书，债权人接受且未提出异议的，保证合同成立。"此时，保证人单独出具担保书视为要约，债权人接受即为承诺，保证合同成立；如果债权人接受并提出异议或者附加条件，则保证人单独出具的担保书成为要约邀请，债权人在保证人单方出具的担保书基础上所作的意思表示成为要约，如保证人接受此项要约，保证合同则成立。债权人接受保证的意思表示可以是口头、书面方式，还可以采取积极行为的方式接受保证（如主债权人收到保证承诺书后履行主合同的行为）。[③] 由于对债权人而言，保证行为是纯受益的行为，因而依债权人的消极不作为推定保证合同的成立对债权人并无大碍，但对须承担保证责任的保证人却不利，故不宜承认债权人的单纯沉默（即消极行为）也可成立保证合同。

如果当事人没有采用书面形式而是以口头形式订立保证合同，应当如何认定其效力呢？对此，理论上存在着不同的看法。

【学术争鸣】

一种观点认为，不应完全否认口头保证合同的效力，除其他法律对保证合同的成立或生效附加书面形式或其他形式要件外，以口头形式订立的保证合同若有其他方法加以证明，也应当成立、生效。[④] 另一种观点认为，口头保证合同除保证人自愿履行外，即便保证人对口头

---

① 参见邱聪智：《新订债法各论》下，346页。

② 《德国民法典》第766条规定：为使保证合同有效，需以书面形式给予保证的意思表示；《瑞士债法典》第493条规定：保证人的书面声明是有效保证的必要条件；《俄罗斯民法典》第362条规定：保证合同应当以书面形式签订，不遵守书面形式的保证合同一律无效。

③ 参见曹士兵：《中国担保诸问题的解决与展望》，106页。

④ 参见李国光主编：《担保法新释新解与适用》，142页。

合同不予否定，也无强制执行力。因为此时合同尚未成立，未成立的合同当然没有法律拘束力。①

我们认为，当事人虽未以书面形式订立保证合同，但在下列两种情况下，保证合同仍成立有效：其一，自然人之间的保证合同。自然人之间的保证合同，除法律另有规定外，可采用口头形式，但在当事人关于是否存在保证发生争议时，须有两个以上与双方当事人均无利害关系的人的证明，并且举证责任在债权人一方。也就是说，如债权人能以两个以上的无利害关系人证明保证合同存在的，可以认定保证合同存在。这里的无利害关系人，应指与当事人双方均无利害关系的人。其二，保证人已履行债务的。《合同法》第 36 条规定："法律、行政法规规定或者当事人约定采用书面形式订立合同，当事人未采用书面形式但一方已经履行主要义务，对方接受的，该合同成立。"可见，对于要式合同，当事人未采取书面形式但一方已经履行主要义务且对方接受的，合同仍可以成立。保证合同作为一种具体的合同，自应当适用《合同法》的这一规定。因此，当事人双方虽未订立书面保证合同，但保证人履行了保证债务的，保证人的履行行为足以证明保证的存在，保证人不得以无书面合同而否认保证合同的效力。

2. 保证合同的内容

保证合同的内容，也就是保证合同的条款。依《担保法》第 15 条第 1 款规定，保证合同应当包括以下内容：

（1）被保证的主债权种类、数额。保证合同以担保债权的履行为目的，因而，保证合同中应当对被保证的主债权的种类、数额作出规定。被保证的主债权可以是金钱债权，也可以是非金钱债权；可以是已存在的既有债权，也可以是将来债权。

（2）债务人履行债务的期限。只有在债务人不履行债务时，保证人才能承担保证责任。而债务人是否履行债务的判断标准就是在债务履行期限届满时其是否履行了债务。所以，保证合同中应明确债务人履行债务的期限。

（3）保证的方式。保证方式不同，保证人承担保证责任的条件也不同。因此，保证方式应当在保证合同中加以明确。

（4）保证担保的范围。保证担保的范围也就是保证人承担保证责任的范围。当事人可以约定保证人担保主债权的全部，也可以约定担保主债权的部分。

（5）保证的期间。保证期间是保证人承担保证责任的期间，直接影响着保证人的利益，因此，保证合同中应明确保证期间。

（6）双方认为需要约定的其他事项。除上述事项外，当事人认为需要约定的，也可以在合同中明确。

依《担保法》第 15 条第 2 款规定，保证合同不完全具备前述内容的，当事人可以补正。可见，上述内容并不全是保证合同的必备条款，保证合同并不因不完全具备上述内容或者对上述内容约定不明确而不成立或无效。如果保证合同中对上述内容没有约定的，保证人可以于保证合同成立后，通过补充协议加以补正；如果当事人未协议补正，则可以依据法律规定予以补正。例如，《担保法》对保证方式、保证担保的范围、保证期间都规定了当事人没有约定或约定不明确时的补充规则。

① 参见曹士兵：《中国担保诸问题的解决与展望》，107 页。

二、保证方式

保证方式是指保证人承担保证责任的方式。依《担保法》第 16 条规定，保证方式有一般保证和连带责任保证两种。

（一）一般保证

一般保证是指保证人仅对债务人不能履行债务负补充责任的保证。《担保法》第 17 条中规定："当事人在保证合同中约定，债务人不能履行债务时，由保证人承担保证责任的，为一般保证。一般保证的保证人在主合同纠纷未经审判或者仲裁，并就债务人财产依法强制执行仍不能履行债务前，对债权人可以拒绝承担保证责任。"可见，在一般保证中，保证人享有先诉抗辩权，仅在主债务人的财产不足以完全清偿债权时，才承担保证责任。

（二）连带责任保证

连带责任保证是指保证人在债务人不履行债务时与债务人负连带责任的保证。《担保法》第 18 条规定："当事人在保证合同中约定保证人与债务人对债务承担连带责任的，为连带责任保证。连带责任保证的债务人在主合同规定的债务履行期届满没有履行债务的，债权人可以要求债务人履行债务，也可以要求保证人在其保证范围内承担保证责任。"可见，在连带责任保证中，保证人的责任重于一般保证的保证人的责任：一般保证的保证人只在债务人不能履行债务时才承担保证责任；而连带责任保证的保证人不论债务人能否履行债务，只要债务人未履行债务，他就有义务承担保证责任，并不享有先诉抗辩权。

保证人以何种保证方式承担保证责任，由当事人在保证合同中约定。因连带责任保证人不享有先诉抗辩权，责任较重，故比较法上认为，非经当事人明示不得成立连带责任保证。如果保证人未在保证合同中明示，则应推定当事人间成立一般保证。而在我国，依《担保法》第 19 条规定，当事人对保证方式没有约定或者约定不明确的，按照连带责任保证承担保证责任。

在连带责任保证中，债权人有权选择对主债务人或保证人请求全部给付，因此，连带责任保证与连带债务很相似，但连带责任保证人与主债务人不存在连带债务关系。其一，连带责任保证是负担他人债务的债务，而不同于连带债务人中各债务人须承担同等的债务。连带责任保证人仍为从属的债务人，其债务不丧失从属性，须以主债务的成立存续为必要，其标的及范围等同于主债务，因主债务之变更而受影响。[①] 因此，债权人对主债务人的请求及于连带责任保证人。其二，在连带责任保证中，债权人免除主债务的，保证责任消灭；向保证人免除的，主债务人仍负全责。而在连带债务中，债权人向债务人一人免除，于分担部分对全体债务人有效。其三，在连带责任保证中，主债务人所生的抗辩，保证人也可援引，但保证人自身的抗辩，主债务人不能援用。而在连带债务中，债务人一人所生抗辩，于分担部分，他债务人也得主张抗辩。其四，连带责任保证人与主债务人并无内部分担之说，而连带债务原则上内部平均分担。[②]

---

① 参见史尚宽：《债法各论》，940 页。

② 参见邱聪智：《新订债法各论》下，422 页。

第三节　保证债务和保证期间

一、保证债务

（一）保证债务的内容

保证债务又可以称为保证责任，是保证人依保证合同所负担的义务。保证债务的内容是代为履行还是赔偿责任，各国立法规定有所不同，理论上的见解也不一。依《担保法》第 6 条规定，保证是保证人和债权人约定，当债务人不履行债务时，保证人按照约定履行债务或者承担责任的行为。可见，保证债务的内容依当事人的约定分为如下两种：一是代为履行。当事人约定保证人承担代为履行责任的，在债务人不履行债务时，保证人负有实际履行主债务的责任，只有在保证人也不能实际履行主债务时，保证人才可仅负主债务不履行的赔偿责任。对此，《担保法解释》第 13 条规定："保证合同中约定保证人代为履行非金钱债务的，如果保证人不能实际代为履行，对债权人因此造成的损失，保证人应当承担赔偿责任。"二是赔偿责任。当事人约定保证人在债务人不履行债务时承担赔偿责任的，在债务人不履行债务时，保证人不负代为履行责任，而仅负担债务人因不履行主债务应当承担的赔偿责任。

保证人承担何种内容的保证债务，由当事人在保证合同中约定。但是，因为只有非专属性的债务，才可由他人代为履行，所以，当事人仅能对非专属性的主债务约定保证人负代为履行责任。若主债务为专属性的债务，则当事人不能约定保证人负代为履行责任，即使保证合同有此种约定亦为无效。当然，这种约定无效并非是保证合同无效，而只是关于保证债务内容的约定无效，保证人在债务人不履行债务时不承担代为履行责任，而应承担主债务不履行的赔偿责任。从债务的程度而言，代为履行责任要重于赔偿责任，所以在当事人就保证债务的内容没有约定或者约定不明确时，应推定保证人承担赔偿责任而非代为履行责任。①

（二）保证债务的范围

保证债务的范围，也就是保证效力所及的范围。依保证效力所及的范围不同，保证分为有限保证和无限保证两种不同的情况。

1. 有限保证

有限保证是指保证人仅对保证合同中约定的低于主债务的部分债务承担保证责任的保证。在有限保证中，保证人仅于当事人约定的范围内承担保证责任；对于超过约定范围的债务，保证人不负保证责任。例如，当事人约定保证人仅担保原本债权的，保证人对债务人不履行原本债务以外的其他债务（如利息债务）不负保证责任。

2. 无限保证

无限保证是指保证人对主债务人的全部债务而非部分债务的清偿负保证责任的保证。无限保证可以依当事人约定而发生，但更常见于当事人对保证债务的范围没有约定或者约定不明确

---

① 参见郭明瑞：《担保法》，2 版，41 页。

时。按照保证的从属性，保证债务的效力范围应不超过主债务的效力范围，因此，若当事人对保证债务的范围没有约定或者约定不明确的，法律应推定保证人对全部债务承担责任。对此，《担保法》第21条第2款规定："当事人对保证担保的范围没有约定或者约定不明确的，保证人应当对全部债务承担责任。"依《担保法》第21条第1款规定，无限保证担保的范围包括主债权及利息、违约金、损害赔偿金和实现债权的费用。

（1）主债权。主债权是于保证合同成立时，债权人对主债务人所享有的债权。相对于主债权而言，保证人应对保证合同成立时主债务人对债权人所负的主债务承担保证责任。主债务不限于主债务上的主给付义务，还应包括从给付义务以及附随义务。保证人仅对保证合同成立时主债务人的主债务负保证责任。保证合同成立后，主债务范围或强度减小的，保证范围也相应减小；但是，主合同当事人未经保证人的同意，主债务范围或强度增加的，保证责任的范围不能随之扩大。《担保法解释》第30条规定："保证期间，债权人与债务人对主合同数量、价款、币种、利率等内容作了变动，未经保证人同意的，如果减轻债务人的债务的，保证人仍应当对变更后的合同承担保证责任；如果加重债务人的债务的，保证人对加重的部分不承担保证责任。债权人与债务人对主合同履行期限作了变动，未经保证人书面同意的，保证期间为原合同约定的或者法律规定的期间。债权人与债务人协议变动主合同内容，但并未实际履行的，保证人仍应当承担保证责任。"

（2）利息。利息是主债权所产生的孳息。从债务角度而言，利息亦是主债务的从债务，为主债务的扩张。按照保证的从属性，利息原则上也应为保证债务的范围。利息既包括法定利息，也包括约定利息。对于法定利息而言，无论保证人于订立保证合同时是否知情，法定利息都应属于保证债务的范围。[①] 对于约定利息而言，利息债务并非主债务当然发生的从债务。按照保证债务的从属性，保证合同成立后债务人与债权人约定增加的利息不在担保范围之内，只有于保证合同成立时约定的利息或当然发生的利息才能列入保证债务范围。[②] 此外，由于保证债务履行期限须晚于主债务，因而期间差异产生的主债务的利息也不在保证范围内。[③] 债权人与主债务人间约定的利息高于法律最高限度的，超过的部分不受法律保护，当然不在担保范围内。

（3）违约金。违约金是债权人与债务人约定的或者法律规定的于债务人违约时应给付债权人的款项。依《合同法》的规定，违约金原则上是补偿性违约金，但并不绝对排除惩罚性违约金。《合同法》第114条第3款规定："当事人就迟延履行约定违约金的，违约方支付违约金后，还应当履行债务。"由于支付违约金还应履行债务，表明违约金是专为对迟延履行行为予以惩罚而设立的，应为惩罚性违约金。无论何种性质的违约金债务，均为主债务的从债务，当然在保证责任范围内。但是，只有于保证合同成立时约定为主债务人应付的违约金才在保证责任范围内，债务人与债权人于保证合同成立后新约定的违约金不应在保证责任范围内。

（4）损害赔偿金。损害赔偿金是指主债务人不履行债务时给债权人造成损害而应向债权人偿付的款项。损害赔偿债务是主债务的次债务，是因为第一性的债务不履行而产生的第二性的

---

① 参见邱聪智：《新订债法各论》下，368页；史尚宽：《债法各论》，901页。

② 最高人民法院《关于因法院错判导致债权利息损失扩大保证人应否承担责任问题的批复》（法释［2000］24号）指出，依照《担保法》第21条规定，除合同另有约定外，主债权的利息是指因债务人未按照合同约定履行义务而产生的利息。因法院错判引起债权利息损失扩大的部分，不属于保证担保的范围，保证人不承担责任。

③ 参见史尚宽：《债法各论》，902页。

债务[①]，是按照债的同一性法则产生的主债务的派生物与变形物，因此也应在保证债务范围之内。只要是因可归责于债务人的事由造成的，不论是因迟延履行还是因不履行或不完全履行而发生的损害赔偿金，均在保证债务范围内。

（5）实现债权的费用。实现债权的费用是指债权人为实现债权而支付的费用，包括诉讼费、通知费用、催告费用等合理支出的费用。实现债权的费用不能当然成为主债务的内容，但属于主债务的必要负担，是保证人设立保证担保时应当和可以预见的，因此也应在保证债务范围内。

二、保证期间

（一）保证期间的概念和性质

保证期间是指根据当事人约定或法律的规定，债权人应当向保证人主张权利的期间。债权人超过保证期间未行使请求权的，保证人免除保证责任，故保证期间又称为保证责任期间。关于保证期间的性质，理论上存在着不同的看法。

【学术争鸣】

第一种观点认为，保证期间为诉讼时效，因为《担保法》第 25 条第 2 款规定："在合同约定的保证期间和前款规定的保证期间，债权人未对债务人提起诉讼或者申请仲裁的，保证人免除保证责任；债权人已提起诉讼或者申请仲裁的，保证期间适用诉讼时效中断的规定。"既然保证期间可以适用诉讼时效中断的规定，那么保证期间显然应为诉讼时效。第二种观点认为，保证期间属于特殊的除斥期间，因为保证期间具有除斥期间的主要特点——除权，但保证期间又不是一般的除斥期间，因为保证期间也可适用诉讼时效中断的规定。第三种观点认为，保证期间是除斥期间，这一观点得到了《担保法解释》的明确支持。《担保法解释》第 31 条规定："保证期间不因任何事由发生中断、中止、延长的法律后果。"第四种观点认为，保证期间既非诉讼时效，也非除斥期间，保证期间只是保证人能够容忍债权人不积极行使权利的最长期限，是一种独立的期间形态，不应当将保证期间划入诉讼时效或除斥期间的范围。

我们认为，将保证期间在除斥期间、诉讼时效中进行非此即彼式的选择或归类不符合"对极性思考"的要求。对极性思考是民法上一种最为常见的思考方法，这种方法的基本要求是：通过将两种最具典型意义的事物加以对应进行比较[②]，借此发现被比较对象明显的法律性质差异。为进行对极性思考，须找到两个最具典型意义的法律概念设立两极，两极的法律性质相反，处于两极间的法律类型则介于两种相反性质之间，依对极性思考建立的法律类型序列在法律属性上呈现"典型—非典型—另一种典型"式的变化。为判断保证期间的性质，我们可以建立以除斥期间（典型 1）、诉讼时效（典型 2）为两极的思考模式。[③] 对保证期间性质的理解，

---

① 主债务的次债务除了损害赔偿债务外，还包括合同解除时所生的恢复原状义务。后者是否属于保证债务的范围，理论上存在争议。

② 参见黄茂荣：《法学方法与现代民法》，476～479 页，北京，中国政法大学出版社，2001。

③ 有人认为，除斥期间与诉讼时效的区别只是相对而不是绝对的，即使将保证期间定性为除斥期间，也不能排除其适用或准用诉讼时效的有关规定。参见李明发：《关于保证期间的几个问题——兼评〈担保法解释〉关于保证期间之若干规定》，载《政法论坛》，2003（1）。

应考虑以下两点：

首先，保证期间不是典型的诉讼时效。保证期间一般是约定期间，仅在当事人没有约定、约定不明或无效时才能适用法定保证期间。因此，保证期间应为任意性的期间；而诉讼时效为强制性的法定期间，当事人不得通过约定改变或抛弃诉讼时效。保证期间是请求权消灭期间，即保证期间届满则导致债权人要求保证人承担保证责任的实体权利消灭；而诉讼时效期间届满后实体权利并未消灭，与其对应的债务转化为自然债务。

其次，保证期间也不是典型的除斥期间。除斥期间是法定期间，也是强制性规定，当事人不得任意以约定变更，这与保证期间原则上为约定期间的做法不同。除斥期间适用于形成权，而保证债权不属于形成权。

我们认为，保证期间属于典型的除斥期间与典型的诉讼时效外的第三种期间。比较而言，保证期间更具除斥期间的性质。《担保法解释》明确规定保证期间不存在中断、中止、延长等情形，这与除斥期间为不变期间的性质吻合。在审判实务上，最高人民法院也明确了保证期间完全不同于诉讼时效而应具备除权效果。按照最高人民法院《关于超过诉讼时效期间借款人在催款通知单上签字或者盖章的法律效力问题的批复》（法释［1999］7号）的规定，贷款人向债务人发出催收到期贷款通知单，债务人在该通知单上签字或者盖章的，应当视为对原债务的重新确认，该债权债务关系应受法律保护。而超过保证期间的保证责任消灭，即使保证人在逾期贷款催收函上签字或盖章的，也不能推定为保证责任“死而复生”。对此，浙江省高级人民法院在“桐乡市工商支行诉桐乡市化工建材总公司于保证期间届满后在其发出的保证贷款逾期催收函上盖章仍应承担保证责任”一案的判决中明确指出：保证期间届满的债权人已不存在可向保证人主张的权利。原保证人在逾期贷款催收函上签字，不能推定为原债权人与原保证人间重新确立保证合同。①

例题5　依照《担保法》和最高人民法院《担保法解释》的相关规定，连带责任保证的法定保证期间属何种期间？（2005年司法考试题）

A. 诉讼时效期间　　　　B. 除斥期间

C. 可变期间　　　　D. 不可变期间

解析：本题的考点是保证期间的性质。从性质上说，连带责任保证的保证期间应属于除斥期间、不变期间。因此，答案应为B、D项。

（二）保证期间的中断和保证合同的诉讼时效

《担保法》第25条第2款中对一般保证规定了“保证期间适用诉讼时效中断的规定”，而《担保法解释》第31条则规定了“保证期间不因任何事由发生中断、中止、延长的法律后果”。这就在事实上通过最高人民法院的司法解释修改了法律，承认即使债权人在保证期间对债务人提起请求、提起诉讼或者申请仲裁，保证期间也不得中断。果若如此，对债务人提起诉讼或者申请仲裁，由于诉讼或者仲裁的程序的关系，有可能待到案件了结，经依法强制执行债务人仍不能履行债务之时，原来约定的保证期间以及法律规定的保证期间已经届满了。这时，债权人还能不能再要求保证人承担责任呢？如果规定不能，对于债权人显然是不公平的。而当时《担

① 参见最高人民法院应用法学研究所编：《人民法院案例选》，2001（1），193页，北京，人民法院出版社，2001。

保法》规定保证期间中断制度就是为了解决这一问题。[①] 由于一般保证的保证人享有先诉抗辩权，在保证期间内，即使债权人向一般保证的保证人主张了权利，也不可能对保证人发生履行效力，因而坚持保证期间是不变期间而不能发生中断，对保证人的利益没有损害，但债权人的利益则有保护的必要。对此，《担保法解释》通过将诉讼时效与保证期间相衔接的办法予以解决。

保证债务是否存在诉讼时效，这需要在理论上理顺保证期间与保证合同的诉讼时效之间的关系。对此，理论上存在着不同的看法。

【学术争鸣】

一种观点认为，保证合同的诉讼时效本质上是与保证期间的性质不相容的。之所以不相容，就是因为无论是诉讼时效还是保证期间，其指向的对象都是债权人对保证人的请求权，而诉讼时效和保证期间对待债权人的请求权的处理方式并不相同，从而不可能发生两者并行不悖的情形，只能选择其一。既然法律为保护保证人而选择了保证期间制度，就不可能再在保证合同上存在诉讼时效制度。[②] 另一种观点认为，保证合同的保证期间与保证合同的诉讼时效期间，都是要求债权人行使权利的期间。两者分别处于不同的阶段，相互衔接，各自发挥着不同的作用。即在一般保证情况下，只要债权人在合同约定的保证期间或者法律规定的保证期间内，对债务人提起诉讼或者申请仲裁，则保证期间的作用便已结束，诉讼时效制度开始发生作用，债权人只要遵守诉讼时效方面的规定，就可以依法保证自己的权利。[③]

《担保法解释》第 34 条规定："一般保证的债权人在保证期间届满前对债务人提起诉讼或者申请仲裁的，从判决或者仲裁裁决生效之日起，开始计算保证合同的诉讼时效。连带责任保证的债权人在保证期间届满前要求保证人承担保证责任的，从债权人要求保证人承担保证责任之日起，开始计算保证合同的诉讼时效。"与一般的诉讼时效一样，保证债务的诉讼时效期间届满后，保证人可不再承担保证责任。保证债务的诉讼时效期间亦适用诉讼时效中止、中断、延长的规定。依《担保法解释》第 36 条规定，在一般保证中，主债务诉讼时效中断的，保证债务诉讼时效中断；连带责任保证中，主债务诉讼时效中断，保证债务诉讼时效不中断；在一般保证和连带责任保证中，主债务诉讼时效中止的，保证债务的诉讼时效同时中止。

例题 6 下列关于保证债务诉讼时效的哪些表述是正确的？（2006 年司法考试题）

A. 保证期间届满后，不必再起算保证债务的诉讼时效

B. 保证债务的诉讼时效起算后，不必再计算保证期间

C. 保证债务的诉讼时效随主债务诉讼时效中止而中止

D. 保证债务的诉讼时效随主债务诉讼时效中断而中断

解析： 本题的考点是保证债务的诉讼时效。保证期间届满，保证人免除保证责任，故保证债务的诉讼时效没有存在的必要。同时，保证债务的诉讼时效起算后，保证期间也就失去了作用。无论是一般保证还是连带责任保证，保证债务的诉讼时效均随主债务诉讼时效的中止而中止，但连带责任保证的保证债务诉讼时效并不随主债务诉讼时效的中断而中断，只有一般保证

---

① 参见孔祥俊：《保证期间再探讨》，载《法学》，2001（7）。

② 参见孔祥俊：《保证期间再探讨》，载《法学》，2001（7）；李明发：《关于保证期间的几个问题——兼评〈担保法解释〉关于保证期间之若干规定》，载《政法论坛》，2003（1）。

③ 参见奚晓明：《论保证期间与诉讼时效》，载《中国法学》，2001（6）。

的保证债务诉讼时效才随主债务诉讼时效的中断而中断。因此，答案应为 A、B、C 项。

(三) 保证期间的计算

《担保法》第 25 条第 1 款规定：一般保证的保证人与债权人未约定保证期间的，保证期间为主债务履行期届满之日起 6 个月；第 26 条第 1 款规定：连带责任保证的保证人与债权人未约定保证期间的，债权人有权自主债务履行期届满之日起 6 个月内要求保证人承担保证责任。可见，无论是一般保证还是连带责任保证，保证的法定期间均为 6 个月。

无论是一般保证还是连带责任保证，保证期间必须以债权人可对保证人行使请求权或者保证人可能需要承担保证责任开始起算，而这均以主债务履行期届满为前提。因此，保证期间应从主债务履行期届满之日起算。关于保证期间的计算，应当明确如下几个问题：一是如果主合同对主债务履行期限没有约定或者约定不明的，则保证期间自债权人要求债务人履行义务的宽限期届满之日起计算（《担保法解释》第 33 条）；二是如果保证合同约定的保证期间早于或者等于主债务履行期限的，视为没有约定，保证期间为主债务履行期届满之日起 6 个月（《担保法解释》第 32 条第 1 款）；三是保证合同约定保证人承担保证责任直至主债务本息还清时为止等类似内容的，视为约定不明，保证期间为主债务履行期届满之日起 2 年（《担保法解释》第 32 条第 2 款）。

例题 7 甲向乙借款 5 万元，还款期限 6 个月，丙作保证人，约定丙承担保证责任直至甲向乙还清本息为止。丙的保证责任期间应如何计算？(2004 年司法考试题)

A. 主债务履行期届满之日起 6 个月　　B. 借款发生之日起 2 年
C. 借款发生之日起 6 个月　　D. 主债务履行期届满之日起 2 年

解析：本题的考点是保证期间的计算。依《担保法解释》规定，保证合同约定保证人承担保证责任直至主债务本息还清时为止等类似内容的，视为约定不明，保证期间为主债务履行期届满之日起 2 年。因此，答案应为 D 项。

第四节 保证对保证人与债权人之间的效力

保证合同的成立在保证人与债权人之间发生保证之债的关系。因此，保证对保证人与债权人之间的效力即表现为保证人与债权人之间的债权债务关系。保证对保证人与债权人之间的效力，是保证效力的主要表现。在保证之债中，债权人一方享有请求对方给付的权利而不负担义务，保证人虽然也享有一定的防御性或消极性权利如先诉抗辩权，但这些权利与债权人的权利不构成对价性，双方的给付不具备对待给付的特点。

一、债权人的权利

债权人的权利是在主债务人不履行债务时，得请求保证人履行保证债务，承担保证责任。债权人请求保证人履行保证债务的，除应向保证人主张外，还须证明债务人的债务清偿期届满而自己未受债务的完全清偿。债权人仅向债务人请求履行债务而未向保证人主张权利的，对保证人不发生效力。

在一般保证中，债权人只有在就主债务人的财产强制执行而仍不能完全受偿时，才得请求保证人承担保证责任，否则保证人得行使先诉抗辩权拒绝债权人的请求；在保证人享有先诉抗辩权期间，债权人不得主张以自己对保证人的债务与保证人的保证债务抵销。在连带责任保证中，只要主债务人于债务履行期限届满时未完全履行债务，债权人即得请求保证人承担保证责任。

二、保证人的权利

保证人的权利主要是防御性的权利，其中又以抗辩权为主，主要包括以下三个方面：

（一）主债务人享有的权利

基于保证债务的从属性，保证人得主张主债务人享有的抗辩权、抵销权或者基于主债务人的撤销权享有的抗辩权。

1. 主债务人享有的抗辩权

如果主债务人对债权人行使了抗辩权，按照保证的从属性，其效力自然及于保证人。如果主债务人不行使抗辩权，保证人的利益将难以确保。为此，《担保法》第 20 条第 1 款规定："一般保证和连带责任保证的保证人享有债务人的抗辩权。债务人放弃对债务的抗辩权的，保证人仍有权抗辩。"保证人应以自己的名义主张主债务人所有之抗辩，此时并非由保证人代主债务人主张抗辩，而是保证人基于其地位固有的权利。即使债务人放弃了抗辩权，保证人也得独立行使。保证人得主张的债务人的抗辩权主要有以下几种情况：

（1）主张债权未发生。主债权因合同不成立或无效时，保证人得主张主债权未发生的抗辩。但如保证人明知无效情形而为保证的，则不享有抗辩权，这是保证从属性的例外或者是保证独立性的体现。[①] 在主债权因合同存在可撤销的事由时，该撤销权为主债务人专有，保证人不能享有撤销权。但当主债务人行使撤销权后，债的关系溯及既往地无效，保证人也可以主张债权未发生的抗辩权。如果主债务人不行使撤销权，则保证人也享有抗辩权，唯这种抗辩权的性质已不同于撤销权。对此，后文将会述及。

（2）主张债权已消灭。主债务因清偿、提存、抵销等原因消灭的，保证人得以之为主债权已消灭的抗辩。主债务因不可归责于主债务人之事由而发生给付不能导致主债务消灭的，保证人亦得主张抗辩。[②] 债务人死亡的，债务并不消灭，而应由其继承人继承，但继承人继承遗产时，对债务的继承仅负有限责任。在继承人继承遗产时，保证人可否以继承人负有限责任为由主张部分债权消灭以对抗债权人的请求呢？对此，我国法上未作明确规定。《德国民法典》第 768 条第 1 款中规定："如主债务人死亡，保证人不得主张继承人对债务仅负有限责任。"我们认为，我国法上应做同样的解释。在保证人得主张债权未发生或债权已消灭的抗辩时，主债务不发生或消灭，保证债务也随之消灭。因此，严格地说，此时不是保证人行使主债务人的抗辩权，而是主张其自身享有的抗辩权。[③]

（3）拒绝给付的抗辩。主合同为双务合同的，主债务人享有同时履行抗辩权、先履行抗辩

① 参见邱聪智：《新订债法各论》下，378 页。
② 参见邱聪智：《新订债法各论》下，378 页。
③ 参见史尚宽：《债法各论》，907 页。

权、不安抗辩权，保证人亦享有这些抗辩权。这是因为，此时主债务尚无须履行，按照保证债务的从属性，保证人得主张上述抗辩权拒绝履行保证债务。

（4）时效抗辩。主债权的诉讼时效期间届满时，债权并未消灭而转化为不完全债权，主债务成为自然债务，主债务人享有拒绝履行的抗辩权，保证人也得主张主债务诉讼时效期间届满的抗辩。但是，保证人于成立保证合同时已知债务诉讼时效已过而仍为保证的，保证人不得主张主债务超过诉讼时效的抗辩。对此，《担保法解释》第35条规定："保证人对已经超过诉讼时效期间的债务承担保证责任或者提供保证的，又以超过诉讼时效为由抗辩的，人民法院不予支持。"如果保证人不主张时效抗辩而承担了保证责任，保证人不得向主债务人主张求偿权与代位权。

2. 主债务人的抵销权

如果主债务已为抵销，则主债务消灭，保证人也可以拒绝清偿，此时属于债权消灭的抗辩。如果主债务人对债权人有抵销权，主债务人自己未主张抵销时，保证人能否行使主债务人的抵销权？各国立法大都予以承认。① 我国法上对此问题没有规定，但理论上应承认之。这是因为，如果保证人不享有这种抵销权，保证人仍得向债权人履行保证债务，此后再由保证人向主债务人求偿，这不仅增加交易成本，且增加了保证人的风险。而保证人行使主债务人的抵销权，就可以避免"诉讼循环"②，减少求偿困难。同时，如果保证人不能依此为抗辩，则相当于债权人的债权强度得到了加强，而保证的功能应是仅使所担保债权在原有的广度和强度下的实现可能性增加而已，并无使债权本身的广度增大、强度加强的效果。③ 因此，应当允许保证人行使主债务人的抵销权。但应当指出的是，保证人得主张债务人的抵销权属于法律对保证人的特别保护，这绝不意味着主债务人也能以保证人对于债权人的反对债权对债权人为抵销。④保证人得主张债务人的抵销权也不意味着主债务人对债权人有债权即可抵销，而应以主债务人的抵销权符合抵销要件为前提。

3. 基于主债务人的撤销权享有的抗辩权

当主债权债务关系存在意思表示瑕疵等事由时，主债务人享有撤销主债权债务关系的权利。主债务人如行使了该撤销权，主债权债务关系因撤销而无效的，保证人可享有主债权未发生的抗辩。这种撤销权属于主债务人专有的权利，故保证人不得行使主债务人的撤销权。然而主债务人如未行使撤销权，保证人得以主债务人有撤销权而为抗辩，拒绝对债权人清偿。⑤ 撤销权属于主债务人专有的权利，主债务人可以放弃撤销权。主债务人放弃撤销权与其放弃抗辩权对保证人的法律效果不同。主债务人放弃抗辩权并不对保证人生效，而主债务人放弃撤销权，保证人即不得享有拒绝清偿的抗辩权。⑥ 如果保证人对于发生撤销的事由存在过错的，则

---

① 《德国民法典》第770条第2款规定："债权人可以就其主债务人到期债权的抵销免除清偿的，保证人亦有同样的权利。"《法国民法典》第1294条第1款规定："对债权人欠主债务人的债务，保证人得主张抵销。"《日本民法典》第457条第2款规定："保证人可以依主债务人的债权，以抵销对抗债权人。"《瑞士债法典》第121条规定："主债务人有权对债权人进行抵销的，担保人可以拒绝向债权人履行。"《意大利民法典》第1247条第1款规定："担保人（保证人）可就债权人对主债务人的债务提出抵销。"

② 史尚宽：《债法各论》，907页。

③ 参见王利明（项目主持人）：《中国民法典学者建议稿及立法理由——债法总则编、合同编》，782页。

④ 《法国民法典》第1294条第2款规定："对债权人欠保证人的债务，主债务人不得主张抵销。"

⑤ 参见黄立：《民法债编各论》下，868页。

⑥ 参见林诚二：《民法债编各论》下，239页，北京，中国人民大学出版社，2007。

保证人不享有上述抗辩权。若保证人知道主债务人有撤销权而订立保证合同或者履行保证责任的，保证人也不享有抗辩权。若保证人不知道主债务人有撤销权而履行保证债务，而其后主债务人行使撤销权时，保证人可依不当得利之原则，向债权人请求返还其给付。[①]

（二）一般债务人应享有的权利

如果说基于保证的从属性，保证人可以享有主债务人的抗辩权等权利的话，那么基于保证的独立性，保证人也应当享有一般债务人所应享有的权利。例如，保证人得主张保证合同无效的抗辩、保证债务履行期未到的抗辩、保证债务消灭的抗辩等；保证合同有得撤销的事由的，保证人得主张撤销；保证人对债权人享有同种类债权的，得以其债权与主债权人的债权抵销。

（三）保证人的专属抗辩权

一般认为，保证人的专属抗辩权包括催告抗辩权和先诉抗辩权，但连带责任保证的保证人不享有此两项权利。

1. 催告抗辩权

催告抗辩权是指债权人请求保证人履行债务时，保证人得要求债权人先向债务人催告，由债务人履行，如果债权人未先向债务人催告履行而要求保证人履行的，则保证人有权拒绝履行保证债务。[②] 从各国法律规定来看，在规定保证债务的内容为代为履行责任的国家，一般规定保证人享有催告抗辩权。例如，《日本民法典》第 452 条规定："债权人请求保证人履行债务时，保证人得请求先向主债务人催告。但主债务人受破产宣告或者去向不明时，不在此限。"在我国，保证债务的内容以当事人的约定确定，既可以是代为履行责任，也可以是赔偿责任。因而，虽然《担保法》上未明确规定保证人的催告抗辩权，但若当事人约定保证人的保证债务为代为履行责任的，保证人也应享有催告抗辩权。[③] 在日本法上，保证人行使催告抗辩权后产生下列效果：债权人应及时催告主债务人，若不催告或怠于催告而发生债权人不能从债务人处得到全部清偿的情况，保证人将在债权人如及时催告即可得到清偿的范围内获得免责利益。[④]对此，我国法上也应做同样解释。

2. 先诉抗辩权

先诉抗辩权又称检索抗辩权或先索抗辩权，是指保证人于债权人未就主债务人的财产强制执行而无效果前，对于债权人得拒绝清偿保证债务的权利。《担保法》第 17 条第 2 款规定：一般保证的保证人在主合同纠纷未经审判或者仲裁，并就债务人财产依法强制执行仍不能履行债务前，对债权人可以拒绝承担保证责任。

依照我国法律规定，对保证人的先诉抗辩权可以从以下三个方面理解：

---

① 参见王泽鉴：《民法概要》，455 页。

② 参见郭明瑞：《担保法》，2 版，46 页。

③ 实际上，在我国的司法解释上是承认这项权利的。最高人民法院《关于审理经济合同纠纷案件有关保证的若干问题的规定》（法发〔1994〕8 号）第 5 条规定："保证合同明确约定保证人承担代为履行责任的，经债权人请求被保证人履行合同，被保证人拒不履行时，债权人可请求保证人履行。保证人不能代为履行合同，且强制执行被保证人的财产仍不足以清偿其债务的，由保证人承担赔偿责任。"这里就规定了保证人的催告抗辩权。因为依此规定，保证人承担代为履行责任的，债权人请求保证人履行前，应先请求主债务人履行。如债权人未先请求主债务人履行且主债务人拒绝履行的，债权人不可以请求保证人代为履行。

④ 参见邓曾甲：《中日担保法律制度比较》，94～95、123 页。

第一，先诉抗辩权是一般保证的保证人对抗债权人请求权的抗辩权。保证人享有这种抗辩权的前提是当事人间成立有效的一般保证，若保证合同无效，保证人不承担保证责任，也就不可能产生先诉抗辩权。因为连带责任保证的保证人与主债务人对主债务的不履行负连带责任，依《担保法》第18条第2款规定，连带责任保证的债务人在主合同规定的债务履行期届满没有履行债务的，债权人可以要求债务人履行债务，也可以要求保证人在其保证范围内承担保证责任。因此，连带责任保证的保证人不享有先诉抗辩权。先诉抗辩权是防御性权利，只有在债权人请求保证人履行保证债务时，保证人才有必要行使。虽主债务人未履行债务，但债权人未向保证人请求其承担保证责任的，保证人也无行使先诉抗辩权的必要。先诉抗辩权属于延缓的抗辩权或者一时的抗辩权，而不属于灭却的抗辩权或永久的抗辩权，它只能使债权人的请求权效力延期或者在一定期间内不能行使，而不能使债权永久地消灭。一旦发生债权人就主债务人的财产经强制执行而无效果的情形，保证人就不得主张先诉抗辩权而拒绝清偿。此时，如债权人在主债务人处仅获得部分清偿的，保证人应就不足部分负清偿责任。

第二，先诉抗辩权是保证人在主合同纠纷未经审判或者仲裁，并就主债务人财产依法强制执行仍不能履行债务前，对债权人拒绝承担保证责任的权利。因此，只要主合同未经审判或者仲裁，或者虽经审判或者仲裁但对主债务人的财产未依法强制执行，保证人就得拒绝债权人要求其承担保证责任的请求。主债务人的财产被强制执行，其仍不能履行债务，包括执行结果不能、不足清偿债务或拍卖不成或主债务人的财产之所在不明或其财产在外国无从执行等情形。①

第三，先诉抗辩权是实体权利。先诉抗辩权是诉讼权利还是实体权利，理论上存在诉讼权利说和实体权利说两种不同的观点。

【学术争鸣】

诉讼权利说认为，先诉抗辩权属于诉讼权利，因此，债权人在起诉主债务人之前，不能"先诉"保证人，否则债权人不仅不能胜诉，而且因为没有起诉权，人民法院应当裁定驳回债权人的起诉，即程序驳回。实体权利说认为，先诉抗辩权是担保法规定的，而担保法属于实体法，抗辩权是对请求权的抗辩，请求权是实体权利，抗辩权也当然属于实体权利。债权人在起诉债务人之前，可以起诉保证人，人民法院不能以保证人享有实体上的先诉抗辩权而在程序上驳回债权人的起诉。如果保证人的先诉抗辩权成立的话，人民法院可以判决驳回债权人对保证人的诉讼请求，即实体驳回。②

我们认为，先诉抗辩权是实体权利。保证人行使先诉抗辩权，不产生否认债权人请求的效果，故人民法院不得对债权人径行作出驳回之败诉判决。依照《担保法解释》第125条规定，一般保证的债权人向债务人和保证人一并提起诉讼的，人民法院可以将债务人和保证人列为共同被告。但是，应当在判决书中明确，在对债务人财产依法强制执行后仍不能履行债务时，由保证人承担保证责任。

保证人虽享有先诉抗辩权，但在法律规定的情形下，保证人会丧失先诉抗辩权而不得再行使之。依照《担保法》第17条第3款规定，有下列情形之一的，保证人不得行使先诉抗辩权：

其一，主债务人住所变更致使债权人要求其履行债务发生重大困难的。主债务人住所变更

① 参见史尚宽：《债法各论》，911页。

② 参见曹士兵：《中国担保诸问题的解决与展望》，116～117页。

可发生于保证合同生效前或生效后，若发生在保证合同生效前，债权人、保证人应当知道债务人的住所，则保证人不因主债务人住所变更而丧失先诉抗辩权。在保证合同生效后，只有主债务人住所变更且导致“债权人要求其履行债务发生重大困难的”，保证人始丧失先诉抗辩权。这里包括以下情形：债权人不知债务人的新住所而无法请求主债务人履行债务；债权人虽知主债务人的住所但请求主债务人履行会增加相当多的费用或者难以执行主债务人的财产；主债务人下落不明、移居境外且无财产可供执行等。虽主债务人住所变更，但并不会使债权人要求其履行债务发生重大困难时，保证人仍得行使先诉抗辩权。例如，主债务人的住所与原住所在同一人民法院的管辖内；主债务人在原住所地留有财产，债权人有条件请求主债务人履行其债务等。

其二，人民法院受理债务人破产案件，中止执行程序的。债务人陷入破产是债务人无清偿资力的标志，人民法院受理破产案件后，对债务人财产的其他民事执行程序必须中止，主债务人丧失对自己财产的处分权，债权人已经无法就主债务人的财产依法强制执行，保证人行使先诉抗辩权的前提也就不存在。因此，保证人不得再行使先诉抗辩权。在破产法上，债务人的破产有实体破产、程序破产之分。实体破产是指债务人被法院裁定宣告破产，进行实质性的破产清偿；程序破产是指破产申请被法院接受，债务人进入破产程序，债务人可以与债权人和解，避免实体破产。那么，债务人破产是指程序破产还是实体破产呢？对此，理论上存在着不同的看法。

【学术争鸣】

一种观点认为，法律规定一般保证人先诉抗辩权的限制是债务人破产案件被人民法院受理，是指债务人程序破产。在程序破产中，保证人无先诉抗辩权，应承担保证责任。① 另一种观点认为，如果债务人未被宣告破产而结束破产程序的，保证人仍可行使先诉抗辩权。② 即在主债务人程序破产而未能实体破产时，保证人仍可行使先诉抗辩权。

《担保法解释》第 44 条第 1 款规定：“保证期间，人民法院受理债务人破产案件的，债权人既可以向人民法院申报债权，也可以向保证人主张权利。”依这一规定，只要人民法院受理债务人破产案件即债务人为程序破产的，保证人即不能行使先诉抗辩权。如果在程序破产中债务人因与债权人和解等原因而免于实体破产的，保证人只能向债务人行使追偿权而不能要求债权人返还清偿。

在破产案件中，如果债权人对主债务人享有担保物权，则债权人享有别除权，此时保证人能否行使先诉抗辩权，主张债权人先对担保物权进行执行再要求自己承担保证责任？对此，我们认为，此时保证人应享有先诉抗辩权，因为债权人并没因债务人破产而丧失对主债务人特定财产的求偿权及强制执行权。《德国民法典》第 773 条规定，如果债权人能够从对主债务人有质权或者留置权的动产取得清偿，则允许保证人享有先诉抗辩权。在我国，《担保法》无此类规定，理论上应作如此解释。

顺便指出，如果保证人被宣告破产，即使主债务尚未到期，为了保障债权人的保证利益，依《中华人民共和国企业破产法》（以下简称《破产法》）第 46 条第 1 款规定，“未到期的债权，在破产申请受理时视为到期”。于此情形下，保证人不得主张先诉抗辩权，债权人得以其

---

① 参见曹士兵：《中国担保诸问题的解决与展望》，121 页。

② 参见汪渊智、侯怀霞：《论保证人的先诉抗辩权》，载《中国法学》，1997（1）。

债权全额向法院申报并参加分配。

其三，保证人以书面形式抛弃先诉抗辩权。先诉抗辩权既然为保证人的一项权利，保证人当然有权抛弃。保证人抛弃先诉抗辩权后，一般保证人的地位等同于连带责任保证人。先诉抗辩权的抛弃包括事先抛弃与事后抛弃，但为避免保证人因事先抛弃权利而承担过重的责任所造成的显失公平局面，有的立法例明确规定保证人不得事先抛弃包括先诉抗辩权在内的权利。[①]从比较法上看，保证人抛弃先诉抗辩权的方式并无限制性规定，明示或默示、书面或口头均无不可。[②]依《担保法》第17条第3款规定，保证人可以抛弃（包括事先抛弃）先诉抗辩权，但必须采取书面形式。同时，保证人应向主合同当事人为抛弃的意思表示。除保证人以书面形式抛弃先诉抗辩权外，以默示的方式抛弃先诉抗辩权的也应当有效。例如，一经债权人请求，保证人即履行；一般保证人在主合同履行期限届满后，未经请求即履行了保证债务等，均为以默示方式抛弃先诉抗辩权。

例题8 出现下列何种情形时，一般保证的保证人不得行使先诉抗辩权？（2003年司法考试题）

A. 债务人被宣告失踪，且无可供执行的财产

B. 债务人移居国外，但国内有其购买现由亲属居住的住宅

C. 债务人被宣告破产，中止执行程序的

D. 保证人曾以书面方式向主合同当事人以外的第三人表示放弃先诉抗辩权

解析：本题的考点是一般保证人不得行使先诉抗辩权的事由。债务人下落不明且无财产可供执行的、债务人被宣告破产而中止执行程序的，均属于《担保法》所规定的保证人不得行使先诉抗辩权的事由。债务人虽移居国外，但国内有财产可供执行的，不影响保证人行使先诉抗辩权。保证人向主合同当事人之外的人表示抛弃先诉抗辩权的，不能发生抛弃的后果。因此，答案应为A、C项。

（四）保证与物的担保并存时保证人是否享有先诉抗辩权

为充分确保债权的实现，同一债权可能既有保证，又有物的担保，如抵押权、质权等。当保证与物的担保并存时，在债权人未执行物的担保前，保证人是否享有拒绝履行保证债务的抗辩权呢？由于债务人不可能同时担任自己债务的保证人，但债务人却可以自己的财物对债权人设立物的担保，所以，保证与物的担保并存就可区分为如下两种情况：

1. 保证与债务人提供的物的担保并存

在保证与债务人提供的物的担保并存时，保证人是否得拒绝债权人的请求，要求债权人先执行债务人提供的物的担保呢？对此，理论上存在着不同的看法。

【学术争鸣】

否定说认为，即便物的担保由债务人提供，债权人也可以选择主张保证人先清偿或者先执行物的担保，此时保证人不享有先诉抗辩权。其主要理由在于：其一，就连带责任保证而言，保证人与债务人几乎处于同一地位，此种保证并不具有补充性，在保证债务清偿问题上，法律并无特别照顾保证人的必要。同一债权既有保证又有债务人提供的物的担保的，债务人不履行

---

① 如我国台湾地区“民法”第739条规定：“本节所规定保证人之权利，除法律另有规定外，不得预先抛弃。”

② 参见林诚二：《民法债编各论》下，240页。

债务时，债权人可基于其判断，选择向保证人或债务人主张权利，此时法律限制债权人的选择权，强行介入本不涉及公益的事项，该制度设计值得检讨。其二，就成本考量而言，债权人如选择向保证人主张权利，保证人承担责任后再向债务人追偿，是否一定会增加社会成本？如债权人选择向保证人主张保证债权能完全满足其债权，选择向债务人主张物的担保并不能完全满足其债权，此时，如限制债权人的选择权，则债权人只能先向债务人主张担保物权，不足部分再向保证人主张保证债权，保证人承担责任后再向债务人求偿；如不限制债权人的选择权，则债权人可选择向保证人主张保证债权，保证人承担责任后，再向债务人求偿。就两者之间的成本比较，显以后者为低。[①] 肯定说认为，债务人是本位上的债务承担者，保证人仅是代替其承担责任，保证人在承担了担保责任后，仍对债务人有求偿权。况且，在债务人自己提供物的担保的情况下，首先以该物的担保清偿债务，可以避免保证人日后再行使追偿权。

《担保法》第28条规定："同一债权既有保证又有物的担保的，保证人对物的担保以外的债权承担保证责任。"依《物权法》第176条规定，被担保的债权既有物的担保又有人的担保，而当事人没有约定或者约定不明确，债务人自己提供物的担保的，债权人应当先就该物的担保实现债权。依此规定，在债务人提供物的担保，而当事人又未明确约定先行使何种担保权时，保证人享有要求债权人先行使担保物权的抗辩权。

例题9　甲向乙借款20万元，以其价值10万元的房屋、5万元的汽车作为抵押担保，以1万元的音响设备作质押担保，同时还由丙为其提供保证担保。其间汽车遇车祸损毁，获保险赔偿金3万元。如果上述担保均有效，丙应对借款本金在多大数额内承担保证责任？（2004年司法考试题）

A. 7万元　　B. 6万元　　C. 5万元　　D. 4万元

解析：本题的考点是人保与物保的关系。乙的主债权额为20万元，在这一债权上同时存在着债务人甲提供的物的担保（抵押和质押）和丙提供的人的担保（保证）。由于抵押的汽车损毁后，甲获保险金3万元，减少了价值2万元，所以，乙只能就3万元保险金享有抵押权（这是由抵押权的物上代位性所决定的）。这样，债务人甲提供的物的担保价值就为14万元。在保证与债务人提供的物的担保并存时，保证人仅对债务人提供的物的担保之外的债权承担保证责任，即丙只对14万元债权以外的债权承担保证责任。因此，答案应为B项。

例题10　甲公司欠乙公司货款100万元，先由甲公司提供机器设备设定抵押权、丙公司担任保证人，后由丁公司提供房屋设定抵押权并办理了抵押登记。甲公司届期不支付货款，下列哪一表述是正确的？（2014年司法考试题）

A. 乙公司应先行使机器设备抵押权　　B. 乙公司应先行使房屋抵押权

C. 乙公司应先行请求丙公司承担保证责任　　D. 丙公司和丁公司可相互追偿

解析：本题的考点主要是物的担保与人的担保并存时的处理。根据《物权法》第176条规定，同一债权既有物的担保又有人的担保的，债务人不履行到期债务或者发生当事人约定的实现担保物权的情形，债权人应当按照约定实现债权；没有约定或者约定不明确，债务人自己提供物的担保的，债权人应当先就该物的担保实现债权；第三人提供物的担保的，债权人可以就物的担保实现债权，也可以要求保证人承担保证责任。在提供担保的第三人承担担保责任后，有权向债务人追偿。在本题中，甲作为债务人以自己的机器设备设定了抵押权，因此，乙公司

---

① 参见王利明（项目主持人）：《中国民法典学者建议稿及立法理由——债法总则编、合同编》，777页。

应先行使机器设备抵押权。丙公司提供的是保证，丁公司提供的是物保，两者并不存在相互追偿关系。因此，答案应为A项。

2. 保证与第三人提供的物的担保并存

关于保证与第三人提供的物的担保并存时，如何处理两者的关系，理论上存在着物的担保优先说、物的担保与保证平等说。

【学术争鸣】

物的担保优先说认为，在保证与第三人提供的物的担保并存时，物的担保应当优先，即债权人应当首先就物的担保受偿。物的担保优先说的理由有：第一，物的担保如抵押将产生抵押权等物权，当物权与债权同时并存时，物权具有优先于债权的效力。第二，物的担保较之保证更有利于执行。因为物的担保通常确定了提供担保的具体财产，而在保证关系中，保证人并没有提供担保财产的具体范围，债权人对保证人的财产也不享有优先于他人受偿的权利。因此，确立物的担保优于人的担保的原则有利于保护债权人。第三，物的担保以担保物为限负有限责任，而保证人以其全部财产负无限责任，所负责任较重，基于公平起见，使物之担保优先，以保护保证人。反之，如果债权人舍弃物的担保而主张保证，将有违公平。第四，法律往往规定，债权人抛弃物的担保时，保证人在债权人所抛弃的权利限度内免责。反之，债权人抛弃其对保证人之权利者，对物的担保并无影响。可见，保证对物的担保具有补充性，物上保证人原则上应负终局的责任。物的担保与保证平等说认为，在保证与第三人提供的物的担保并存时，债权人可以请求保证人承担担保责任，也可以请求物上保证人承担担保责任。物的担保与保证平等说的理由主要在于：第一，所谓物权优先于债权主要包括如下两种形态：一是债权以特定物为给付之标的物，而该物上又有物权存在时，则无论物权成立之先后，物权均优先于该债权；二是物权优先于一般债权，就债务人之物上设有定限物权，于受清偿或补偿时，物权优先于一般债权。物权与债权的优先效力必须在物权与债权相冲突的场合才能体现出来，在物权与债权并行不悖的情况下，二者不会发生冲突，也就无所谓何者优先的问题。同一债权既有保证又有物的担保的场合，并不存在债权（保证）与物权（物的担保）相冲突之说，因此不能适用物权优先于债权的法则。第二，保证对主债务具有补充性，但并不对物的担保具有补充性。第三，物的担保固然有利于执行，但有时执行物的担保需要很高的成本。例如，在抵押权实现程序中，可能会遭遇多个顺序抵押权并存的情况，并且会在诉讼、拍卖等环节花费一定的成本，债权人基于多种因素考虑，可能会愿意先请求保证人承担担保责任。第四，法律并无明定物上保证人应负较重责任或先位之担保责任，物上保证人也无负较重责任的意思。① 第五，法律没有理由仅赋予保证人求偿权、代位权，而不赋予物上保证人求偿权、代位权。保证与物的担保构成类似共同保证的关系，保证人、物上保证人的地位并无实际差别，债权人放弃保证的，不应当对物的担保没有任何影响，物上担保人也应当相应地免责。因此，债权人对保证、物的担保应有选择权。

《担保法解释》第38条第1款规定："同一债权既有保证又有第三人提供物的担保的，债权人可以请求保证人或者物的担保人承担担保责任。当事人对保证担保的范围或者物的担保的范围没有约定或者约定不明的，承担了担保责任的担保人，可以向债务人追偿，也可以要求其

① 参见邱聪智：《新订债法各论》下，387页。

他担保人清偿其应当分担的份额。”可见，这一规定构成了对《担保法》第28条的限缩解释。依《物权法》第176条规定，在当事人没有约定或者约定不明确时，“第三人提供物的担保的，债权人可以就物的担保实现债权，也可以要求保证人承担保证责任”。因此，第三人提供物的担保的，第三人作为物上保证人与保证人居于同一清偿顺序，债权人既可以要求保证人承担保证责任，也可以要求物上保证人承担担保责任。可见，保证人并不享有要求债权人先行使担保物权的抗辩权。

第五节 保证对保证人与主债务人之间关系的效力

保证虽是保证人与债权人之间的关系，但保证毕竟是保证人担保主债务人履行债务，因此，保证的效力亦及于保证人与主债务人之间的关系。保证人与主债务人之间的法律关系可称为保证原因关系，这种关系并不影响保证合同的成立，亦不影响保证人对债权人的责任。[①] 保证原因关系可能是赠与、委托、无因管理，但通常为委托关系。基于保证原因关系，保证人可享有求偿权、代位权及责任除去请求权等权利。

一、保证人的求偿权

（一）保证人求偿权的概念

保证人的求偿权又称为追偿权，是指保证人享有的于履行保证债务后得向主债务人请求偿还的权利。

保证人之所以享有求偿权，是因为保证人履行保证债务实质上是代主债务人履行债务。保证人的求偿权使保证人得以因保证债务的适当履行从主债务人处获得补偿，维护了保证人与主债务人间的利益衡平，实现了基本法律正义。保证人的求偿权属于以主债务人为相对人的债权，以保证人履行了保证债务为前提。《担保法》第31条规定：“保证人承担保证责任后，有权向债务人追偿。”由于该条规定过于原则、抽象，其不尽事宜自然应适用委托合同、无因管理、第三人代为清偿的有关规定。应当指出的是，在共同保证中，保证人之一承担了全部或超出自己的份额的保证责任后，对其他保证人亦享有求偿权，但这种求偿权并非保证人对主债务人的求偿权。

（二）保证人求偿权的成立要件

一般地说，保证人的求偿权应当具备如下成立要件：

1. 保证人向债权人履行了保证债务

不论保证人依何种方式履行债务，也不论保证人是履行了全部还是部分债务，均可享有求偿权。由于保证债务的强度应弱于主债务，所以，依《担保法解释》第43条规定，保证人自行履行保证责任时，其实际清偿额大于主债权范围的，保证人只能在主债权范围内对债务人行

---

① 参见邱聪智：《新订债法各论》下，357页。

使追偿权。保证人的求偿权，一般只能在保证人承担保证责任后才能行使，但为保障保证人在履行保证债务后能够实现追偿的权利，法律规定了保证人得事前行使追偿权的情况。《担保法》第 32 条规定："人民法院受理债务人破产案件后，债权人未申报债权的，保证人可以参加破产财产分配，预先行使追偿权。"

2. 因保证人的履行而使债务人免责

所谓债务人免责，是指主债务因保证人的履行而消灭。这里的免责，可以是全部免责，也可以是部分免责。因此，在保证债务的履行使主债务人的责任全部或部分免除时，均可发生保证人的求偿权。保证人的履行行为除一般的清偿外，也可采用代物清偿、提存、更改、抵销等方式。主债务人非因保证人的保证债务的履行而免责的，保证人不享有求偿权。例如，主债务人因自己的清偿行为而免责时，即使保证人又履行了保证债务，保证人也不享有向主债务人追偿的权利。于此情形下，保证人只能依不当得利的规定请求债权人返还。此外，依《合同法》第 71 条规定，如果不损害债权人的利益，合同债务人提前清偿时也构成债务的适当履行，也发生债的消灭的法律后果。因此，保证人于清偿期前为清偿的，也享有求偿权。但除主债务人同意外，保证人不能提前行使求偿权。[①] 在有限保证中，保证人只担保部分债权，保证人行使求偿权会影响债权人其他部分债权的实现。为充分保障债权的实现，在有的保证合同（如在外汇担保）中，贷款人往往要求在担保合同上限制保证人行使追偿权的时间，即规定贷款人的本金和利息全部得到清偿后，保证人才能行使追偿权。[②]

3. 保证人履行保证债务无过错

无论保证原因关系是委托关系还是无因管理关系，保证人履行保证债务时都应当负善良管理人的注意义务，违背此种义务即构成过错。保证人在承担保证责任上有过错的，保证人丧失求偿权。[③] 其中，保证人在债权人请求其承担保证责任时，应行使主债务人的抗辩权而未行使，致使承担了不应承担的责任的，保证人存在过错。在此范围内，保证人丧失向主债务人追偿的权利。依《担保法解释》第 35 条规定，保证人对已经超过诉讼时效期间的债务承担保证责任或者提供保证的，不能再以超过诉讼时效为由进行抗辩。此时，主债权罹于诉讼时效，主债务人、保证人均享有时效抗辩，而保证人仍为清偿时，债权人有权受领给付，保证人不享有对主债务人的求偿权。又如，保证人在为清偿或其他免责行为后，应当及时通知主债务人，以免造成主债务人的重复履行。如果保证人在履行保证债务后怠于通知主债务人，致使主债务人善意地再为履行时，保证人也丧失追偿权。不过，债权人第二次受领清偿为法律上无原因而受利益，债权人对保证人成立不当得利，保证人得请求债权人返还不当得利。

4. 保证人须无赠与的意思

保证人基于对主债务人为赠与的意思而提供保证的，保证人无求偿权。此时，主债务人应对保证人有赠与的意思负举证责任。[④]

---

① 参见史尚宽：《债法各论》，921 页。

② 参见李国光主编：《担保法新释新解与适用》，122 页。

③ 我国台湾地区学者多认为，如果保证人明知有抗辩权而不行使的，保证人无求偿权；如果保证人非因过失而不知主债务人有抗辩权而对债权人为清偿的，保证人因处理委任事务所支出的必要费用仍应向主债务人求偿；保证人如因过失而不知债务人有抗辩权而对债权人为清偿的，应对主债务人因此所遭受的损害负赔偿责任。参见林诚二：《民法债编各论》下，246 页。

④ 参见邱聪智：《新订债法各论》下，392 页。

（三）保证人求偿权的范围

一般而言，保证基于委托或无因管理而发生。在这两种情况下，保证人求偿权的范围有所不同。

1. 保证人因受委托而为保证的求偿权的范围

保证人受主债务人的委托提供担保的，保证人与主债务人之间发生委托合同关系，保证人在履行保证债务后，得依委托合同的约定向主债务人求偿。若当事人对于求偿权的范围没有约定或者约定不明，依照合同解释法则也难以确定时，则保证人求偿权的范围应当包括：保证人所清偿的全部债务的本金、利息；保证人清偿保证债务的必要费用，并得请求自支出时起的利息；保证人在履行保证债务过程中因非可归责于自己的事由遭受的损害赔偿金。① 因为委托合同除当事人另有约定外，应为无偿合同。所以除当事人在委托合同中特别约定了保证报酬外，保证人不得向主债务人请求支付报酬。但是，保证人得请求的报酬不属于求偿权的效力范围。在一般的委托合同中，委托人应当预付处理委托事务的费用（《合同法》第398条），而保证人不得基于委托合同请求主债务人预付清偿保证债务的费用，因为这与保证合同的目的相悖。

2. 保证人未受委托而为保证的求偿权的范围

保证人未受主债务人的委托而为保证人的，双方不存在委托合同。保证人为债务人提供保证是为了使债务人的利益免受损失的“利他”行为，因此，保证人履行保证债务原则上可以构成无因管理，保证人为管理人，主债务人为本人。因此，保证人的求偿权的范围应当按照无因管理规则确定。其一，如保证构成适法无因管理，即如果保证人承担保证责任未违背债务人的意思且有利于债务人的，则保证人追偿权的范围等同于因受委托进行保证时保证人的求偿权；其二，如保证构成不适法无因管理，即如果保证人承担保证责任违背债务人的意思，主债务人仍得享有因其保证所得之利益，保证人求偿权的范围限于其所得利益。②

（四）保证人求偿权的行使

保证人可以直接向主债务人行使求偿权，不以诉讼上行使为必要。依《担保法解释》第42条规定，人民法院判决保证人承担保证责任或者赔偿责任的，应当在判决书主文中明确保证人享有的求偿权；判决书中未予明确求偿权的，保证人只能按照承担责任的事实，另行提起诉讼。当然，在保证纠纷中，债权人将债务人和保证人作为共同被告一并起诉的，人民法院可以对案件合并审理，仅在这种情况下，才存在对保证责任和追偿权一并裁判的可能。③ 由于“人民法院判决保证人承担保证责任或者赔偿责任”并不意味着保证人已“向债权人履行了保证债务”，所以，严格地说，人民法院判决书中明确的并非保证人“既得的求偿权”而是“求偿权的期待权”，只有在保证人实际履行了保证债务且符合求偿权的产生要件时，这种求偿权的期待权才能转化为“既得的求偿权”。至于是否转化成功，须结合求偿权的要求进行审查。

除于履行保证责任后保证人可行使求偿权外，保证人的求偿权可于事前行使，即保证人于履行保证债务前，因发生法定事由，得预先向债务人行使求偿权。保证人求偿权发生效力本以

---

① 《合同法》第407条规定：“受托人处理委托事务时，因不可归责于自己的事由受到损失的，可以向委托人要求赔偿损失。”

② 参见林诚二：《民法债编各论》下，247页；李国光主编：《担保法新释新解与适用》，365页。

③ 参见曹士兵：《中国担保诸问题的解决与展望》，161页。

保证人为主债务人清偿债务而使其免责为条件，其目的是保障保证人的利益不受损失。然而，保证人求偿权的实现也是以债务人有财产清偿债务为条件的。如果在保证人清偿保证债务后，债务人已无任何财产可用以清偿债务，保证人的求偿权也就无法实现。此外，保证人清偿保证债务尽管是有条件的，但在某些情况下，其承担责任已属必然。为避免保证人于承担保证责任后不能实现求偿权，法律特规定了保证人事前行使求偿权制度。

保证人求偿权的事前行使只限于保证人受主债务人委托而为保证的情况。未受主债务人委托而为保证的，保证人不享有事前行使求偿权的权利。同时，保证人求偿权的事前行使须有法定事由。关于得事前行使求偿权的事由，各国法律规定不完全一致。[①]

依《担保法》第32条规定，保证人事前行使求偿权的法定事由是“人民法院受理债务人破产案件后，债权人未申报债权”。因为在人民法院受理债务人破产案件、中止执行程序后，一般保证人不得行使先诉抗辩权，须对债权人承担第一位次的清偿责任。此时，如债权人未申报债权，则保证人承担保证责任后，因债务人已破产，其破产财产分配完毕，保证人无法实现求偿权。所以，在人民法院受理债务人破产案件而债权人又未申报债权时，法律特许保证人事前行使求偿权，以其承担的保证债务额申报债权，成为破产债权人，参加破产财产分配。[②] 如果债权人已申报破产债权，保证人申请预先行使求偿权的请求不能得到支持。如果保证人先申报债权，人民法院也不能以债权人是否申报的情况不明为由，拒绝登记，但此后债权人又申报的，人民法院应当通知保证人不再享有破产债权人的身份。[③] 债权人须依破产法的规定在破产债权申报期限内申报债权，否则即为“债权人未申报债权”。依《破产法》第11条规定，人民法院受理破产申请的，应当自裁定作出之日起5日内送达申请人。依该法第45条规定，人民法院受理破产申请后，应当确定债权人申报债权的期限。债权申报期限自人民法院发布受理破产申请公告之日起计算，最短不得少于30日，最长不得超过3个月。依该法第51条规定，债务人的保证人或者其他连带债务人已经代替债务人清偿债务的，以其对债务人的求偿权申报债权；债务人的保证人或者其他连带债务人尚未代替债务人清偿债务的，以其对债务人的将来的求偿权申报债权，但是，债权人已经向管理人申报全部债权的除外。

债权人是否申报破产债权、参与破产程序本为其自由，对此，《担保法解释》第44条予以明确承认：“保证期间，人民法院受理债务人破产案件的，债权人既可以向人民法院申报债权，也可以向保证人主张权利。债权人申报债权后在破产程序中未受清偿的部分，保证人仍应当承担保证责任。债权人要求保证人承担保证责任的，应当在破产程序终结后六个月内提出。”但是，如果债权人明知债务人破产而不申报债权，也不通知保证人，并造成保证人损害的，属于

---

① 《日本民法典》第460条规定：保证人受主债务人的委托而为保证时，其保证人于下列场合得预先对主债务人行使求偿权：(1) 主债务人受破产宣告而债权人未参加其财团的分配时；(2) 债权已到清偿期，但在保证合同订立后，债权人许与主债务人的期限，不得以之对抗保证人；(3) 于债务的清偿期不能确定，而其最长期亦不能确定场合，自保证合同订立后，经过10年时。《法国民法典》第2309条规定：有下列情形时，保证人即使在进行清偿之前，亦得对债务人提起诉讼，以获得债务人给予的赔偿：(1) 在保证人受到清偿诉讼时；(2) 在债务人破产或非商人破产时；(3) 在债务人承担义务于特定的时间内免除保证人之责任时；(4) 在债务因其订定的期限到期而成为可追偿之债务时；(5) 在主债务没有规定清偿期限而已经过10年时，但主债务具有在特定时期届满不得消灭之性质时，不在此限。

② 按照最高人民法院《关于审理企业破产案件若干问题的规定》(法释[2002] 23号) 第55条第1款第9项的规定，“债务人的保证人按照《中华人民共和国担保法》第三十二条的规定预先行使追偿权而申报的债权”属于破产债权。

③ 参见曹士兵：《中国担保诸问题的解决与展望》，172页。

违背诚实信用原则而构成滥用权利，债权人须承担相应的法律后果。对此，《担保法解释》第45条规定："债权人知道或者应当知道债务人破产，既未申报债权也未通知保证人，致使保证人不能预先行使追偿权的，保证人在该债权在破产程序中可能受偿的范围内免除保证责任。"

在共同保证的情况下，无论是连带共同保证还是按份共同保证，各保证人都可以预先行使自己对债务人的求偿权，只不过按份共同保证人登记的求偿权范围限于自己应承担的债务份额。依《担保法解释》第46条规定，人民法院受理债务人破产案件后，债权人未申报债权的，各连带共同保证的保证人应当作为一个主体申报债权，预先行使追偿权。所谓作为一个主体申报债权，是指连带共同保证人推举一个代表人申报债权，而在破产程序中获得的清偿应在共同保证人中平均分配。在不能推举出代表的情况下，人民法院可以确定首先参加债权申报的保证人为代表。[①]

顺便指出，如果主债务人与保证人均破产的，债权人加入两个破产财团分配时，保证人对主债务人之财团不得行使求偿权。[②]

（五）保证人求偿权的诉讼时效

保证人求偿权是债权，因此也应适用诉讼时效制度。保证人求偿权是因为保证人履行保证责任后新生的请求权，其诉讼时效不同于主债权的诉讼时效，应重新计算。[③] 依《担保法解释》第42条第2款规定，保证人对债务人行使求偿权的诉讼时效，自保证人向债权人承担责任之日起开始计算。

例题11　甲公司从乙公司采购10袋菊花茶，约定："在乙公司交付菊花茶后，甲公司应付货款10万元。"丙公司提供担保函："若甲公司不依约付款，则由丙公司代为支付。"乙公司交付的菊花茶中有2袋经过硫黄熏蒸，无法饮用，价值2万元。乙公司要求甲公司付款未果，便要求丙公司付款10万元。下列哪些表述是正确的？（2011年司法考试题）

A. 如丙公司知情并向乙公司付款10万元，则丙公司只能向甲公司追偿8万元

B. 如丙公司不知情并向乙公司付款10万元，则乙公司会构成不当得利

C. 如甲公司付款债务诉讼时效已过，丙公司仍向乙公司付款8万元，则丙公司不得向甲公司追偿

D. 如丙公司放弃对乙公司享有的先诉抗辩权，仍向乙公司付款8万元，则丙公司不得向甲公司追偿

解析：本题的考点是保证人的追偿权和先诉抗辩权。乙公司交付的茶叶中有价值2万元的菊花茶无法饮用，故甲公司的应付价款应确定为8万元。丙公司在知情的情况下向乙公司付款10万元，其实际清偿额大于主债权的范围，丙公司只能在8万元的主债权范围内对甲公司行使追偿权。丙公司在不知情的情况下向乙公司支付了10万元，对于超出的2万元，乙公司无权取得，应构成不当得利。若甲公司付款债务的诉讼时效已过，则丙公司享有甲的诉讼时效抗辩权。丙公司未主张诉讼时效抗辩权而仍向乙公司付款，不得向甲公司行使追偿权。若丙公司放弃对乙公司享有的先诉抗辩权，仍向乙公司付款8万元的，并不影响丙公司行使追偿权。因此，答案应为A、B、C项。

---

① 参见曹士兵：《中国担保诸问题的解决与展望》，173页。

② 参见史尚宽：《债法各论》，924页。

③ 参见王泽鉴：《民法概要》，456页。

二、保证人的代位权

(一) 保证人代位权的概念

保证人的代位权是指保证人代债务人清偿债务后，取代债权人的地位对债务人享有债权。可见，保证人的代位权属于人的代位。

保证人的代位权不同于债权人的代位权。后者属于债的保全措施的一种，为债权固有的权能，是债权对第三人效力的体现。保证人的代位权旨在使保证人获得原债权人对主债务人的所有权利，作为新的债权人，保证人以自己的名义行使自己的权利而不是代位行使原债权人的权利[①]，更非代理行使原债权。保证人代债务人清偿债务本也可发生主债权债务关系消灭的法律后果，债权人的利益已得到满足，债务人对债权人的负担得以免除，然而保证人已付出的代价是否能得到偿还尚未确定。为保障保证人的利益，法律有否认主债权债务关系因为保证债务的履行而消灭并将这种权利转归保证人享有的必要。

保证人代位权为法定的权利，无论保证人与债务人的内部关系如何，保证人均享有法定的代位权。根据债权转移之基本准则，附属于债权的担保权益及其他从权利也一并转移于保证人，同时债务人对债权人享有的抗辩权也得对保证人进行抗辩；于债权人之债权基于保证人部分清偿而部分转移给保证人的情况下，保证人对代位权之主张及行使不得有损于债权人剩余债权之清偿。

(二) 保证人的代位权与求偿权的关系

关于保证人的代位权与求偿权之间的关系，各国或地区有不同立法例[②]，理论上也存在着两种不同的观点。

【学术争鸣】

一是代位权以求偿权为基础说。该说认为，代位权是以保证人享有的求偿权为前提的，如保证人不享有求偿权，也就不能享有代位权。英美法认为，保证人的代位权不产生独立诉因，保证人须依代位权与求偿权一并发动诉讼。[③] 据此，很多学者主张代位权与求偿权应“合二为一”，称之为“代位求偿权”，并认为特别强调代位权只具备学术价值，并无现实意义。[④] 保证人的求偿权首先是一种发生于保证人与债务人之间的债权请求权，故称之为求偿权；其次，在保证人履行债务或者承担保证责任后，主债权人的权利当然于其受偿范围内或者保证人承担保证责任限度内转移于有追偿权的保证人，使保证人得以部分或全部取代债权人的地位行使权

---

① 参见黄立：《民法债编各论》下，873 页。

② 第一种立法例是同时规定这两种权利。例如，《法国民法典》第 2305 条规定：“已经清偿债务的保证人，不论其提供保证是否为债务人知悉，对主债务人有求偿权。”第 2029 条规定：“已经清偿债务的保证人，代位取得债权人对债务人的所有权利。”第二种立法例是仅规定保证人的求偿权，不规定代位权，我国《担保法》即为适例。第三种立法例是仅规定保证人的代位权，而不规定求偿权。例如，我国台湾地区“民法”未规定保证人的求偿权，而于第 749 条明文规定代位权：“保证人向债权人为清偿后，于其清偿之限度内，承受债权人对于主债务人之债权。但不得有害于债权人之利益。”

③ Northwestern Mut. Ins. Co. v. Farmers Ins. Group，76Cal. App. 3d1031，1044，143Cal. Rptr. 415（1978）.

④ 参见邓曾甲：《中日担保法律制度比较》，116 页。

利，以保证保证人追偿权的实现，故保证人的求偿权又是代位权。[①] 二是代位权与求偿权分立说。该说认为，保证人求偿权与代位权分属独立的权利。求偿权是从保证人与债务人的委托关系或无因管理关系出发进行规定的，而代位权则是从法定债权转移角度进行规定的，因此，二者是性质有异的权利。二者的范围在主要方面即保证人向债权人为给付方面是一致的，但二者的范围并不完全一致，如保证人因进行保证活动所受到之意外损害等就不能从行使代位权中获得补偿。在特殊情况下，保证人可以享有代位权但没有求偿权。例如，法国最高法院第一民事庭于 2001 年 4 月 4 日作出的一个判决中指出，按照"任何人都不得损害他人而获得不当利益"之原则，因误解并且用自己的金钱为他人清偿了债务的人，对该债务人有求偿权，即使该人并不对债权人取得代位权。[②]

我们认为，代位权与求偿权的关系应从以下几个方面理解：

首先，两种权利的法律基础不同。代位权是为了避免主债权人获得不当利益而进行的债权法定转移；求偿权的法律基础则是保证原因关系中的委托合同、无因管理等。因此，实务上不能排除保证人仅有求偿权而无代位权或者仅有代位权而无求偿权的可能。

其次，两种权利虽存在目的共同性，但相互之间不存在主从关系，也不构成担保关系，保证人可以要求债务人为代位权提供担保；代位权也不是求偿权的担保，为担保求偿权实现，保证人可于求偿权产生前，要求主债务人提供反担保。

最后，保证人的代位权与求偿权存在竞合关系。当保证人与主债务人间有委托合同关系，进而以此为基础产生求偿权时，可与代位权发生请求权竞合，此时保证人可择一行之。[③] 保证人向债权人代偿后，是行使求偿权还是代位权，得自由选择。保证人行使代位权时须适用原债权的消灭时效，这对保证人较为不利，但其优点则是保证人可取得债权人对主债务人的债权、担保物权及其他从属权利。且关于担保物权的取得非基于法律行为，不受担保物权须经登记始生效力的限制。[④]

保证人对债务人行使求偿权时，债务人不得以对抗债权人的事由对抗保证人，亦不得以对债权人之债权主张抵销。此时，行使求偿权比较有利。求偿权的范围一般也要大于代位权，代位权的范围需要根据基础法律关系而定，基本上与主债权主债务的范围一致，而求偿权则可以超过主债务。一般而言，求偿权的范围包括保证人所清偿的全部债务的本金、利息；保证人清偿保证债务的必要费用，并得请求自支出时起的利息；保证人在履行保证债务过程中因非可归责于自己的事由遭受的损害赔偿金。

（三）保证人代位权的成立要件

一般而言，保证人代主债务人向债权人为清偿并使主债务人因此而免责的，保证人的代位权即成立。如果保证人为部分清偿的，除法律另有规定外，保证人可以享有对原债权相应部分的代位权。可见，保证人代位权的目的在于确保保证人求偿权的实现，若保证人对主债务人没有求偿权，则不可能发生代位权。保证人与主债务人之间为赠与关系时，则无求偿权和代位权。

---

① 参见孔祥俊：《担保法及其司法解释的理解与适用》，194 页，北京，法律出版社，2001。

② 参见罗结珍译：《法国民法典》，952 页。

③ 参见黄立：《民法债编各论》下，873 页。

④ 参见王泽鉴：《民法概要》，456 页。

因保证人代位权发生的是权利的法定转移，所以，无须保证人与债权人之间的合意，保证人也无须进行通知。但是，如果保证人提前清偿，因为主债务尚未到期，其结果对主债务人不利，此时保证人应负通知义务。此外，当保证人代主债务人清偿债务而未通知主债务人，致主债务人因不知情而向债权人清偿时，保证人的代位权亦不受到影响①，因为通知并非保证人代位权对主债务人的生效要件。

（四）保证人代位权的效力

保证人的代位权成立后，原债权及其他从权利均应转移于保证人，同时这些权利上的负担与瑕疵也一并转移于保证人。如果原债权人与主债务人之间存在对待给付的，则对待给付也应转移给保证人，即使债权人已经受领给付也不例外。原债权所附的担保物权不需要履行登记等公示要件，即发生权属变动，担保物权的顺位与原债权相同。债权人应将相关文书交付给保证人，并应告知关于主张该债权所必要的一切情况。保证人代为清偿的，债权由保证人承受，债务人于受通知时，所得对抗原债权人之事由（如同时履行抗辩、时效抗辩）均得以之对抗保证人，并得依对于原债权人之债权主张抵销。② 依《合同法》第83条规定，此时如果主债务人对债权人享有债权，并且主债务人的债权先于转让的债权到期或者同时到期的，债务人均可以向保证人主张抵销。

三、保证人的责任除去请求权

（一）保证人责任除去请求权的概念

保证人的责任除去请求权又称为保证人的免责请求权，是指保证人在有法定事由时，得请求主债务人免除其保证责任的权利。保证人责任除去请求权的主体是保证人，其相对人为主债务人而不是债权人。因此，其与保证人向债权人请求解除保证合同的制度截然不同。

保证人的责任除去请求权与保证人的求偿权的事前行使，都是对保证人的一项救济措施，功能上具有相似性。从立法例上看，各国和地区为了保护保证人的未来利益基本上设置了两种救济措施：一是保证人求偿权的事前行使，如法国、日本等；二是保证人的责任除去请求权，如德国、我国台湾地区等。③ 在我国，《担保法》上未规定保证人的责任除去请求权，仅规定

① 对于这一问题，理论上有两种不同的观点。一种观点认为，保证人仅得向债权人请求返还不当得利，而不得主张代位权；另一种观点认为，如主债务人于保证人清偿后，未向保证人查证而自行清偿者，保证人的代位权不受影响，主债务人得基于不当得利请求债权人返还。

② 参见林诚二：《民法债编各论》下，249页。

③ 《德国民法典》第775条规定："1. 保证人受主债务人委托而提供保证的，或者因提供保证，根据关于无因管理的规定，对主债务人享有委托人的权利的，在有下列情形之一时，保证人可以向主债务人要求免除保证责任：(1) 主债务人的财产状况明显恶化的；(2) 在承担保证后，因主债务人的住所、营业场所或者居所发生变动致对主债务人的权利追诉发生重大困难的；(3) 主债务人迟延履行债务的；(4) 债权人取得要求保证人履行义务的可执行判决的。2. 主债务尚未到期的，主债务人可以向保证人提供担保，以代替其免除保证责任。"我国台湾地区"民法"第750条规定："保证人受主债务人之委任而为保证者，有下列各款情形之一时，得向主债务人请求除去其保证责任：(1) 主债务人之财产显形减少者；(2) 保证契约成立后，主债务人之住所、营业所或居所有变更，致向其请求清偿发生困难者；(3) 主债务人履行债务迟延者；(4) 债权人依确定判决得令保证人清偿者。主债务未届清偿期者，主债务人得提出相当担保于保证人，以代保证责任之除去。"

了求偿权的事前行使。我们认为，我国法上也应承认保证人的责任除去请求权，至于保证的方式是一般保证抑或连带责任保证，则在所不问。

（二）保证人责任除去请求权的成立要件

一般地说，保证人责任除去请求权须具备如下成立要件：

1. 保证原因关系须为委托合同

保证人的责任除去请求权仅限于基于委托合同而担任保证人的情形。基于无因管理或其他原因而担任保证人者，不享有此项权利。因委托人（主债务人）对受托人（保证人）有不使其受损害之责任，已受之损害，故应赔偿，将受之损害亦应防止。而基于无因管理而为保证者，仅于保证人代为清偿后始有求偿权与代位权，在未清偿前，保证人对于主债务人并无任何权利，故不得向主债务人请求除去保证责任。[①] 此外，保证人之所以受委托向债权人提供保障，多以主债务人的履行能力为基础，在委托合同成立后，当订约时的环境发生了不利于受托人的重大变化，即合同订立的基础已经丧失时，如果不允许保证人免除保证责任对保证人是极不公平的。因此，保证人的责任除去请求权制度无非是通过对不确定的风险在主债务人与保证人之间进行再分配，以协调或救济处于特定情况下的主债务人与保证人之间的利益。[②] 至于这里的委托合同，则应从广义解释，不以主债务人与保证人之间订有委托合同为限，其原为无因管理，后经本人（主债务人）承认者，也应认定成立委托合同。

2. 存在法定事由

关于保证人的责任除去请求权的法定事由，主要包括以下几项：

（1）主债务人因可归责于自己的原因迟延履行。主债务人一旦因可归责于自己的原因迟延履行债务，此时可能会增加迟延利息，对保证人甚为不利，保证人即可要求主债务人除去保证责任。主债务人迟延履行时，保证人可行使责任除去请求权为各国立法通例。但各国立法上并未提及主债务人出现给付不能或不完全给付等情形时，保证人可否亦享有责任除去请求权。由于在主债务人因可归责于自己的原因致给付不能或不完全给付时，保证人也随时有受追偿的危险，且其可能承担的损害赔偿责任要比迟延履行时更重，故学者多主张此时应类推适用关于迟延履行的情形，在主债务人因可归责于自己的原因导致给付不能或不完全给付时，保证人也享有责任除去请求权。[③]

（2）主债务人的财产减少显然不足清偿债务，即主债务人的财产比保证人受委托而为保证时明显减少，有不足以清偿其债务或难为给付的危险。此时，如不赋予保证人以责任除去请求权，在主债务届期时，保证人必代为清偿。此外，当主债务为劳务性给付时，如主债务人有难为给付的危险，即使其财产尚无明显减少，保证人也可请求除去保证责任。[④]

（3）在保证合同成立后，主债务人住所变更，致使向其请求清偿发生重大困难。在这种情况下，一般保证人丧失先诉抗辩权。为保护保证人的利益，保证人可要求主债务人除去其保证责任。

---

① 参见林诚二：《民法债编各论》下，253 页。

② 参见易军、宁红丽：《合同法分则制度研究》，351 页。

③ 参见邱聪智：《新订债法各论》下，401 页。

④ 参见邱聪智：《新订债法各论》下，401 页。

（三）保证人责任除去请求权的效力

首先，保证人责任除去请求权的效力仅及于保证人与主债务人之间的关系，其对债权人所负的代偿责任，原则上并不受影响。

其次，主债务人履行了债务清偿或对债权人提供了相当担保后，保证责任被除去。可见，为除去保证人的保证责任，主债务人可以采取以下两种方式：其一，向债权人清偿债务。债务人向债权人清偿了债务，主债务消灭，保证债务当然随之消灭。但若主债务未届清偿期，而使主债务人为清偿会损害主债务人的期限利益，此时，主债务人可以向保证人提供担保以代替免除其保证责任。但即使主债务人提供了担保，事后如主债务清偿期届至，保证人仍得请求主债务人向债权人清偿债务以除去保证责任。其二，向债权人提供相当的担保。所谓相当的担保包括人的担保或物的担保，可由主债务人自行决定，但非经债权人同意以新的担保取代保证担保的，不能达到除去保证人责任的效果。在主债务未到期时，主债务人可以向保证人提供担保，这种担保是对保证人求偿权的担保，不能除去保证人对于债权人的保证责任，但保证人对主债务人的求偿权却获得了较大之保障。以上两种方式，主债务人可以选择为之，也可以部分向债权人清偿债务，部分提供担保。

第六节　保证责任的免除和消灭

保证责任的免除是指保证人因有法定事由而不再承担保证责任；保证责任的消灭是指因有法定事由，保证人的保证责任不再存在。保证责任的免除与消灭，在含义上略有不同，但后果并无多少差异。保证责任的免除和消灭会导致保证权利义务关系的消灭，即保证的消灭。在学理上，保证消灭的原因可分为一般消灭事由与特殊消灭事由。其中，一般消灭事由又可分为两类：一类是基于保证的从属性而发生的消灭，如保证因主债务的消灭而消灭；另一类是基于保证的独立性而发生的消灭，保证可因保证人的清偿、提存、抵销、被免除、混同以及保证合同的解除而消灭。特殊消灭事由多为体现保证责任的补充性，减轻保证人的责任所设。依《担保法》的规定，保证责任免除和消灭的特殊事由主要包括：保证期间届满而债权人未为请求、债权人放弃物的担保、债权人违反特别约定而转让主债权、主债务转让而未经债权人书面同意、未经保证人同意加重主债务的债的变更等。

一、保证期间届满而债权人未为请求

保证人的保证债务因债权人的请求始届履行期，所以，在保证期间债权人未为请求时，保证人的保证责任因保证期间届满而免除。由于在不同的保证方式中，保证人的保证责任的轻重不同，所以，因保证期间届满保证人的保证责任的免除条件也不完全相同。

（一）一般保证人的保证责任因保证期间届满而免除的条件

《担保法》第25条规定：“一般保证的保证人与债权人未约定保证期间的，保证期间为主债务履行期届满之日起六个月。”“在合同约定的保证期间和前款规定的保证期间，债权人未对债务人提起诉讼或者申请仲裁的，保证人免除保证责任；债权人已提起诉讼或者申请仲裁的，保证期间适用诉讼时效中断的规定。”① 依该条规定，一般保证人的保证责任免除须具备以下两个条件：

第一，保证期间届满。在保证期间内，保证人须承担保证责任。只有保证期间届满，保证人的保证责任才可免除。当事人在保证合同中约定保证期间的，依其约定。因保证债务自债务人于债务履行期届满不履行时起生效，所以，若当事人在合同中约定的保证期间与债务的清偿期一致，不能视为当事人约定了保证期间，这种情况应视为当事人未约定保证期间。当事人在合同中未明确约定保证期间的，保证人承担保证责任的保证期间为主债务履行期届满之日起6个月。主债务履行期届满的时间应依主债务的履行期限而定，债权人与债务人对主债务的履行期没有约定或者约定不明的，一般至债权人要求债务人履行义务的宽限期限届满时为止。分期履行的债务，保证期间自最后一笔债务履行期届满之日起算。此外，保证合同约定保证人承担保证责任直至主债务本息还清时为止等类似内容的，视为约定不明，保证期间为主债务履行期届满之日起2年。

第二，债权人在保证期间未对债务人提起诉讼或者申请仲裁。因为一般保证的保证人享有先诉抗辩权，保证人仅在债务人不能承担责任时才承担保证责任，所以，债权人要求保证人承担保证责任时，须首先对债务人为诉讼上的请求或申请仲裁并对债务人的财产强制执行。否则，债权人对保证人的请求不生效力。因而，一般保证的债权人在保证期间未对债务人提起诉讼或者申请仲裁的，等于未向保证人为承担保证责任的请求，保证人的保证责任也就免除了。但是，需要指出的是，这里所指的一般保证是指保证人享有先诉抗辩权的保证。若当事人在合同中虽约定保证方式为一般保证，但因有法定事由保证人丧失先诉抗辩权的，则不包括在内。债权人在保证期间内未对债务人提起诉讼或者申请仲裁，而对保证人提起诉讼或者申请仲裁的，对保证人保证责任的免除不发生影响。

（二）连带责任保证人的保证责任因保证期限届满而免除的条件

《担保法》第26条规定：“连带责任保证的保证人与债权人未约定保证期间的，债权人有权自主债务履行期届满之日起六个月内要求保证人承担保证责任。在合同约定的保证期间和前款规定的保证期间，债权人未要求保证人承担保证责任的，保证人免除保证责任。”依此规定，连带责任保证的保证人和一般保证中丧失先诉抗辩权的保证人的保证责任因期限届满而免除的，须具备以下两个条件：

第一，保证期间届满。当事人明确约定保证期间的，保证期间依其约定；当事人在保证合同中未明确约定保证期间的，保证期间为主债务履行期届满之日起6个月。

第二，债权人未要求保证人承担保证责任。连带责任保证的保证人与债务人负连带责任，不享有先诉抗辩权。债务人于主债务履行期届满未履行债务时，债权人即得请求保证人承担保证责任。但是，没有先诉抗辩权的保证人的保证债务也仅应债权人的请求始生效力，在债权人未向保证人为承担保证责任的请求时，保证人无履行保证债务的责任。因此，在保证期间内，债权人未要求连带责任保证人承担保证责任的，保证人的保证责任即可免除。

---

① 该条关于保证期间中断的规定已为《担保法解释》所修正。《担保法解释》第31条规定：“保证期间不因任何事由发生中断、中止、延长的法律后果。”

二、债权人放弃物的担保

同一债权上保证与物的担保并存时，尽管保证与物的担保在设立上可以相互独立，但就承担责任而言，保证与物的担保之间存在着类似于共同保证的关系，保证人与物上保证人相互存在求偿权，保证人于承担保证责任后，可享有求偿权与代位权，原为债权人享有的担保物权法定转移于保证人。在诉讼架构上，保证人与物上保证人、债务人等可以作为共同被告。应当说，保证人对债权人的担保物权存在相当的信赖利益，如果未经保证人允许债权人放弃物的担保的，将侵害保证人的利益。因此，各国立法多承认，债权人放弃物的担保的，保证人在相应的范围内免责。对此，《担保法》第 28 条第 2 款规定："债权人放弃物的担保的，保证人在债权人放弃权利的范围内免除保证责任。"

因债权人放弃物的担保而免除保证人责任的，须具备以下条件：

（一）保证与物的担保并存

保证与物的担保并存即同一债权上既有保证，又有物的担保。其中，保证不区分一般保证与连带责任保证。而物的担保既包括担保物权，也包括非典型物的担保，如所有权保留、让与担保等；担保物权的设立方式既可以是依法产生（如优先权），也可以是依法律行为而产生（如抵押权、质权），且担保物权成立于保证前后均无妨碍①，只要债权人请求保证人承担保证责任时，存在有效的担保物权即可。② 如果物的担保由于特殊原因而无效或被撤销的，或者物的担保因不可归责于当事人的原因消灭且无代位物时，保证人不能免责。对此，《担保法解释》第 38 条第 2 款明确规定："同一债权既有保证又有物的担保的，物的担保合同被确认无效或者被撤销，或者担保物因不可抗力的原因灭失而没有代位物的，保证人仍应当按合同的约定或者法律的规定承担保证责任。"

（二）债权人放弃物的担保

所谓债权人放弃物的担保，是指债权人以明示或默示的方式使物的担保绝对消灭或部分消灭或价值减损的单方行为。放弃物的担保，本应以物的担保有效存在为前提，如果物的担保尚未设立则无从谈起物的担保的放弃，但从法律规范目的考察，为充分保护保证人的利益，物的担保的放弃应作广义、扩张解释，即债权人如有使主债务人设立物的担保的权利而怠于使其设立者，亦应包括在内。一般而言，放弃物的担保要达到消灭物的担保的法律效果，因此，债权人完全放弃不动产担保的，非注销登记不能生效。因为物的担保是价值权，为代替原担保物而取得同等价值的其他担保物，或对于相当之清偿而交还担保物，则价值不因放弃而减少，故不属于放弃物的担保。放弃物的担保是单方行为，无须相对人同意，仅有债权人单方意思表示即可。债权人放弃物的担保的意思表示，可以是明示或默示的。例如，债权人明确表示不行使抵

---

① 对此问题，各国立法例不同。例如，《德国民法典》第 776 条规定："债权人放弃其附属于债权的优先权、为债权而存在的抵押权或者船舶抵押权、质权或者对共同保证人的权利的，如果保证人能够根据第 774 条规定，从其放弃的权利中取得补偿时，即免除其责任。放弃的权利在承担保证后始成立的，亦同。"而依《瑞士债法典》第 503 条第 1 项的规定，保证订立后之担保，以由债务人取得而专为保证债权所设者为限。

② 参见李国光主编：《担保法新释新解与适用》，321 页。

押权而向保证人为请求清偿全部债务的通知的，或者债权人将质押财产返还给债务人的，都为明示的放弃物的担保；债权人放任担保物价值消灭的，则为默示放弃物的担保。

放弃物的担保的行为是否仅限于债权人故意的情形，即若因债权人过失导致物的担保消灭，保证人能否免除保证责任？对此，理论上存在着不同的看法。

【学术争鸣】

肯定说认为，物的担保的放弃不以故意为限，因过失致物的担保消灭者也属此列。[①] 否定说认为，因债权人放弃物的担保而导致保证人免责的，仅限于债权人主观上故意的情形。[②]

我们认为，尽管放弃行为多为故意行为，但法律没有必要将债权人放弃物的担保的行为仅限于故意行为，因为无论是故意还是过失放弃物的担保均可导致保证人的代位权不能实现，增加了保证人承担保证责任后求偿的难度。且从诚实信用原则角度考虑，债权人都应负有协助保证人求偿权、代位权实现的义务，而无论是故意还是过失放弃担保物权均与上述义务相违。

物的担保的放弃不限于全部放弃，也包括部分放弃。例如，故意或过失毁损担保物之一部的行为、就抵押权次序的放弃行为等，均属于部分放弃物的担保。债权人于得行使担保物权时不行使或怠于行使担保物权，致使其后担保物的价值减少时，保证人的保证责任于因担保物的价值减少致使债权人受偿的债权额减少的范围内也应免除。对此，《担保法解释》第 38 条第 3 款规定："债权人在主合同履行期届满后怠于行使担保物权，致使担保物的价值减少或者毁损、灭失的，视为债权人放弃部分或者全部物的担保。保证人在债权人放弃权利的范围内减轻或者免除保证责任。"

（三）当事人没有相反意思

按照意思自治原则，如果债权人与保证人约定债权人可以放弃物的担保，或者债权人放弃物的担保的行为事后得到保证人的同意，那么保证人不得主张免责。

三、债权人违反特别约定而转让主债权

《担保法》第 22 条规定："保证期间，债权人依法将主债权转让给第三人的，保证人在原保证担保的范围内继续承担保证责任。保证合同另有约定的，按照约定。"《担保法解释》第 28 条规定："保证期间，债权人依法将主债权转让给第三人的，保证债权同时转让，保证人在原保证担保的范围内对受让人承担保证责任。但是保证人与债权人事先约定仅对特定的债权人承担保证责任或者禁止债权转让的，保证人不再承担保证责任。"

依上述规定，除保证合同另有约定外，债权转让给第三人的，保证合同债权随之转让给第三人，保证人应在原保证担保的范围内继续对债权人承担保证责任。依《合同法》第 80 条规定，只有债权人通知债务人，债权转让才能对债务人生效。而依《担保法》第 22 条规定，债权转让不需对保证人为通知，即对保证人生效。但为避免保证人因不知债权转让而对原债权人进行清偿，按照诚实信用原则，债权人（包括债权受让人）应在合理时间内通知保证人债权转

---

① 依法国最高法院商事庭 1996 年 4 月 2 日的判决，"以存在可以归咎于债权人的作为行为与不作为行为为前提条件"，但并不限于债权人的故意行为。参见罗结珍译：《法国民法典》，1487 页。

② 参见郭明瑞：《担保法》，2 版，60 页；林诚二：《民法债编各论》下，255 页。

让的情形，或者主债务人在接到债权转让通知后或者知悉债权转让的情形后，应在合理的时间内通知保证人。

所谓“保证合同另有约定”，是指保证人与债权人约定仅对特定的债权人承担保证责任或者禁止债权转让的情形。这是因为，在上述约定的情况下，保证担保的对象是特定的，不能由其他主体代替。若债权人转让了主债权，就违背了保证人设立保证的初衷。但应当指出的是，当事人约定禁止转让主债权，其实质含义并非指债权人与保证人约定不得转让债权，因为保证人无权约束债权人的处分权，而是指债权人与保证人约定如果债权转让给第三人，非经保证人同意，保证人不再承担保证责任。

例题 12　甲向乙借款 300 万元于 2008 年 12 月 30 日到期，丁提供保证担保，丁仅对乙承担保证责任。后乙从甲处购买价值 50 万元的货物，双方约定 2009 年 1 月 1 日付款。2008 年 10 月 1 日，乙将债权让与丙，并于同月 15 日通知甲，但未告知丁。对此，下列哪些选项是正确的？(2010 年司法考试题)

A. 2008 年 10 月 1 日债权让与在乙丙之间生效

B. 2008 年 10 月 15 日债权让与对甲生效

C. 2008 年 10 月 15 日甲可向丙主张抵销 50 万元

D. 2008 年 10 月 15 日后丁的保证债务继续有效

解析：本题的考点是债权转让及其对保证的影响。乙、丙之间的债权转让，应自双方达成转让协议时生效。依《合同法》的规定，债权人转让债权的，只有在通知债务人时，才能对债务人发生效力，并且自债务人接到债权转让通知时生效。债务人接到债权转让通知时，债务人对让与人享有债权，并且债务人的债权先于转让的债权到期或同时到期的，债务人可以向受让人主张抵销。本题中，债务人甲对让与人乙享有的 50 万元债权后于乙对甲享有的 300 万元债权到期，故甲不能对受让人丙主张抵销。依《担保法》的规定，除当事人另有约定外，在保证期间内，债权人将主债权转让给第三人的，保证人在原保证担保的范围内继续承担保证责任。乙、丁之间成立了保证合同，且合同约定丁仅对乙承担保证责任。故在乙转让债权后，丁即不再承担保证责任。因此，答案应为 A、B 项。

四、主债务转让而未经保证人书面同意

债务转让须经债权人同意始能生效。因为保证合同一般是基于主债务人的委托而成立的，保证人之所以愿意承担保证责任，往往是基于对主债务人的偿债能力、社会信用的信任。如果债权人许可债务人将债务转让给第三人，而保证人也应对第三人负保证责任，则保证将丧失原存的基础原因关系，保证人的求偿权可能会失去保障。为此，《担保法》第 23 条规定：“保证期间，债权人许可债务人转让债务的，应当取得保证人书面同意，保证人对未经其同意转让的债务，不再承担保证责任。”

债务人转让债务给第三人既可以是全部转让，也可以是部分转让。如果主债务不是全部转让，而仅是部分转让即第三人加入债务承担，则保证人的保证责任并不能消灭。第三人加入债务承担有两种情况：一是第三人加入债务承担后，与债务人承担连带债务。这种情况并不会使保证人的状况恶化，故不论债权人是否取得保证人的书面同意，保证人仍应按保证合同承担保证责任。二是第三人加入债务承担后，第三人按份承担债务。在这种情况下，因债务人对第三人应承担的债务份额的责任消灭，则债权人应当取得保证人的书面同意，否则，保证人的保证

责任在未经其书面同意的第三人应负担的债务份额范围内消灭。[1] 对后一种情况，《担保法解释》第29条特别规定："保证期间，债权人许可债务人转让部分债务未经保证人书面同意的，保证人对未经其同意转让部分的债务，不再承担保证责任。但是，保证人仍应当对未转让部分的债务承担保证责任。"

五、未经保证人同意加重主债务的债的变更

《担保法》第24条规定："债权人与债务人协议变更主合同的，应当取得保证人书面同意，未经保证人书面同意的，保证人不再承担保证责任。保证合同另有约定的，按照约定。"这里所规定的债权人协议变更主合同，是指合同更新还是指各种变更的情形都在内，理论上有不同的看法。

【学术争鸣】

第一种观点认为，凡变更主合同的，除保证合同另有约定外，只要未经保证人书面同意，保证人就不再承担保证责任。第二种观点认为，所谓"变更主合同"，是指狭义上的变更，即主合同的客体和内容方面的变更。只有在这种情况下，未经保证人书面同意的，保证人才能不再承担保证责任。第三种观点认为，所谓的"变更主合同"，是指合同更新，而不包括一般的合同变更。即只有在合同更新的情况下，未经保证人书面同意的，保证人才能不再承担保证责任。

《担保法解释》第30条规定："保证期间，债权人与债务人对主合同数量、价款、币种、利率等内容作了变动，未经保证人同意的，如果减轻债务人的债务的，保证人仍应当对变更后的合同承担保证责任；如果加重债务人的债务的，保证人对加重的部分不承担保证责任。债权人与债务人对主合同履行期限作了变动，未经保证人书面同意的，保证期间为原合同约定的或者法律规定的期间。债权人与债务人协议变动主合同内容，但并未实际履行的，保证人仍应当承担保证责任。"由此可见：

第一，只要保证人同意，无论主合同内容作何种程度的变更，主债务人的责任是否加重，保证人都可继续承担保证责任。

第二，债权人与债务人对主合同的数量、价款、币种、利率等要素条款作了变更，未经保证人同意，如果减轻债务人的债务的，保证人仍应当对变更后的合同承担保证责任；如果加重债务人的债务的，保证人对加重的部分不承担保证责任。而对于合同非要素条款的变更则无须征得保证人的同意，即可对保证人生效。[2]

例题13 甲企业与乙银行签订借款合同，借款金额为10万元人民币，借款期限为1年，由丙企业作为借款保证人。合同签订3个月后，甲企业因扩大生产规模急需资金，遂与乙银行协商，将贷款金额增加到15万元，甲和银行通知了丙企业，丙企业未予答复。后甲企业到期不能偿还债务。该案中的保证责任应如何承担？（2002年司法考试题）

A. 丙企业不再承担保证责任，因为甲、乙变更合同条款未得到丙的同意

B. 丙企业对10万元应承担保证责任，增加的5万元不承担保证责任

---

① 参见郭明瑞：《担保法》，2版，61页。

② 参见曹士兵：《中国担保诸问题的解决与展望》，130页。

C. 丙企业应承担15万元的保证责任，因为丙对于甲和银行的通知未予答复，视为默认

D. 丙企业不再承担保证责任，因为保证合同因甲、乙变更了合同的数额条款而致保证合同无效

解析： 本题的考点是主合同变更对保证责任的影响。甲、乙变更主合同，增加了甲的债务，甲、乙虽然通知了保证人丙，但并未经丙的同意。因此，丙对增加的5万元债务不承担保证责任，而对原10万元债务仍应承担保证责任。因此，答案应为B项。

第三，债权人与债务人对主合同的履行期限作了变动，未经保证人书面同意的，保证期间为原合同约定的或法律规定的期间。就是说，未经保证人书面同意，债权人与债务人变更主合同履行期限的，对保证人的保证责任不发生影响。

例题14　甲公司与乙公司达成还款计划书，约定在2012年7月30日归还100万元，8月30日归还200万元，9月30日归还300万元。丙公司对三笔还款提供保证，未约定保证方式和保证期间。后甲公司同意乙公司将三笔还款均顺延3个月，丙公司对此不知情。乙公司一直未还款，甲公司仅于2013年3月15日要求丙公司承担保证责任。关于丙公司保证责任，下列哪一表述是正确的？（2014年司法考试题）

A. 丙公司保证担保的主债权为300万元

B. 丙公司保证担保的主债权为500万元

C. 丙公司保证担保的主债权为600万元

D. 因延长还款期限未经保证人同意，丙公司不再承担保证责任

解析： 本题的考点是保证方式、保证期间。在本题中，保证合同中并没有约定保证方式，因此，丙提供的保证是连带责任保证。同时，保证合同也未约定保证期间，因此，丙承担保证责任的保证期间为主债务履行期届满之日起6个月。根据《担保法解释》第30条规定，债权人与债务人对主合同履行期限作了变动，未经保证人书面同意的，保证期间为原合同约定的或者法律规定的期间。本题中，甲公司与乙公司将主合同履行期限顺延了3个月，但未征得保证人丙公司的同意。因此，三笔债务的保证期间仍为原来的保证期间，即第一笔100万元债务的保证期间于2013年1月底届满，第二笔200万元债务的保证期间于2013年2月底届满，第三笔300万元债务的保证期间于2013年3月底届满。甲公司于2013年3月15日才向丙公司主张保证责任，此时前两笔债务已经过了保证期间，因此，保证人已免除了保证责任。而第三笔300万元债务的保证期间并未届满，丙应当承担保证责任。因此，答案为A项。

第四，债权人与债务人协议变更主合同内容，但并未实际履行的，视为未变更，保证人仍应当承担保证责任。

第七节　特殊保证

一、最高额保证

最高额保证又称最高限额保证，是指保证人对债权人和债务人在一定期间内连续发生的不特定债权，在最高限额内，承担保证责任的一种保证形式。关于最高额保证，各国立法例多不做明文规定，裁判上多依合同自由原则予以承认。在我国，《担保法》第14条规定：“保证人

与债权人可以就单个主合同分别订立保证合同，也可以协议在最高债权额限度内就一定期间连续发生的借款合同或者某项商品交易合同订立一个保证合同。”

最高额保证也是由保证人与债权人通过订立保证合同而设立的，但因其债权不确定，因而属于特殊保证。最高额保证的特殊性主要体现如下几个方面：

（一）最高额保证所担保的债权多为未来的不确定债权

保证原则上是对已经存在的债权所设立的担保，但最高额保证却多是对未来债权所设立的担保。当然，最高额保证并非仅对将来发生的债权发生效力，即使订约时已存在的债权也可为保证效力所及。最高额保证所保证的债权可能已经发生，也可能没有发生，因此，最高额保证的生效与被保证的债权债务是否发生无关。但通常情况下，最高额保证所担保的债权以未发生居多。① 按《担保法》第 14 条规定，最高额保证的债权仅限于“借款合同或者某项商品交易合同”，但立法上限定的这一范围未免过窄，无法涵盖现实生活中的其他情况，从而导致连续发生的工资、住院费等就不能适用最高额保证。为此，有必要修改《担保法》，规定只要“连续发生的债权”，即可适用最高额保证。②

（二）最高额保证所担保的债权是基于若干个合同发生的

在一般情形下，保证所担保的债权仅是一个合同债权，但最高额保证所担保的合同债权却是几个合同债权。若当事人是就一个合同所发生的债权订立保证合同的，则即使该合同债权是分期分批受偿的，当事人所设立的保证也不属于最高额保证。

（三）最高额保证所担保的债权是在一定期间内连续发生的

最高额保证所担保的债权尽管是由几个合同产生的，但其须是在一定期间内连续发生，多个债权之间须具备关联性。依《担保法》第 14 条规定，最高额保证适用于一定期间内连续发生的借款合同或者某项商品交易合同，因此，最高额保证所担保的连续发生的债权是同一种类的，就不同种类的债权不能成立最高额保证。③

（四）最高额保证所担保的债权是特定范围内的债权

最高额保证所担保的债权尽管多是未来的，是否发生都不确定的，但却是在特定范围内的，保证人并非担保无限度的债权。最高额保证所担保的债权数额的确定有两个限度：第一，须为在决算期内发生的债权。所谓决算期，是指最高额保证合同所约定的被担保债权的截止日期。决算期是计算最高额保证范围的基础，而不是保证期间，决算期外发生的债权不为担保效力所及。第二，须在最高限额内，超过最高限额的债权不在担保范围内。除保证人明确约定的最高限额为主债权的限额外，最高限额还应当包括主债权的从债权。④ 在以上两个限度中，当事人必须载明最高限额。如果当事人对决算期没有约定，则依《担保法》第 27 条规定，保证人可以随时书面通知债权人终止保证合同，但保证人对于通知到达债权人前所发生的债权应承

① 参见曹士兵：《中国担保诸问题的解决与展望》，110 页。
② 参见王利明（项目主持人）：《中国民法典学者建议稿及立法理由——债法总则编、合同编》，733 页。
③ 参见郭明瑞：《担保法》，2 版，67 页。
④ 参见王利明（项目主持人）：《中国民法典学者建议稿及立法理由——债法总则编、合同编》，734 页。

担保证责任。保证人的通知到达债权人之日，即应为决算期。如果保证合同约定保证人对一定期间内发生的债权承担保证责任，却没有约定最高限额的，则只能解释为连续保证而不是最高额保证。[①] 在规定期间届满时，若债权人与债务人之间的债权额不足最高限额，则保证人仅对实际存在的债权额承担保证责任；若其债权额超过最高限额，则保证人仅于约定的最高限额内承担责任。依《担保法解释》第 23 条规定，最高额保证合同的不特定债权确定后，保证人应当对在最高债权额限度内就一定期间连续发生的债权余额承担保证责任。这就是说，当事人约定的最高限额除有特别约定外，是指于决算期日债权人实际享有的债权余额，而不是此前已经发生的债权的总和。虽为在此期间内发生的债权，但债务人已清偿的，不再在担保范围内。

（五）最高额保证的保证人享有单方终止保证合同的权利

《担保法》第 27 条规定："保证人依照本法第十四条规定就连续发生的债权作保证，未约定保证期间的，保证人可以随时书面通知债权人终止保证合同，但保证人对于通知到债权人前所发生的债权，承担保证责任。"按照上述规定，最高额保证人未约定保证期间的，保证人得以自己一方的意思表示终止保证合同。保证人单方终止保证合同的，须具备以下条件：

第一，须最高额保证的保证合同未约定保证期间。如果最高额保证约定了保证期间的，保证人应于保证期间内承担保证责任，不得随意终止保证合同。只有在保证合同中未约定保证期间时，保证人才能单方终止保证合同。如前所述，此时保证期间并不等同于最高额保证所约定的债权发生期间。保证期间应是当事人约定的保证人承担保证责任的期间，它只能从第一个债权届期未受清偿的时间起算。《担保法解释》第 37 条规定："最高额保证合同对保证期间没有约定或者约定不明的，如最高额保证合同约定有保证人清偿债务期限的，保证期间为清偿期限届满之日起六个月。没有约定债务清偿期限的，保证期间自最高额保证终止之日或自债权人收到保证人终止保证合同的书面通知到达之日起六个月。"此外，如果"保证合同约定保证人承担保证责任直至主债务本息还清时为止等类似内容的"，依《担保法解释》第 32 条第 2 款规定，保证期间为主债务履行期届满之日起 2 年。

第二，须保证人以书面形式通知债权人终止合同。保证人单方终止保证合同的意思表示只能采取书面形式，而不能采取口头形式，并且只能向债权人为之，不能向其他人为之。

保证人终止合同的意思表示只要符合上述要件，自保证人的意思表示到达债权人之日起即发生效力，保证合同即终止，保证人对其后发生的债权不再承担保证责任。但对终止合同的书面通知到达债权人之前已经发生的债权，保证人仍应在最高限额内承担保证责任。

二、共同保证

（一）共同保证的概念和特点

通说认为，共同保证是指数人对同一债务的履行所提供的保证。《担保法》第 12 条规定："同一债务有两个以上保证人的，保证人应当按照保证合同约定的保证份额，承担保证责任。没有约定保证份额的，保证人承担连带责任，债权人可以要求任何一个保证人承担全部保证责任，保证人都负有担保全部债权实现的义务。已经承担保证责任的保证人，有权向债务人追

① 参见曹士兵：《中国担保诸问题的解决与展望》，111 页。

偿，或者要求承担连带责任的其他保证人清偿其应当承担的份额。”这一规定表明，按照各保证人的保证份额及相互之间的关系，我国担保法上的共同保证可分为按份共同保证与连带共同保证两种基本形态。

无论是按份共同保证还是连带共同保证，均具备以下两个特点：

其一，保证人为二人以上。共同保证的特点在于保证人不是一人而是二人以上。至于二个以上的保证人是自然人、法人抑或其他组织，则在所不问。共同保证人可以与债权人缔结一份共同的保证合同，也可以分别与债权人缔结各自的保证合同。各保证人之间有无共同提供保证的意思联系，甚至是否知晓另有其他保证人，均不影响共同保证的成立。如果二个以上的保证人发生合并，或者债权人于不损害其他保证人利益的前提下放弃对某一按份保证人的权利的，原来的共同保证相应地转化为单独保证。

除保证人共同以每人负责为条件而为保证外，共同保证人中的任何一人的保证责任不因其他保证合同的无效而受影响。但因此种附加条件与债权人之担保利益相抵触，故数个保证人共同作保，可作“共同以每人负责为条件而为保证”之解释的实属罕见。① 如共同保证是在保证人误信其他保证人的无效保证合同为有效的情况下设立的，固然不能成立共同保证，但如共同保证是在保证人误信其他保证人的无效保证合同为有效或者误信其他保证人能承担保证责任等情况下而订立时，存在误信情形的保证人可以撤销保证合同。②

共同保证因保证人是数人，与再保证、第二保证相类似，但其不同于再保证、第二保证。

再保证是指对保证债务的保证，再保证的保证人是对保证人履行保证债务作担保。因为保证是对主债务人履行债务的担保，直接以其承担保证责任来担保债权，所以被称为直接保证。再保证因是通过保证保证人履行保证债务，从而达到担保债权的目的，所以称为间接保证。再保证与保证虽然最终都是担保债权人利益实现的，但被担保的债务人不同。再保证的被保证人是保证人而不是主债务人。共同保证属于直接保证，数个保证人都是担保主债务人履行主债务的，被保证人是主债务人。

第二保证是指于保证无效或保证人不能承担保证责任时，保证人代负保证责任的保证。所以，第二保证是相对于保证人的保证而言的。保证人的保证为第一保证，第二保证是对第一保证人保证责任的补充。第二保证与保证都是对主债务履行的担保，第二保证的保证债务与保证人的保证债务没有从属性，却有关联性。这一关联性表现为第二保证为保证的补充，只有在保证人因保证无效而不承担保证责任或者保证人不能承担保证责任时，第二保证的保证人才承担保证责任。所以，第二保证尽管也与共同保证一样属于直接保证，但其保证人的责任却与共同保证人的责任不同。③

其二，两个以上的保证人所担保的债务履行须为同一债务。一个保证人为同一债务人的数个债务分别提供保证以及对数个债务人的同一债务提供保证，或者多个保证人分别对一个或数个债务人的不同债务提供保证的，均不属于共同保证。保证人可以为同一债务的全部或部分成立共同保证，但是，如果数个保证人就主债务个别部分分别承担责任，则其担保的债务并非同

---

① 参见史尚宽：《债法各论》，942页；桂菊平：《共同保证的几个理论问题》，载《法学研究》，1997（6）。

② 依法国最高法院第一民事庭于1989年5月2日作出的判决，在“多名保证人中有一人销声匿迹的情况下，如果其他保证人证明他们原本是以维持全体保证人共同担保作为各自承担义务的决定性条件的，那么可以认定保证人对担保范围发生误解”。参见罗结珍译：《法国民法典》，1461页。

③ 参见郭明瑞：《担保法》，2版，69页。

一债务，不能成立共同保证。[①] 数人如对同一债务为保证，即使各保证人的保证数额并不相同，仍于其相同数额部分成立共同保证。例如，A、B、C 三人共同保证甲银行融资于乙公司之 1000 万元债务，A 保证其全部债务，B 保证其中的 600 万元，C 保证其中之 300 万元，则 A、B 就 600 万元部分成立共同保证。此外，A、B、C 三人就 300 万元部分成立共同保证。[②]

（二）共同保证的方式

依《担保法》第 12 条规定，按照保证人之间承担责任的方式不同，共同保证可分为按份共同保证和连带共同保证。共同保证中的“共同”仅涉及数个保证人之间的关系，可以是按份的或连带的，而无论是在按份共同保证中还是在连带共同保证中，各保证人的保证方式可以都是一般保证，也可以都是连带责任保证，还可能是有的为一般保证，有的为连带责任保证（即混合保证方式的共同保证）。在不同的结构形态中，当事人之间的权利义务关系存在差异。在混合保证方式的共同保证中，有的保证人享有先诉抗辩权，有的保证人则不享有该项权利，因而当事人之间的权利义务关系最为复杂。[③]

1. 按份共同保证

共同保证的保证人与债权人约定保证份额而保证人之间不存在连带关系的，为按份共同保证。有人认为，按份共同保证因为需要当事人约定保证份额，所以，保证人之间以及保证人与债权人之间必然有意思上的沟通与联络，一经协商一致，当事人之间的义务是明确的或应当明确的。[④] 我们不赞成这一观点，因为共同保证中各保证人的保证份额是由保证人与主债权人相互确定的，而不是各保证人间确定的。共同保证的成立并不以保证人之间存在意思联络或共同为法律行为为前提。相反，如果经协商一致，保证人之间存在明确的份额划分，债权人也同意这一份额划分的，则应视为保证人分别与债权人订立数个保证合同，而不成立共同保证。

《担保法解释》第 21 条规定：“按份共同保证的保证人按照保证合同约定的保证份额承担保证责任后，在其履行保证责任的范围内对债务人行使追偿权。”可见，按份共同保证的每个保证人仅就其约定的份额向债权人承担保证责任，保证人在承担保证责任后，也只能就其清偿的债务份额向主债务人追偿，按份共同保证人相互之间不具备追偿权。在按份共同保证中，各保证人之间不存在连带关系，而具备相当的独立性，因此，债权人免除其中一保证人的保证责任，不应影响其他保证人就自己的保证份额所负的保证责任。[⑤]

2. 连带共同保证

共同保证的保证人与债权人没有约定保证份额而保证人之间存在连带关系的，为连带共同保证。保证人之间的连带关系可以依明确约定或依推定而成立，依推定成立连带共同保证存在以下两种情形：其一，如果各保证人与债权人没有约定保证份额的，依《担保法解释》第 19 条规定，推定各保证人与债权人成立连带共同保证。其二，尽管各保证人之间没有成立连带共

---

① 参见史尚宽：《债法各论》，941 页。

② 参见邱聪智：《新订债法各论》下，425 页。

③ 参见刘保玉：《共同保证的结构形态与保证责任的承担》，载《中国法学》，2003（2）；曹士兵：《中国担保诸问题的解决与展望》，74 页。

④ 参见曹士兵：《中国担保诸问题的解决与展望》，72 页。

⑤ 参见郭明瑞：《担保法》，2 版，71 页。

同保证的意思，如果各保证人与债权人约定均对全部主债务承担全部责任，就债权人的利益而言，由于其可以向任何保证人主张全部清偿责任，因而事实上成立连带责任保证；就各保证人的利益而言，由于各保证人此时均须对全部债务承担责任，而无权要求主债权人先对其他保证人为请求，为保障各保证人承担保证责任后的求偿权，也应当推定各保证人与债权人成立连带共同保证。①

《担保法解释》第 20 条第 1 款规定："连带共同保证的债务人在主合同规定的债务履行期届满没有履行债务的，债权人可以要求债务人履行债务，也可以要求任何一个保证人承担全部保证责任。"有人认为，依上述规定，我国法上的连带共同保证，不仅连带保证人与债权人之间均成立连带共同保证，而且各共同保证人之间也存在连带关系。我国法上的连带共同保证仅限于承担连带责任的共同连带保证，而将承担一般责任即享有先诉抗辩权的共同连带保证排除在外。② 我们不能接受这种观点。依《担保法解释》第 20 条规定，在连带共同保证中，各保证人须连带地对主债权人承担保证责任，而不是各个保证人均与主债权人成立连带责任保证。

连带共同保证的各个保证人向债权人承担连带保证债务，每个保证人都有义务承担全部保证责任，在保证债务未全部清偿前，各保证人的保证责任都不能免除。连带共同保证的各保证人虽向债权人负连带保证责任，但在保证人内部各保证人之间仍依一定的份额承担保证责任，但连带共同保证的保证人约定的份额不具备对抗债权人的效力。对此，《担保法解释》第 19 条第 2 款规定："连带共同保证的保证人以其相互之间约定各自承担的份额对抗债权人的，人民法院不予支持。"

连带共同保证人向债权人承担保证责任后，可以向主债务人追偿，也可以要求其他保证人清偿其应当承担的份额。此时发生求偿权的并存，保证人可以选择其一行使，连带共同保证人不能要求保证人先向主债务人行使求偿权而拒绝其他保证人的求偿。③ 当保证人行使一项求偿权未获得完全清偿时，仍可再就不足部分行使另一项求偿权。各保证人承担的保证份额，首先应依共同保证人之间的约定而定；如果保证人之间没有约定或者约定不明确的，应当推定各保证人平均分担保证责任。

在连带共同保证中，由于保证人是作为一个整体共同对债权人承担保证责任，所以债权人向共同保证人中的任何一人主张权利，都是债权人要求保证人承担保证责任的行为，其效力自然及于所有的保证人。对那些未被选择承担责任的共同保证人来说，债权人向保证人中任何一人主张权利的行为，应当视为债权人已向其主张了权利。此外，在连带共同保证中，债权人免除某一保证人的责任时，其免除效力也及于其他保证人。

问题与思考

1. 保证具有哪些特点？

---

① 有学者认为，当各共同保证人与债权人均约定对全部债务承担保证责任或者均未约定保证责任范围的，均成立连带共同保证，其中仅后一种连带共同保证是推定的连带。参见曹士兵：《中国担保诸问题的解决与展望》，72 页。

② 参见郑学青：《论共同保证》，载《法律适用》，2001（4）。

③ 参见史尚宽：《债法各论》，942 页。

2. 试述保证合同的有效条件。
3. 如何理解保证债务的性质和范围?
4. 在保证人与债权人之间的关系中，保证人享有哪些权利?
5. 试述保证人求偿权的成立条件。
6. 试述保证责任免除和消灭的事由。
7. 最高额保证有何特点?
8. 试述共同保证的种类及其效力。
9. 案例分析:

甲对乙享有60万元债权，丙、丁分别与甲签订保证合同，但未约定保证责任的范围和方式。戊以价值30万元的房屋为乙向甲设定抵押并办理了登记。请回答以下问题:(2005年司法考试题)

(1) 下列关于乙、丙、丁关系的表述何者正确?

A. 丙、丁的保证都为连带责任保证

B. 丙、丁对乙的全部债务承担保证责任，但彼此之间不负连带责任

C. 若丙与丁事后约定各自担保乙的30万元债务，该约定未经甲的同意不能生效

D. 若丁代乙清偿了全部债务，应首先向乙追偿，若乙不能偿还再要求丙分担责任

(2) 下列关于丙、丁、戊关系的表述何者正确?

A. 若甲放弃对戊的抵押权，则丙、丁只对甲的30万元债权承担保证责任

B. 若甲要求丙、丁承担保证责任，丙、丁可主张先诉抗辩权，要求甲先行使对戊的抵押权

C. 甲可以在丙、丁、戊中任意选择一人，要求承担担保责任

D. 若甲、戊之间的抵押被宣告无效，丙、丁应对全部债务承担保证责任

(3) 若甲对乙的债权已过诉讼时效一年，下列说法何者正确?

A. 乙若对甲进行清偿，则事后无权要求甲返还

B. 丙若对甲进行清偿，则无权对乙进行追偿

C. 甲不能对戊的房屋行使抵押权

D. 倘甲催告乙还款，乙在催款通知上签字，诉讼时效将因中断而重新起算

(4) 若乙的朋友己与乙达成协议，由其代替乙向甲还款，下列说法何者正确?

A. 该协议在通知甲后发生效力

B. 如甲同意该协议，则丙、丁不再承担保证责任

C. 甲同意该协议，戊无论同意与否均应继续承担抵押担保责任

D. 若甲、戊都同意该协议，甲对戊的抵押权不因债务转移而受影响

10. 案例分析:

甲、乙双方签订了买卖合同，约定:甲向乙提供价值200万元的设备一台，货到后付款，丙在该买卖合同书上以保证人的身份签字。2004年5月31日，乙收到设备，但未付款。2004年11月20日，甲要求丙承担保证责任，丙未履行保证债务。2006年5月15日，甲向乙请求履行付款义务，但乙未履行。2006年11月30日，甲以乙、丙为被告向人民法院提起诉讼，请求乙支付所欠货款，丙承担连带责任。请回答以下问题:

(1) 甲、丙之间的保证合同是否成立?

(2) 若保证合同成立，丙提供的保证是何种方式的保证？
(3) 若保证合同成立，保证期间应如何计算？
(4) 若保证合同成立，丙的保证债务是否存在诉讼时效问题？
(5) 若保证合同成立，丙应否承担保证责任？

第三章 抵押权

本章概要

抵押权是最为重要的一种担保方式，被称为担保之王。抵押权主要是基于当事人之间的抵押合同而成立的，但依法需要办理抵押登记的，应当办理抵押登记。抵押权成立后，对抵押担保的债权范围、抵押权标的物的范围、抵押人和抵押权人的权利等方面均发生相应的效力。抵押权只有具备一定条件时，才能实现；同时，也只有在一定条件下，抵押权才归于消灭。抵押权除一般抵押权外，还包括共同抵押权、所有人抵押权、最高额抵押权、浮动抵押权等特别抵押权。本章重点问题包括：抵押权的概念和特点、抵押权的设立、抵押权担保的债权范围、抵押权效力所及的标的物的范围、抵押人和抵押权人的权利、抵押权实现的条件和方式、抵押权消灭的原因、共有抵押权和所有人抵押权的特殊效力、最高额抵押权和浮动抵押权的特殊性及效力。

关键术语

抵押权　抵押登记　抵押权的保全权　抵押权人的优先受偿权　抵押权的实现　流质契约　共同抵押权　所有人抵押权　最高额抵押权　浮动抵押权

第一节　抵押权的概念和特点

一、抵押权的概念

《物权法》第 179 条规定：“为担保债务的履行，债务人或者第三人不转移财产的占有，将该财产抵押给债权人的，债务人不履行到期债务或者发生当事人约定的实现抵押权的情形，债权人有权就该财产优先受偿。”“前款规定的债务人或者第三人为抵押人，债权人为抵押权人，提供担保的财产为抵押财产。”依该条规定，抵押是指债务人或者第三人不转移财产的占有而将该财产提供为债权担保；抵押权则是指抵押权人得以抵押财产优先受偿其债权的权利。对于抵押权，可以从以下几层含义上理解：

（一）抵押权为他物权

抵押权是抵押权人得对抵押财产的价值直接予以支配的权利，具有物权的属性。同时，抵押权又是抵押权人对于抵押人提供的作为担保的财产的权利。抵押人可以是债务人，也可以是第三人。因此，抵押权是存在于他人之物而非存在于抵押权人自己之物上的他物权，而不是自物权。

（二）抵押权为担保物权

他物权有用益物权与担保物权之分。用益物权是以对他人之物为占有、使用、收益为内容和目的的物权，担保物权则是以担保债权为目的，以支配他人之物的价值以之优先受偿债权为内容的物权。抵押权就是债权人取得的于债务人不履行债务时得依法以抵押财产的价值来优先受偿的权利，因而它属于担保物权，而不为用益物权。

（三）抵押权为不转移标的物占有的担保物权

抵押不同于质押，其是债务人或者第三人不转移财产的占有，而将财产作为债的担保。因此，抵押权也就是存在于不转移占有的担保债的履行的抵押财产上的权利。若供为债的担保的财产转移占有于担保权人，则该权利不属于抵押权。

二、抵押权的特点

抵押权的特点，决定于抵押权的本质。因为抵押权是一种担保物权，所以，它也就既具有担保物权的共同特点，又具有自己特有的与其他担保物权不同的特点。同时，就各国和地区的立法来说，抵押权有保全抵押权与流通抵押权之别。保全抵押权与流通抵押权也具有不同的性质和特点。保全抵押权的功能仅在于担保债权，是专为担保债权而设的，不具有流通性，不能成为投资的手段，其效力依存于所担保的债权；流通抵押权的功能不仅在于确保债权，而且在于流通，具有独立性，其效力不受被担保的债权的效力的影响，可作为投资手段。我国现行法上规定的抵押权为保全抵押权，主要有以下特点：

（一）抵押权具有从属性

由于抵押权是为担保债权而成立的，因而，它与所担保的债权构成主从关系：被担保的债权为主权利，抵押权为从权利。抵押权的从属性主要表现在：（1）存在上的从属性。只有主债权存在，抵押权才能存在。在一般情况下，先有主债权才设立抵押权。在特殊情形下，虽抵押权可先于主债权的发生而设立，但于抵押权实现之时，必须有主债权存在。若不存在任何主债权，则抵押权也不能存在。（2）处分上的从属性。《物权法》第 192 条规定："抵押权不得与债权分离而单独转让或者作为其他债权的担保。债权转让的，担保该债权的抵押权一并转让，但法律另有规定或者当事人另有约定的除外。"这就是说，抵押权与主债权不能异其主体。抵押权可以附随主债权转让或者作为其他债权的担保，但抵押权人不能将债权与抵押权分离而单独转让抵押权，也不能仅转让主债权而自己保留抵押权，更不能将抵押权与主债权分别转让给不同的人。（3）消灭上的从属性。《担保法》第 52 条规定："抵押权与其担保的债权同时存在，债权消灭的，抵押权也消灭。”依《物权法》第 177 条第 1 项规定，主债权消灭，担保物权消灭。

（二）抵押权具有不可分性

抵押权是担保债权实现的，因此，抵押权的效力不可分，抵押权担保债权的全部并及于抵押财产的全部。抵押权的不可分性主要表现在：（1）抵押财产一部经分割或者让与第三人时，抵押权不受影响，抵押权人仍得就抵押财产的全部行使其权利。（2）抵押财产部分灭失时，抵押权存在于未灭失部分上，未灭失的抵押财产仍担保全部债权。（3）抵押财产的范围不受价格的影响。抵押权成立后，抵押财产的价格上涨时，抵押人无权要求使抵押财产的一部脱离抵押担保关系；抵押财产的价格非因抵押人的责任而下降的，抵押权人也无权要求抵押人增加抵押财产。（4）主债权经分割或者部分转让的，抵押权不受影响，各债权人仍得就自己的债权份额行使抵押权，但若受让债权上不附抵押权的，则受让人当然不享有，也就不能行使抵押权。（5）主债权部分受偿的，抵押权人仍得就未受偿的债权部分对抵押财产的全部行使抵押权。（6）主债务经分割或者转让的，抵押权原则上也不受影响。《担保法解释》第 72 条第 2 款规定：“主债务被分割或者部分转让的，抵押人仍以其抵押物担保数个债务人履行债务。但是，第三人提供抵押的，债权人许可债务人转让债务未经抵押人书面同意的，抵押人对未经其同意转让的债务，不再承担担保责任。”《物权法》第 175 条规定：“第三人提供担保，未经其书面同意，债权人允许债务人转移全部或者部分债务的，担保人不再承担相应的担保责任。”依此规定，只有在抵押人为物上保证人，并且债权人未经抵押人书面同意而许可债务人将全部债务或者部分债务转让给第三人使原债务人免责的情况下，抵押人对转让的债务的履行才不负担保责任。除此情形外，主债务被分割或者转让的，抵押权人仍得就抵押财产全部行使抵押权。

（三）抵押权具有特定性

因为抵押权为物权，物权的客体必须特定，所以，抵押财产只能是特定的。又因为抵押权是担保债权的，只有确定债权的范围，才能明确抵押权担保的限度，所以，抵押权所担保的债权也须特定。抵押财产与抵押担保债权的特定，也是维护交易安全的需要。因为就抵押当事人来说，只有抵押财产和所担保的债权特定，才能使抵押人明确承担的担保责任，使抵押权人明确其债权受保障的状况；就第三人来说，只有抵押财产和所担保的债权特定，才能清楚抵押人财产的真实状态。

（四）抵押权具有物上代位性

由于担保物权是对担保财产的价值予以支配的价值权，即使担保财产的实体形态或性质发生变化，只要能维持担保财产的价值，担保物权也就可于担保财产的代位物上存在。因而，抵押权具有物上代位性，亦即抵押权的效力及于抵押财产的代位物上。在抵押财产毁损、灭失而受有赔偿金或保险金等代替物时，抵押权人得就该抵押财产的代替物行使抵押权。

（五）抵押权具有追及性

所谓抵押权的追及性，是指于抵押权成立后，不论抵押财产落入何人之手，抵押权人均可追及该抵押财产而行使抵押权。这也是抵押权不同于其他担保物权的特点。在其他担保物权，一旦担保财产脱离担保权人的占有，担保权就会消灭。而在抵押权，若抵押人擅自转让抵押财产，则抵押权不受影响，抵押权人仍得对抵押财产行使权利；并且，尽管抵押财产不为抵押权人占有，若抵押财产受到他人的不法侵害，抵押权人也仍得基于抵押权而请求除去妨害。

（六）抵押权具有优先受偿性和顺序性

抵押权为担保物权，于债务人不履行债务时，抵押权人有权就抵押财产的变价优先于其他债权人受偿。在同一财产上设立数个抵押权时，各抵押权之间有一定的顺序，顺序在先的抵押权优先于顺序在后的抵押权，在抵押权实现时，只有先顺序抵押权人受偿后，后顺序的抵押权人才能就抵押财产价值的余额受偿；同一顺序的抵押权人只能按其各自的债权额的比例受偿。

第二节　抵押权的设立

一、抵押合同

设立抵押权是一种双方法律行为。《物权法》第172条中规定："设立担保物权，应当依照本法和其他法律的规定订立担保合同。"《担保法》第38条规定："抵押人和抵押权人应当以书面形式订立抵押合同。"可见，抵押合同也就是当事人设立抵押权的合意。

（一）抵押合同的当事人

抵押合同的当事人也就是抵押关系的当事人，包括抵押人与抵押权人。

1. 抵押人。抵押人是提供财产作为债权担保的人，即在自己的财产上设立抵押权的人，所以又称为设抵人。抵押人可以是债务人，也可以是第三人。第三人为抵押人的，被称为物上保证人。

因为设立抵押权是一种法律行为，并且是为债权人利益而不是为抵押人自己的利益，所以，抵押人应具备完全民事行为能力。无完全民事行为能力人不能为抵押合同的抵押人，其法定代理人也不得代其订立抵押合同。

因为抵押人是在自己的财产上设立抵押权的，抵押权的设立为处分行为，所以，抵押人应为对抵押财产有处分权的人。对抵押财产无处分权的人设立的抵押无效。例如，依《公司法》第148条规定，公司的董事、高级管理人员不得"违反公司章程的规定，未经股东会、股东大会或者董事会同意，将公司资金借贷给他人或者以公司财产为他人提供担保"。因此，董事、经理违反规定以公司财产为他人提供抵押担保的，因抵押人不合要求无效，债权人因此而受到损害的，应由设立抵押的公司董事、高级管理人员承担损害赔偿责任。依《破产法》第31条规定，人民法院受理破产申请前1年内，债务人（即申请破产企业）对原来"没有财产担保的债务提供财产担保的"，管理人有权请求人民法院撤销该担保行为。据此，由于此期间破产企业对其财产无处分的权利，其于此期间内设立抵押的，一经被撤销该抵押行为也就无效。依《担保法解释》第54条第2款规定，共同共有人以其共有财产设立抵押，未经其他共有人同意的，抵押无效。但是，其他共有人知道或者应当知道而未提出异议的视为同意，抵押有效。

2. 抵押权人。抵押权人为抵押权所担保的债权的债权人。因此，抵押权人须为有效债权的债权人。因当事人可为未来债权设立抵押，所以，未来债权的债权人可为抵押权人。诉讼时效期间届满后的债权人，也可以订立抵押合同而为抵押权人。

由于抵押权人为纯受利益之人，因而，只要是合法有效债权的债权人，不论其是否具有完全民事行为能力，其订立的抵押合同均为有效。

（二）抵押合同的形式

依《担保法》第 38 条和《物权法》第 185 条第 1 款规定，抵押合同应采用书面形式。依《合同法》第 36 条规定，“法律、行政法规规定或者当事人约定采用书面形式订立合同，当事人未采用书面形式但一方已经履行主要义务，对方接受的，该合同成立”。因此，若当事人虽未采用书面形式订立抵押合同，但已经履行合同的，如办理了抵押登记，抵押合同仍然成立。

（三）抵押合同的内容

依《担保法》第 39 条第 1 款和《物权法》第 185 条第 2 款规定，抵押合同应当包括以下内容：

1. 被担保的主债权种类、数额。被担保的主债权一般为金钱债权，也可为其他财物债权。但对于以其他财物为给付标的的债权，抵押权所担保的实际也只是债务人不履行债务时债权人应受的损害赔偿债权。被担保的主债权可以是已存在的债权，也可以是将来发生的债权。不论抵押担保的债权为何种性质的债权，在抵押合同中均须明确，予以特定。

2. 债务人履行债务的期限。因为一般只有在债务人不履行债务时，抵押权人才可实现抵押权，而债务人是否履行债务的判断标准就是在债务履行期限届满时其是否履行了债务。所以，抵押合同中应明确债务人履行债务的期限。但债务人履行债务的期限绝不是抵押权的存续期间。抵押权只能于债务履行期限届满而债务人未履行债务时实现，在债务履行期限届满前一般是不能实现抵押权的。

3. 抵押财产的名称、数量、质量、状况、所在地、所有权归属或者使用权归属。抵押财产是抵押人供为债权担保的财产，抵押财产的价值关系到担保价值，依抵押权的特性要求，抵押财产必须特定。因此，当事人在合同中应明确抵押财产的名称、数量、质量、状况和所在地。因为抵押人只能用其有权处分的财产抵押，所以合同中应明确抵押财产的所有权归属或者使用权归属，以确定抵押人可否就该财产设立抵押权。

抵押财产的价值不等于抵押财产的估价。若当事人在抵押合同中对抵押财产予以估价的，不论估价为多少，于抵押权实现时，也是以抵押财产的实际变价就抵押权所担保的债权数额优先受偿。

4. 抵押担保的范围。抵押担保的范围也就是抵押权人可以优先受偿的债权范围。当事人可以约定抵押担保主债权的全部，也可以约定担保主债权的部分。

除上述事项外，当事人认为需要约定的，也可以在合同中明确。例如，当事人认为需要明确办理抵押登记时间的，可以在合同中约定申请抵押登记的期限；当事人认为有必要明确抵押权实现方式的，可以在合同中明确抵押权的实现方式；当事人认为有必要约定除债务人不履行到期债务外抵押权人可以实现抵押权的事由的，可以在合同中约定该事由。但是，违反法律规定的事项，当事人不得约定；由抵押权性质所决定的事项，当事人没有必要约定。依《担保法》第 40 条规定，“订立抵押合同时，抵押权人和抵押人在合同中不得约定在债务履行期届满抵押权人未受清偿时，抵押物的所有权转移为债权人所有”。《物权法》第 186 条也规定：“抵押权人在债务履行期届满前，不得与抵押人约定债务人不履行到期债务时抵押财产归债权人所有。”

《担保法》第39条第2款规定：“抵押合同不完全具备前款规定内容的，可以补正。”因此，抵押合同虽不完全具备上述内容或者对上述内容约定不明确的，并不因此而不成立或无效，当事人仍然可以协商予以补充，也可以通过其他方式予以补正。但是，由于抵押权所担保的主债权和抵押物必须特定，所以，依《担保法解释》第56条第1款规定，“抵押合同对被担保的主债权种类、抵押财产没有约定或者约定不明，根据主合同和抵押合同不能补正或者无法推定的，抵押不成立”。

抵押合同为合同的一种，因此，若存在《合同法》规定的合同无效的原因，抵押合同也就当然归于无效。

二、抵押财产

抵押财产即抵押物，为抵押权的标的，是抵押人用以设立抵押的财产。当事人在抵押合同中应明确抵押财产。但并非任何财产都可以用作抵押，只有以法律许可抵押的财产设立抵押的，抵押权才可成立；否则，抵押权不能成立。

（一）抵押财产须具备的条件

抵押权是他物权和价值权，抵押权的成立不以转移占有为要件，于抵押权实现时，抵押权人须以抵押财产的变价优先受偿。因此，作为抵押财产必须具备以下条件：

1. 特定性。所谓特定性，是指用于抵押的财产必须为抵押人的特定财产。不特定财产上不能设立物权，当然也不能设立抵押权。正因为如此，抵押财产如不能确定，抵押权则不能成立。

2. 价值性与可让与性。因为抵押权为价值权，于抵押权实现时，须经让与抵押财产以实现其价值。所以，抵押财产不仅须有使用价值，并且须具有价值；不仅须具有价值，并且须可让与。不具有交换价值的财产不能实现变价；不可让与的财产无法实现其变价，也就不能成为担保物权包括抵押权的标的。

3. 非消耗性。因为抵押权成立后，于抵押期间，抵押人仍可对抵押财产为使用收益，如用于抵押的财产会消耗掉，抵押权人的担保利益就无法保障了。所以，抵押财产不能是可由抵押人使用而损毁其价值的财产，应为非消耗物。当然，抵押财产一般为抵押人有使用收益之必要的财产，否则，当事人不必设立抵押权而可设立其他担保物权，如质权。但是，为抵押人有使用收益必要之财产，非抵押财产必具的特性。

4. 可登记性。抵押权不以转移占有为成立要件，也就不能以占有为权利的公示方式，而只能依登记方式公示权利。因此，抵押财产应为可予以登记的财产。一般说来，未建立登记制度的财产，不能为抵押财产。依《物权法》规定，动产抵押权未经登记的不具有对抗善意第三人的效力。因此，以法律上未建立登记制度的动产为抵押财产的，只能设立不具有对抗善意第三人效力的抵押权。

（二）可用于抵押的财产

《物权法》第180条第1款规定：“债务人或者第三人有权处分的下列财产可以抵押：（一）

建筑物和其他土地附着物；（二）建设用地使用权；（三）以招标、拍卖、公开协商等方式取得的荒地等土地承包经营权；（四）生产设备、原材料、半成品、产品；（五）正在建造的建筑物、船舶、航空器；（六）交通运输工具；（七）法律、行政法规未禁止抵押的其他财产。”依此规定，可用于抵押的财产主要为以下几类：

1. 建筑物和其他土地附着物

建筑物和其他土地附着物为不动产，是最宜于设立抵押权的财产。从法制史上看，最初不动产抵押为抵押权的常态，不动产抵押是最主要的抵押方式。由于依我国现行法规定，土地不能抵押（可抵押的只是土地使用权），所以，建筑物与地上其他定着物抵押也就成为不动产抵押中常见的现象。但建筑物与其他地上附着物是不能脱离土地而存在的，因此，以建筑物等不动产抵押的，必会涉及土地问题。依《物权法》第 182 条第 1 款和第 183 条规定，以建筑物抵押的，该建筑物占用范围内的建设用地使用权一并抵押；以乡镇、村企业的厂房等建筑物抵押的，其占用范围内的建设用地使用权一并抵押。但依《担保法解释》第 52 条规定，当事人以农作物与其尚未分离的土地使用权同时抵押的，土地使用权部分的抵押无效。

2. 建设用地使用权

建设用地使用权是依法取得的对国家所有的土地予以开发、利用、经营的权利。在我国，国有土地的所有权属于国家，因此，任何人不能以国有土地所有权抵押。但是，建设用地使用权是可以流通的，可以用于抵押。依《物权法》第 182 条第 1 款规定，以建设用地使用权抵押的，该地上的建筑物一并抵押。

3. 以招标、拍卖、公开协商等方式取得的荒地等土地承包经营权

《中华人民共和国农村土地承包法》（以下简称《土地承包法》）第 49 条规定：“通过招标、拍卖、公开协商等方式承包农村土地，经依法登记取得土地承包经营权证或者林权证等证书的，其土地承包经营权可以依法采取转让、出租、入股、抵押或者其他方式流转。”依此规定，只要是以招标、拍卖、公开协商等方式取得的土地承包经营权，承包人就可以抵押，而不必经发包人同意。

4. 生产设备、原材料、半成品、产品

生产设备、原材料、半成品、产品属于动产的范畴，主要是用于设立动产浮动抵押。

5. 正在建造的建筑物、船舶、航空器

正在建造的建筑物、船舶、航空器上虽不存在建筑物、船舶、航空器所有权，但这类财产也可为独立交易客体，因此，可为抵押财产。《担保法解释》第 47 条规定：“以依法获准尚未建造的或者正在建造中的房屋或者其他建筑物抵押的，当事人办理了抵押物登记，人民法院可以认定抵押有效。”正在建造的建筑物抵押主要有以下两种情形：

（1）在建工程抵押。依《城市房地产抵押管理办法》第 3 条第 5 款的规定，所谓在建工程抵押，是指抵押人为取得在建工程继续建造资金的贷款，将其合法方式取得的建设用地使用权连同在建工程的投入资产，以不转移占有的方式抵押给贷款银行作为偿还贷款担保的行为。依据该办法的规定，在建工程抵押必须符合以下条件：第一，抵押人为主债务人。也就是说，抵押人不能以其在建工程为他人的债务履行设立抵押担保。第二，债权人为具有贷款经营权的金融机构且为在建工程贷款。也就是说，在建工程抵押只能用于担保银行等金融机构的贷款债权，且该借款的用途只能是在建工程的继续建造。第三，抵押人已合法取得在建工程占用土地的建设用地使用权，且将该建设用地使用权连同已投入在建工程的资产一并抵押。

（2）预售商品房抵押。依《城市房地产抵押管理办法》第 3 条第 4 款的规定，所谓预售商品

房贷款抵押，是指购房人在支付首期规定的房价款后，由贷款银行代其支付其余的购房款，将所购商品房抵押给贷款银行作为偿还贷款担保的行为。依据该规定，预售商品房抵押的抵押人须为预售商品房的购买人。实质上，在以预售商品房抵押时，抵押人并没有取得房屋所有权，只有在房屋建成交付后，抵押人才能取得房屋所有权。而购买人取得房屋所有权的首要条件，是其所购买的预售商品房符合商品房预售的条件。依《城市房地产管理法》第45条规定，商品房预售应当符合下列条件：已交付全部建设用地使用权出让金，取得建设用地使用权证书；持有建设工程规划许可证；按提供预售的商品房计算，投入开发建设的资金达到工程建设总投资的25%以上，并已经确定施工进度和竣工交付日期；向县级以上人民政府房产管理部门办理预售登记，取得商品房预售许可证明。商品房预售人应当按照国家有关规定将预售合同报县级以上人民政府房产管理部门和土地管理部门备案。如果预售商品房的购买人所购买的房屋不符合商品房预售的规定，则其会因最终不能取得房屋所有权，而使抵押权失去意义。当然，若其以后取得房屋所有权，预售商品房抵押权不应因商品房预售人违反法律规定预售商品房而无效。

6. 交通运输工具

交通运输工具包括船舶、航空器、机动车，为重要的动产，其价值较大，并且于设立担保后，抵押人有为使用收益的必要，因此，这些动产常为抵押财产。

7. 法律、行政法规未禁止抵押的其他财产

除上述财产外，凡法律、行政法规未禁止抵押且又符合抵押要求的财产，都可为抵押财产。我们认为，“其他财产”中应当包括用益物权。

（三）不得用于抵押的财产

《物权法》不仅于第180条规定了可以抵押的财产，而且于第184条规定了不得抵押的财产。依该条规定，下列财产不得抵押：

1. 土地所有权

在我国，土地归国家和农村集体所有。国家所有权只能属于国家，不得用于抵押，此为当然。依现行法的规定，农村土地归集体所有，也不准流转，因此，农村土地所有权也不能抵押。但我们认为，农村土地所有权是否可以流转是值得研究的。尽管依现行法规定，农村土地作为重要的自然资源和生产要素，是承包经营的，只有土地承包经营权可以流通、抵押，但从农村土地所有权的性质上说，既然它可为不同的主体所有，就应许可在不同的主体之间流转，因此，农村土地所有权从性质上应是可以抵押的。当然，为农业政策考虑，农村土地所有权的抵押如土地承包经营权的抵押一样，于抵押权实现时，应受土地用途的限制。

2. 耕地、宅基地、自留山、自留地等集体所有的土地使用权，但法律规定可以抵押的除外

耕地是指用于主要农产品生产的土地。依《土地管理法》的规定，国家实行土地用途管制制度，土地用途不得擅自改变，国家对耕地予以特别保护。正是为了防止改变耕地的用途，法律规定耕地不得抵押。这里的宅基地，是指农村居民建造住房所用的土地。依《土地管理法》的规定，因宅基地是只能用于特定村民建造住房的，获得宅基地使用权的村民只能用于自己建造住房，所以其宅基地使用权不具有可流转性，从而也就不得抵押。但宅基地使用权不得抵押，不等于农村村民的房屋也不得抵押。① 自留山、自留地也为集体所有的土地，它是20世纪

① 根据《国务院关于开展农村承包土地的经营权和农民住房财产权抵押贷款试点的指导意见》（国发［2015］45号）的规定，允许宅基地使用权与住房所有权一并抵押。

60年代依据当时的《农村人民公社条例》由集体分配给当时的社员自己经营的荒山和土地，是用于保障农民基本生活需要的。因农民取得的自留山、自留地的使用权长期不变，具有社会保障性质，所以，自留山、自留地的使用权也不得抵押。

虽然农村的土地使用权原则上不得抵押，但法律规定可以抵押的，仍可以抵押。①

3. 学校、幼儿园、医院等以公益为目的的事业单位、社会团体的教育设施、医疗卫生设施和其他社会公益设施

以公益为目的的事业单位、社会团体从事的公益事业是有关社会公众利益的，这些单位的社会公益设施是其实现公益事业目的的基本物质保障，如果以其抵押，于实现抵押权后会影响这些设施为公益事业目的的使用，因此，法律规定，社会公益设施不得抵押。需注意的是，《担保法解释》第53条规定："学校、幼儿园、医院等以公益事业为目的的事业单位、社会团体，以其教育设施、医疗卫生设施和其他公益设施以外的财产为自身债务设定抵押的，人民法院可以认定抵押有效。"依此规定，以公益事业为目的的事业单位、社会团体可以以公益事业设施以外的其他财产为自己的债务设立抵押，但不得为其他人的债务设立抵押担保。

4. 所有权、使用权不明或者有争议的财产

由于抵押人用于抵押的财产须为其有处分权的财产，而所有权、使用权不明或者有争议的财产，不能最终确定何人有权处分。如果允许所有权、使用权不明或者有争议的财产可以抵押，就会发生侵害真正的所有人或使用权人合法权益的情形，因而，此类财产也就不能用于抵押。一项财产是否为所有权、使用权不明或者有争议，应以抵押人是否能够提供正式的权属证明为准。如果抵押人对其设立抵押的财产有权属证明，尽管他人主张该财产为其所有或者有使用权，也不应认定为所有权、使用权不明或者有争议的财产。如果抵押人虽于抵押设立时没有取得正式的权属证明，但其后能够取得可以证明自己为所有权人或使用权人的证据的，也不应影响抵押权的成立。依《担保法解释》第49条第1款规定，"以尚未办理权属证书的财产抵押的，在第一审法庭辩论终结前能够提供权利证书或者补办登记手续的，可以认定抵押有效"。

5. 依法被查封、扣押、监管的财产

依法被查封的财产是指由人民法院或者有权行政机关依法予以封存的财产；依法被扣押的财产是指由人民法院或者有权行政机关依法予以扣留的财产；依法被监管的财产是指由海关依《海关法》的规定予以监督、管理的财产。由于依法被查封、扣押、监管的财产，其所有人或者使用人不得私自处分，因而也就不能用于抵押。但若有关机关不是依法查封、扣押、监管，其采取的强制措施本身是违法的、错误的，则被违法查封、扣押、监管的财产可用于抵押。于抵押权设立后，抵押财产被查封、扣押、监管的，已成立的抵押权不受影响。《担保法解释》第55条明确规定："已经设定抵押的财产被采取查封、扣押等财产保全或者执行措施的，不影响抵押权的效力。"

6. 法律、行政法规规定不得抵押的其他财产

除上述财产外，凡法律、行政法规规定不得抵押的财产也不得抵押。例如，禁止流通物不得抵押。依《担保法解释》第48条规定，"以法定程序确认为违法、违章的建筑物抵押的，抵押无效"。因此，违法、违章的建筑物也就是不得抵押的财产。

---

① 根据《国务院关于开展农村承包土地的经营权和农民住房财产权抵押贷款试点的指导意见》（国发［2015］45号）的规定，按照所有权、承包权、经营权"三权分置"有关要求，农村承包土地的经营权可以抵押。

三、抵押登记

（一）抵押登记的含义

抵押登记是指将抵押财产上的抵押权的状态登记于财产权利登记簿上。由于抵押登记是在登记簿上登记抵押财产上的抵押权状况，所以又称为抵押权登记。《担保法》上称之为抵押物登记，也有的称之为抵押合同登记。因该登记并非财产登记，登记的是抵押财产上存在的权利状态，而不是抵押财产的性质或状态，更不是合同登记，所以，抵押财产登记或抵押合同登记的称谓不够贴切，《物权法》上改称为抵押登记。

抵押登记是基于物权的公示原则而进行的。基于物权的对世性，物权须以一定的方式公示于众，以使他人清楚物权的状态。抵押权为担保物权，并且抵押权的设立不需转移抵押财产的占有，因此，抵押权的设立应采取一定的公示方式，而又不能以占有为公示方式，只能采取登记公示方式。

（二）抵押登记的部门

《物权法》第 10 条规定："不动产登记，由不动产所在地的登记机构办理。国家对不动产实行统一登记制度。统一登记的范围、登记机构和登记办法，由法律、行政法规规定。"根据《不动产登记暂行条例》第 7 条规定，不动产登记由不动产所在地的县级人民政府不动产登记机构办理；直辖市、设区的市人民政府可以确定本级不动产登记机构统一办理所属各区的不动产登记。

（三）抵押登记的效力

关于抵押登记的效力，各国立法上大体有三种立法例：一是采取登记成立生效主义，即登记为抵押权成立的要件，不经登记的抵押权不能成立生效；二是登记对抗主义，即登记为抵押权的对抗要件，不经登记的抵押权可以成立生效，但不能对抗善意第三人；三是折中主义，即区分不同情形，有的登记为抵押权的成立生效要件，有的登记为抵押权的对抗要件。

在我国，《物权法》对于抵押登记的效力采取了折中主义。一方面，依该法第 187 条规定，以建筑物和其他土地附着物、建设用地使用权、土地承包经营权以及正在建造中的建筑物抵押的，抵押登记为抵押权的成立要件，抵押权自登记时设立，未经登记抵押权不成立。另一方面，依该法第 188 条和第 189 条规定，以生产设备、原材料、半成品、产品、交通运输工具以及正在建造中的船舶、航空器抵押的，抵押登记为抵押权的对抗要件，抵押权自抵押合同生效时设立，未经登记的抵押权不得对抗善意第三人。

抵押登记具有公示、公信效力，抵押财产上的抵押权状况以登记为准。因此，为保护善意第三人的利益，依《担保法》第 45 条规定，登记部门登记的资料，应当允许查阅、抄录或者复印。《物权法》第 18 条也规定："权利人、利害关系人可以申请查询、复制登记资料，登记机构应当提供。"即使抵押登记错误或者遗漏、误被注销，因相信登记而取得抵押财产物权的善意第三人应受法律保护，其所取得的权利应为有效，抵押权人因此而受到损失的，应由造成抵押登记错误、遗漏或误被注销的过错方承担赔偿责任。

《担保法解释》第 56 条第 2 款规定："法律规定登记生效的抵押合同签订后，抵押人违背诚实信用原则拒绝办理抵押登记致使债权人受到损失的，抵押人应当承担赔偿责任。”我们认为，这里的赔偿责任应为违约赔偿责任，而不是合同无效的赔偿责任。依《担保法解释》第59条规定，“当事人办理抵押物登记手续时，因登记部门的原因致使其无法办理抵押物登记，抵押人向债权人交付权利凭证的，可以认定债权人对该财产有优先受偿权。但是，未办理抵押物登记的，不得对抗第三人”。

例题 15　甲公司开发写字楼一幢，于2008年5月5日将其中一层卖给乙公司，约定半年后交房，乙公司于2008年5月6日申请办理了预告登记。2008年6月2日甲公司因资金周转困难，在乙公司不知情的情况下，以该层楼向银行抵押借款并登记。现因甲公司不能清偿欠款，银行要求实现抵押权。下列哪一判断是正确的？(2009年司法考试题)

A. 抵押合同有效，抵押权设立

B. 抵押合同无效，但抵押权设立

C. 抵押合同有效，但抵押权不设立

D. 抵押合同无效，抵押权不设立

解析：本题的考点是抵押合同的成立和抵押权的设立。甲公司与银行之间设立的抵押为不动产抵押，依《物权法》第15条的规定，除法律另有规定或者合同另有约定外，不动产物权合同自合同成立时生效；未办理物权登记的，不影响合同效力。因此，甲公司与银行之间的抵押合同应为有效合同。《物权法》第20条第1款规定：“当事人签订买卖房屋或者其他不动产物权的协议，为保障将来实现物权，按照约定可以向登记机构申请预告登记。预告登记后，未经预告登记的权利人同意，处分该不动产的，不发生物权效力。”甲公司在设立抵押之前，已经将房屋出卖给乙公司并办理了预告登记。甲公司在没有得到乙公司同意的情况下，以出卖的房屋为银行设立抵押，即使已经办理了抵押登记，也不能发生抵押权设立的效力，银行的抵押权并不成立。因此，答案应为C项。

例题 16　某房屋登记簿上所有权人为甲，但乙认为该房屋应当归己所有，遂申请仲裁。仲裁裁决争议房屋归乙所有，但裁决书生效后甲、乙未办理变更登记手续。一个月后，乙将该房屋抵押给丙银行，签订了书面合同，但未办理抵押登记。对此，下列哪些说法是正确的？(2010年司法考试题)

A. 房屋应归甲所有

B. 房屋应归乙所有

C. 抵押合同有效

D. 抵押权未成立

解析：本题的考点主要是物权变动和抵押权的成立。依《物权法》第28条的规定，因人民法院、仲裁委员会的法律文书或者人民政府的征收决定等，导致物权设立、变更、转让或者消灭的，自法律文书或者人民政府的征收决定等生效时发生效力。因为仲裁机构已经裁决房屋归乙所有，故甲、乙虽未办理房屋变更登记手续，房屋亦归乙所有。乙、丙之间设立的抵押为不动产抵押，依《物权法》第15条的规定，除法律另有规定或者合同另有约定外，不动产物权合同自合同成立时生效；未办理物权登记的，不影响合同效力。因此，乙、丙之间的抵押合同应为有效合同。在不动产抵押中，抵押权自办理登记时设立，丙的抵押权未办理抵押登记，尚不能成立。因此，答案应为B、C、D项。

例题 17　甲向乙借款，丙与乙约定以自有房屋担保该笔借款。丙仅将房本交给乙，未按约定办理抵押登记。借款到期后甲无力清偿，丙的房屋被法院另行查封。下列哪些表述是正确

的？（2013 年司法考试题）

A. 乙有权要求丙继续履行担保合同，办理房屋抵押登记

B. 乙有权要求丙以自身全部财产承担担保义务

C. 乙有权要求丙以房屋价值为限承担担保义务

D. 乙有权要求丙承担损害赔偿责任

解析：本题的考点是抵押权的设立，司法考试中心公布的答案为 C、D 项。丙与乙约定以自有房屋为甲的借款提供抵押，因丙未按约定办理抵押登记，故抵押权不成立，但抵押合同是有效的。丙的房屋被法院查封，丙已不可能再办理抵押登记，因此，乙无权要求丙办理房屋抵押登记。丙未按约定办理抵押登记构成违约，应当承担违约责任，乙有权要求丙承担损害赔偿责任。据此，A 项错误、D 项正确。乙对丙的房屋抵押权并没有成立，因此，丙无权要求丙承担担保义务。据此，B、C 项是错误的。

例题 18 方某、李某、刘某和张某签订借款合同，约定："方某向李某借款 100 万元，刘某提供房屋抵押，张某提供保证。"除李某外其他人都签了字。刘某先把房本交给了李某，承诺过几天再作抵押登记。李某交付 100 万元后，方某到期未还款。下列哪一选项是正确的？（2015 年司法考试题）

A. 借款合同不成立

B. 方某应返还不当得利

C. 张某应承担保证责任

D. 刘某无义务办理房屋抵押登记

解析：本题的考点是保证、抵押的设立。在本题中，李某虽然没有在借款合同上签字，但因自然人之间的借款合同为实践性合同，李某已支付了 100 万元，故李某与方某之间的借款合同成立，方某取得 100 万元并不构成不当得利。刘某提供的房屋抵押并没有办理抵押登记，故该抵押权并没有成立，但刘某有义务办理房屋抵押登记。张某提供保证并在借款合同中签字，故该保证成立，张某应当承担保证责任。因此，答案为 C 项。

例题 19 甲向某银行贷款，甲、乙和银行三方签订抵押协议，由乙提供房产抵押担保。乙把房本交给银行，因登记部门原因导致银行无法办理抵押物登记。乙向登记部门申请挂失房本后换得新房本，将房屋卖给知情的丙并办理了过户手续。甲届期未还款，关于贷款、房屋抵押和买卖，下列哪些说法是正确的？（2015 年司法考试题）

A. 乙应向银行承担违约责任

B. 丙应代为向银行还款

C. 如丙代为向银行还款，可向甲主张相应款项

D. 因登记部门原因未办理抵押登记，但银行占有房本，故取得抵押权

解析：本题的考点主要是抵押权的成立。根据《担保法解释》第 56 条规定，抵押合同签订后，抵押人违背诚实信用原则拒绝办理抵押登记致使债权人受到损失的，抵押人应当承担赔偿责任。本案中的抵押合同有效，而乙未依约为银行办理抵押登记构成违约，应向银行承担违约责任。丙尽管对房屋抵押的情形知情，但也没有代甲向银行清偿债务的义务，除非丙自愿代为清偿。若丙自愿代甲为向银行还款的，则可以向甲主张偿还相应款项。以房屋设定抵押的，应当办理抵押登记，抵押权自登记时设立。乙未为银行办理抵押登记，银行并不能取得抵押权。因此，答案应为 A、C 项。

第三节　抵押权的效力范围

一、抵押权所担保的债权范围

抵押权所担保的债权范围是抵押权实现时，抵押权人得以从抵押财产的价值中优先受偿的债权范围。《担保法》第46条规定："抵押担保的范围包括主债权及利息、违约金、损害赔偿金和实现抵押权的费用。抵押合同另有约定的，按照约定。"《物权法》第173条规定："担保物权的担保范围包括主债权及其利息、违约金、损害赔偿金、保管担保财产和实现担保物权的费用。当事人另有约定的，按照约定。"可见，抵押权所担保的债权范围由当事人约定；当事人没有约定的，抵押权所担保的债权范围包括以下部分：

（一）主债权

主债权又称原债权、原本债权，是指于抵押权设立时当事人决定为之担保的债权。如前所述，抵押担保的债权必须特定，主债权的种类和数额既是抵押合同中应包括的事项，也是抵押登记中的事项。主债权非以给付金钱为标的的，当事人应就担保的金额作出约定。并且，不论抵押权人与债务人之间的主债权数额为多少，凡以登记为生效要件的抵押权，只有在抵押登记中记载的担保数额才为抵押权担保的债权数额；即使以登记为对抗要件的，未经登记的债权担保额也不具有对抗善意第三人的效力。当事人就担保的债权数额变更的，也应办理变更登记，否则，不发生变更的效力或者该变更不能对抗善意第三人。

（二）利息

利息为原本债权的法定孳息。关于利息是否在抵押担保的范围之内，各国和地区立法上有限制主义和不限制主义两种不同的主张。[①] 在我国，《担保法》和《物权法》上均未对利息作限制，因此，无论是约定利息还是法定利息，若当事人无另外的约定，均在抵押权担保范围之内。但是，我们认为，约定利息须于抵押登记中予以注明。若当事人在抵押登记中未就约定利息予以登记，则抵押权人就该未登记的约定利息不得优先于第三人受偿。同时，依我国法规定，当事人约定利息不得违反国家有关限制借款利率的规定，违反国家有关限制借款利率规定的，超出国家规定的最高利率的利息部分不受国家保护，因此，当事人约定的利息超过国家规定的利率限额的部分，不论是否办理登记，均不能在抵押权的担保范围内。

除约定利息外，利息还包括法定利息与迟延利息。法定利息是依法律直接规定计付的利息，是原本债权的当然孳息，因此，应在抵押担保范围之内，而不必登记。迟延利息又称逾期利息、罚息，实际上是债务人不履行金钱债务时的损害赔偿，也应为担保的范围，无须登记。但是，当事人对于法定利息、迟延利息有予以限制的约定时，则应依其约定，受限制部分的法

---

① 法国、日本等采取限制主义。例如，法国限于债务履行期届满后3年的利息与原本债权同一顺序优先受偿（参见《法国民法典》第2432条），日本限于债务履行期届满后2年的利息优先受偿（参见《日本民法典》第374条）。德国、我国台湾地区等采取不限制主义（参见《德国民法典》第115条、我国台湾地区"民法"第861条）。

定利息、迟延利息不在担保范围内。

（三）违约金

违约金是债务人不履行债务时依法律规定或者合同的约定应向债权人一方支付的一定数额的款项。《合同法》第 114 条规定：“当事人可以约定在一方违约时应当根据违约情况向对方支付一定数额的违约金，也可以约定因违约产生的损失赔偿额的计算方法。”因此，只有在主合同当事人有违约金的约定，且债务人的违约行为属于约定的应支付违约金的情形时，才会发生违约金。支付违约金因实际上也是债务人不履行合同的补救措施，所以，违约金也应在抵押担保的范围。

（四）损害赔偿金

损害赔偿金是债务人违反合同而给债权人造成损失时，应向债权人支付的赔偿款项。损害赔偿金与违约金一样，也是因债务人违反合同而发生的，因此，损害赔偿金也在抵押担保范围内。但损害赔偿金与违约金又有所不同。违约金是事先就确定的，而损害赔偿金只能于违约后才确定。支付违约金以债务人的违约行为属于约定的应支付违约金的行为为条件，而支付损害赔偿金的违约行为却不受限制，但只有违约给债权人造成损失时才发生损害赔偿金的确定。依《合同法》第 114 条第 2 款规定，“约定的违约金低于造成的损失的，当事人可以请求人民法院或者仲裁机构予以增加；约定的违约金过分高于造成的损失的，当事人可以请求人民法院或者仲裁机构予以适当减少”。因此，在债务人的违约属于应支付违约金的情形时，债务人应负支付违约金的责任，而不必再给付损害赔偿金，只不过抵押权所担保的违约金数额以人民法院或者仲裁机构确认的数额为准。

（五）实现抵押权的费用

实现抵押权的费用是指为依法实现抵押权所支出的费用。例如，债权人申请拍卖的费用，对抵押财产进行评估的费用，拍卖、变卖抵押财产的费用，等等。由于抵押权的实现是因债务人不履行债务而发生的，是为实现债权所必要的，因而该项费用也应在抵押权所担保的范围之内。只要当事人没有关于抵押权实现费用由债权人负担的约定，不论该项费用是在以何种方式实现抵押权中发生的，也不论是否在抵押登记中注明，抵押权的实现费用均在担保范围之内。

二、抵押权效力所及的标的物的范围

抵押权效力所及的标的物的范围是指抵押权依法实现时，抵押权人得以变价的标的财产的范围。于抵押权成立后，抵押权的效力不仅及于用于设立抵押权的财产即抵押财产，还可及于抵押财产的从物、从权利、添附物以及孳息。

（一）抵押财产

抵押财产是设立抵押时抵押人供为抵押担保的财产。抵押财产须为符合法律规定可用于抵押的财产，有关抵押财产的名称、状况、范围等不仅应在抵押合同中明确，并且为抵押登记的事项，以抵押登记的为准。依《物权法》第 182 条规定，以建筑物抵押的，该建筑物占用范围内的建设用地使用权一并抵押；以建设用地使用权抵押的，该地上的建筑物一并抵押。抵押人未依照上述规定一并抵押的，未抵押的财产一并抵押。依该法第 183 条规定，以乡镇、村企业的厂房等建筑物抵押的，其占有范围内的建设用地使用权一并抵押。在这些情形下，建设用地使用权与地上建筑物之间并非为主从关系，二者一并同为抵押财产。

(二) 抵押财产的从物

从物是与主物同为一人所有的并需与主物一同使用才能更好发挥效用的物。从物与主物之间的关系为两物间的关系，从物与主物均为独立之物，从物并非为主物的组成部分，因此，从物与主物可分别为交易对象。但因从物在使用上与主物构成主从关系，与主物同时使用才能发挥效用，所以，在交易中若当事人无另外的约定，从物随主物的转移而转移。由于抵押权为变价权，除当事人另有约定外，于抵押权实现时抵押财产的从物应与抵押财产一同变价，因而，若抵押当事人无另外的约定，抵押权的效力及于抵押权设立时的抵押财产的从物。《担保法解释》第 63 条规定："抵押权设定前为抵押物的从物的，抵押权的效力及于抵押物的从物。但是，抵押物与其从物为两个以上的人分别所有时，抵押权的效力不及于抵押物的从物。"依此规定，只有于抵押权设立时已为抵押财产从物的，才在抵押权的效力范围内。但该规定中的"但书"部分的内容不正确，因为若两物为两人分别所有，则不存在主从关系，一物也就不能为另一物的从物。实际上，从物为抵押权效力所及受两条限制：一是当事人特别约定抵押权的效力不及于从物的，抵押权的效力不能及于从物；二是于抵押权设立前他人已就从物取得他物权（但不是所有权）或者具有物权效力的权利（如租赁权）的，他人所取得的权利不受抵押权的影响。

抵押权的效力是否及于抵押权设立后所增加的从物呢？对此，理论上存在着不同的看法。

【学术争鸣】

肯定说认为，抵押权设立后增加的从物，亦应为抵押权效力所及，因为主物与从物的关系不是依当事人的意思的解释而定的。否定说认为，抵押权设立后增加的从物不属于抵押权的范围，因为从物与主物毕竟为独立的两物，当事人设立抵押权是以设立时抵押财产的状况估价的，认为抵押权的效力可及于设立后增加的从物违反当事人的意思。在折中说中，有人认为，从物为动产的，于抵押权设立后成为抵押财产从物的，为抵押权效力所及；抵押权设立后发生的从物为不动产的，不为抵押权的效力所及。有人认为，于抵押权设立后发生的从物，不论为动产还是不动产，于必要时，抵押权人可以将从物一并拍卖，但对于该从物的价金无优先受偿的权利。

我们认为，从现行法的规定看，为抵押权效力所及的从物，须为抵押权设立时就发生的，且当事人无另外的约定，第三人也未对该从物取得权利的物。因此，抵押权设立后增加的从物，自不应在抵押权的效力范围内。而从从物与主物的关系上说，从物与主物一并使用才能更好地发挥物的效用，若将从物与主物分开变价，则会影响物的价值，从物应在抵押权的范围内。但于抵押权设立后的从物，因其是由抵押人的一般财产转化而成的，若抵押权的效力及于此物，则会影响其他债权人的利益。因此，对于抵押权设立后增加的从物，不论为动产还是不动产，如有必要抵押权人可以将其随主物一并变价，但抵押权人对于该从物的变价不能当然享有优先受偿权。

（三）抵押财产的从权利

从权利是从属主权利的，从权利与主权利的关系如同从物与主物的关系，主权利转移时，除法律另有规定或当事人另有特别约定外，从权利随主权利而转移。抵押财产的从权利，是指从属于抵押财产所有权或者使用权为抵押财产发挥效用所必要的权利。抵押权的效力既然及于抵押财产的从物，也就应及于抵押财产的从权利。例如，抵押财产为建设用地使用权的，该建设用地上存在地役权时，抵押权的效力及于该地役权。依《物权法》第165条中规定，“土地承包经营权、建设用地使用权等抵押的，在实现抵押权时，地役权一并转让”。当然，依现行法的规定，地上建筑物与建设用地使用权是一并抵押的，因此，抵押建筑物的效力及于建设用地使用权的情形，不属于抵押权的效力及于从权利的情形。但若承认建筑物可以单独抵押，则抵押人仅以建筑物抵押的，建设用地使用权就为从权利，抵押权的效力及于该建筑物占用范围内的建设用地使用权。

（四）抵押财产的添附物

抵押财产的添附物是指因附合、混合或者加工与抵押财产合为一体的物。在抵押权设立前，因附合、混合或者加工而附于抵押财产上的物，因归抵押人取得才可设立抵押权，因而，抵押权的效力当然及于该物。在抵押权设立后发生附合、混合、加工情形时，涉及由何人取得添附物的所有权问题，既可能由抵押人取得所有权，也可能由第三人取得所有权，还可能由抵押人和第三人共有。在发生附合、混合、加工时，由抵押人取得该添附物的所有权的，抵押财产发生扩张，抵押权的效力也就扩张；若由第三人取得添附物的所有权，则会发生物上代位，抵押权的效力只能及于该代位物。对此，《担保法解释》第62条中明确规定：“抵押物因附合、混合或者加工使抵押物的所有权为第三人所有的，抵押权的效力及于补偿金；抵押物所有人为附合物、混合物或者加工物的所有人的，抵押权的效力及于附合物、混合物或者加工物；第三人与抵押物所有人为附合物、混合物或者加工物的共有人的，抵押权的效力及于抵押人对共有物享有的份额。”

（五）抵押财产的孳息

孳息为原物所生的收益，包括天然孳息与法定孳息。

天然孳息又称自然孳息，是指基于物的自然属性所生的孳息。例如，果树所生之果实。对于抵押财产的天然孳息，各国法律一般规定，抵押权的效力及于抵押权人着手实现抵押权后抵押财产所生之天然孳息，因为于此时起抵押人不能再对天然孳息予以支配。在我国，《物权法》第197条也规定，债务人不履行到期债务或者发生当事人约定的实现抵押权的情形，致使抵押财产被人民法院依法扣押的，自扣押之日起抵押权人有权收取该抵押财产的天然孳息。依此规定，抵押权效力所及的天然孳息仅限于自抵押财产被人民法院依法扣押之日起所发生的，且抵押财产是因发生实现抵押权的事由被扣押的。自此时起，抵押权人着手行使抵押权，该孳息由抵押权人收取，不论此前收取孳息的收益权是归抵押人还是归第三人。而于此之前，由于抵押人仍得对抵押财产为使用、收益，抵押人也可将收益权转让给他人，而天然孳息一旦与抵押财产分离，即为独立之物，有权收取的人收取该收益，该天然孳息也就不在抵押权的效力范围内。但是，由于天然孳息未与抵押财产分离前为抵押财产的部分，为抵押权效力所及，若抵押人于抵押财产被法院扣押之前恶意造成孳息从抵押财产中不当分离，如将未成熟的果实提前摘取，则构成对抵押权的侵害。当然，若抵押人与抵押权人特别约定抵押权效力不及于抵押财产孳息的，则即使抵押财产被依法扣押后发生的天然孳息，也不为抵押权的效力所及；于抵押权设立前，抵押人已将抵押财产的收益权转让给第三人的，第三人的权利具有对抗抵押权的效力，抵押权的效力也不能及于抵押财产的天然孳息。

法定孳息是基于一定的法律关系而于原物所得的收益。法定孳息虽与天然孳息一样也为原物的收益，但其发生的依据不同。法定孳息的发生是以物之所有人与第三人间存在一定的债权债务关系为前提的，给付法定孳息为债务人的义务。因此，不仅于抵押权着手行使前，抵押权的效力不能及于法定孳息，即使在抵押权着手行使后，抵押财产被依法扣押，第三人也仍得向抵押人给付法定孳息，唯有第三义务人知道应向抵押权人清偿法定孳息时，抵押权的效力才能及于抵押物的法定孳息。《物权法》第 197 条在规定自抵押财产被依法扣押之日起抵押权人有权收取该抵押财产的法定孳息的同时，还规定“但抵押权人未通知应当清偿法定孳息的义务人的除外”。依该“但书”规定，抵押权的效力及于法定孳息除当事人无另外的特别约定外，还须具备以下条件：(1) 因债务人不履行到期债务或者发生当事人约定的实现抵押权的情形致使抵押财产被依法扣押。(2) 抵押权人将抵押财产被扣押和其有权收取孳息的事实通知清偿法定孳息的义务人。若抵押权人未通知该义务人，则该义务人仍可向抵押人给付法定孳息，抵押权的效力不能及于该法定孳息。自抵押权人已为通知时起，抵押权的效力及于该法定孳息，此后清偿法定孳息的义务人向抵押人清偿法定孳息的，该清偿无效，抵押权人仍有权要求该义务人向其清偿法定孳息。抵押权人于抵押财产被扣押后直接要求清偿法定孳息的义务人清偿法定孳息的，该请求有通知的效力。

抵押权人有权收取的孳息，不论是天然孳息还是法定孳息，依《物权法》第 197 条和《担保法解释》第 64 条规定，应先充抵收取孳息的费用，其次用于清偿主债权的利息，最后用于清偿主债权。

（六）抵押财产的代位物

前已述之，抵押权具有物上代位性。这也就是说，在抵押财产灭失而转化为其他价值形态时，所转化的价值形态代抵押财产之位而为抵押权的客体。这里的抵押财产的灭失非仅指抵押财产物质形态的毁灭，还包含抵押人对于抵押财产的权利的灭失。例如，抵押财产被征收，虽该财产并未灭失，但从抵押人方面说，其对该财产的权利灭失，此时也就发生权利客体的代位问题。可见，抵押财产的灭失既包括绝对灭失，也包括相对灭失。不论何种情形下，抵押权的效力均及于抵押财产的代位物。

《物权法》第 174 条规定：“担保期间，担保财产毁损、灭失或者被征收等，担保物权人可以就获得的保险金、赔偿金或者补偿金等优先受偿。被担保债权的履行期未届满的，也可以提存该保险金、赔偿金或者补偿金等。”依此规定，只有在抵押财产灭失、毁损或者被征收等并且抵押人得受赔偿、补偿等情形下，抵押权的效力才可及于抵押财产的代位物。在抵押财产灭失而抵押人不会受任何赔偿、补偿等情形下，则不发生物上代位问题。

由于在抵押财产灭失、毁损或者被征收而抵押人可受有保险金、赔偿金或者补偿金时，若给付义务人将保险金等给付抵押人，则作为抵押财产代位物的金钱就会与抵押人的金钱混为一体而不能特定，抵押权人也就无法对该代位物行使权利，所以，在债务履行期届满时，抵押权人可以直接请求给付义务人向其给付保险金等，给付义务人受此请求后不应再向抵押人给付，否则其给付不发生清偿效力。但在债务履行期届满前，抵押权人无权直接请求给付义务人向其给付保险金等抵押物的代位物，所以为保护当事人各方的利益，抵押权人可以提存该代位物。

第四节　抵押人的权利

抵押人的权利，是抵押权对抵押人的效力。因为抵押权成立后，抵押人仍为抵押财产的所有人，享有抵押财产的所有权，但同时又因抵押期间抵押财产上存在抵押权，抵押人对抵押财产的占有、使用、收益以及处分的权利必受一定的限制，不能损害抵押权人的利益。所以，抵押人的权利实际上也是抵押人所有权权能的行使因抵押权成立而受到的限制。

一、抵押财产的处分权

对财产的处分包括事实上的处分和法律上的处分。因抵押财产的事实上的处分会导致抵押财产价值的灭失，而抵押权人的主要权利是就抵押财产的价值优先受偿，所以，于抵押权设立后，抵押人自应维持抵押财产的价值，而不得就抵押财产为事实上的处分。若抵押人对抵押财产为事实上的处分而导致抵押财产价值减损，侵害抵押权的，则抵押人应负赔偿责任。

抵押财产法律上的处分，是指于抵押期间抵押人将抵押财产转让给第三人。于抵押权设立后，抵押人可否对抵押财产为法律上的处分，理论上存在着不同的看法。

【学术争鸣】

否定说认为，抵押权设立后，抵押人的所有权已经受到限制，因此，抵押人不得将抵押财产的所有权转让给他人；肯定说认为，抵押权设立后，抵押人的所有权并未丧失，抵押人仍得转让抵押财产的所有权，但抵押权人的权利不受影响。

从立法例上看，国外立法一般是采肯定说的，而我国立法的态度则先后不一。《担保法》第 49 条第 1 款规定："抵押期间，抵押人转让已办理登记的抵押物的，应当通知抵押权人并告知受让人转让物已经抵押的情况；抵押人未通知或者未告知受让人的，转让行为无效。"依此规定，抵押人可以转让抵押财产，但受两条限制：一是应当通知抵押权人；二是应当告知受让人抵押物已经抵押。依该规定的反面解释，只要抵押人已通知抵押权人并告知受让人抵押物已经抵押的情况，即使抵押权人不同意抵押人转让，抵押人仍可转让。若抵押人未通知抵押权人或者未告知受让人抵押物已经抵押而转让抵押物的，转让行为无效。《担保法解释》放宽了这一限制，于第 67 条规定："抵押权存续期间，抵押人转让抵押物未通知抵押权人或者未告知受让人的，如果抵押物已经登记的，抵押权人仍可以行使抵押权；取得抵押物所有权的受让人，可以代替债务人清偿其全部债务，使抵押权消灭。受让人清偿债务后可以向抵押人追偿。如果抵押物未经登记的，抵押权不得对抗受让人，因此而给抵押权人造成损失的，由抵押人承担赔偿责任。"这一规定并不认定抵押人转让抵押财产的行为有效，而是承认抵押权的追及效力和受让人可取得转让物的所有权。《物权法》第 191 条第 2 款规定："抵押期间，抵押人未经抵押权人同意，不得转让抵押财产，但受让人代为清偿债务消灭抵押权的除外。"该规定仅以抵押权人的同意为可转让抵押财产的条件，并规定虽未经抵押权人同意但受让人代为清偿债务消灭抵押权的，转让有效。依此规定，若抵押人未经抵押权人同意转让抵押财产，而受让人又未代为清偿债务，则该转让不能发生转让的效力，抵押权人仍得就该抵押财产行使抵押权（但未经登记的动产抵押权不具有对抗善意第三人的效力，善意受让人可依善意取得规则取得受让的动产）。

例题 20　甲公司向某银行贷款 100 万元，乙公司以其所有的一栋房屋作抵押担保，并完成了抵押登记。现乙公司拟将房屋出售给丙公司，通知了银行并向丙公司告知了该房屋已经抵押的事实。乙、丙订立书面买卖合同后到房屋管理部门办理过户手续。下列哪些说法是正确的？（2009 年司法考试题）

A. 不论银行是否同意转让，房屋管理部门应当准予过户，但银行仍然对该房屋享有抵押权

B. 如丙公司代为清偿了甲公司的银行债务，则不论银行是否同意转让，房屋管理部门均应当准予过户

C. 如丙公司向银行承诺代为清偿甲公司的银行债务，则不论银行是否同意转让，房屋管理部门均应当准予过户

D. 如甲公司清偿了银行债务，则不论银行是否同意，房屋管理部门均应当准予过户

解析：本题的考点是抵押人对抵押财产的处分权。依《物权法》的规定，在抵押期间，只有经抵押权人同意，抵押人才能转让抵押财产；抵押人未经抵押权人同意，不得转让抵押财产，但受让人代为清偿债务消灭抵押权的除外。可见，抵押人可以转让抵押财产的情形有二：一是经抵押权人同意。只通知抵押权人的，抵押人不能转让抵押财产。二是受让人已经代为清偿债务。如果受让人只是承诺代为清偿债务的，抵押人不能转让抵押财产。甲公司作为抵押人，如果已经清偿了银行的债务，则银行的抵押权消灭，乙公司可以自由买卖房屋，房屋管理部门应当准予过户。因此，答案应为 B、D 项。

抵押财产的转让既包括有偿转让，也包括无偿转让；既包括依法律行为的转让，也包括依其他原因的转让。《物权法》第 191 条仅就合意有偿转让作了规定，而对其他情形未作规定。由于抵押期间抵押财产仍为抵押人所有，因而，抵押人也可以将抵押财产赠与他人；抵押人为自然人的，在其死亡时，抵押财产也为遗产。《担保法解释》第 68 条规定："抵押物依法被继承或者赠与的，抵押权不受影响。"依此规定，抵押财产因继承或者赠与而为他人取得的，抵押权人仍得就该抵押财产行使抵押权。

二、抵押财产的设立担保权

抵押财产的设立担保权是指抵押人于抵押权设立后再以同一财产设立担保物权的权利。依我国现行法规定，当事人设立的担保物权有抵押权与质权两种。因此，抵押财产的设立担保权也就是在抵押财产上于抵押权设立后再设立抵押权或者质权的权利。

抵押人于抵押财产上设立抵押权后可否再设立抵押权，理论上存在着不同的看法。

【学术争鸣】

肯定说认为，由于抵押权设立后，抵押人仍有处分权，并且由于抵押权并非性质上不可相容的物权，因而于抵押权设立后，抵押人仍有权就该抵押财产再设立抵押权。否定说认为，抵押权设立后，抵押人虽仍有处分权，但其处分权受到限制，抵押人的所有权已经不完整，因此，抵押人无权将所有权已不完整的抵押财产再抵押给他人，亦即抵押人不得将已抵押的财产

再用于抵押。折中说认为，抵押人设立抵押权后可以就抵押财产的剩余价值再设立抵押权，但不能就已设立抵押的抵押财产的同一价值再设立抵押，也就是说，抵押人可以再设立抵押，但不得就抵押财产的同一价值重复抵押。

《担保法》第35条规定："抵押人所担保的债权不得超出其抵押物的价值。财产抵押后，该财产的价值大于所担保债权的余额部分，可以再次抵押，但不得超出其余额部分。"可见，担保法只允许余额抵押，不允许重复抵押。但《物权法》对于重复抵押并未作限制。因为抵押权设立后，抵押人即使就同一价值重复抵押的，由于抵押权具有顺序性，后设立的抵押权也不会影响前顺序抵押权，至于后设立的抵押权人的利益是否有保证，这属于后一抵押权人自己的判断，法律无加以干涉的必要。况且，若前一顺序抵押权人因债权受偿等原因致抵押权消灭，这时后设立的抵押权的抵押权人就可以就抵押财产的价值优先于其他债权人受偿，其并非无利益可言。实际上，如果法律禁止重复抵押，则抵押权的顺序性也就没有多大意义。因为即使依折中说，若抵押人仅能就抵押财产未设立抵押权的价值的剩余部分设立后顺序的抵押权，则即使同一抵押财产上的两个抵押权处于同一顺序，由于各自就其担保的价值部分受偿，也会互不影响。另外，在我们看来，抵押人所担保的债权是否可超出其抵押财产的价值，也是法律不必规定的。抵押人所担保的债权即使超出其抵押财产的价值，也不过是超出部分不具有优先受偿性而已，抵押权人愿意接受这种担保，他人又何必干涉呢？如果硬性要求抵押财产的价值要超过所担保的债权额，这就等于要求当事人在设立抵押时必须就抵押财产进行估价（评估）。这样只会徒增当事人的负担，不会有其他作用。因为抵押财产的价值是会变化的，抵押财产的可担保价值只能根据抵押权实现时的抵押财产的价值确定，不能决定于抵押权设立时抵押财产的价值。

由于抵押人于抵押权设立后，可以在同一财产上再设立抵押权，因而为保护已设立抵押权的抵押权人的利益，就需要确定各抵押权的顺序，后设立的抵押权应后于先设立抵押的抵押权。后顺序抵押权的抵押权人只能于前顺序抵押权的抵押权人受偿后就抵押财产价值的剩余部分受偿。

抵押权设立后，抵押人可否将抵押财产用于质押，理论上也有不同的观点。但一般认为，在抵押权设立后，抵押人可以将抵押财产再质押，即在抵押财产上设立质权。因为抵押权设立后，抵押人仍占有抵押财产，抵押人完全可以将抵押财产转移占有给质权人，以设立质权。在我们看来，不仅已设立抵押权的财产可以设立质权，而且已设立质权的动产也可以再设立抵押权。抵押权与质权同为担保物权，在同一物上既存在抵押权又存在质权时，必然会发生何者优先问题。《担保法解释》第79条第1款规定："同一财产法定登记的抵押权与质权并存时，抵押权人优先于质权人受偿。"依此反面解释，同一财产上抵押权与质权并存时，若抵押权不是法定登记的抵押权，则抵押权人不能优先于质权人受偿。我们认为，于此情形下，若抵押权具有对抗效力（即已登记的抵押权），先成立的抵押权应优先于后成立的质权；若抵押权未登记，则质权应优先于抵押权，因为质权人占有担保财产，质权具有对抗效力。同时，这一规定只考虑了先押后质的情形，而未考虑先质后押的情形。如果动产的所有人是将已经出质的动产设立抵押的，质权设立在先，抵押权设立在后，依物权法的一般原则，先成立的物权应优先于后成立的物权，则质权人应优先于抵押权人受偿。

三、抵押财产的出租权

抵押财产的出租权是指抵押人于设立抵押权后得将抵押财产出租的权利。由于抵押人仍得对抵押财产为使用、收益，其既可以自己为使用收益，也可以许可他人为使用收益，抵押人将抵押财产出租给他人，也就是将抵押财产的使用收益权让与给承租人，并不影响抵押财产的价值，因而，抵押人于抵押期间有将抵押财产出租的权利。

抵押人于抵押后将抵押财产出租的，同一财产上将成立抵押权与租赁权，发生抵押权与租赁权的并存。于此情形下，若租赁合同的期限长于抵押权的期限，即于抵押权实现时，承租人的租赁权期限未届满的，应如何处理呢？对此，理论上存在着不同的看法。

【学术争鸣】

一种观点认为，若抵押权人拍卖抵押财产时，拍买人对存在于抵押财产上的租赁权不予考虑的，抵押权不能对抗租赁权，抵押权人不能解除租赁合同，于拍卖后，租赁权继续存在于拍定人与承租人之间；只有在租赁权影响抵押权人的利益，即拍买人因租赁关系的存在不愿以较高价购买抵押财产时，抵押权才能对抗租赁权。另一种观点认为，抵押人于抵押权设立后将抵押财产出租的，租赁权不能对抗抵押权。

《物权法》第190条中规定，“抵押权设立后抵押财产出租的，该租赁关系不得对抗已登记的抵押权”。这一规定采取了《担保法解释》中所持的观点。《担保法解释》第66条规定：“抵押人将已抵押的财产出租的，抵押权实现后，租赁合同对受让人不具有约束力。抵押人将已抵押的财产出租时，如果抵押人未书面告知承租人该财产已抵押的，抵押人对出租抵押物造成承租人的损失承担赔偿责任；如果抵押人已书面告知承租人该财产已抵押的，抵押权实现造成承租人的损失，由承租人自己承担。”但该规定中要求抵押人将已抵押的财产出租的，应当告知承租人租赁物已抵押。而《物权法》第190条未规定抵押人的告知义务。如果抵押人出租抵押财产已告知承租人该财产已抵押，则即使抵押权未经登记，该租赁关系也不能对抗抵押权。

需要说明的是，《物权法》第190条中规定，“订立抵押合同前抵押财产已出租的，原租赁关系不受该抵押权的影响”。因此，只要是在抵押合同前抵押财产已出租的，不论该抵押权是否登记，租赁关系均可对抗抵押权，于抵押权实现时租赁关系不因抵押权的实现而终止。

例题21　2013年2月1日，王某以一套房屋为张某设定了抵押，办理了抵押登记。同年3月1日，王某将该房屋无偿租给李某1年，以此抵王某欠李某的借款。房屋交付后，李某向王某出具了借款还清的收据。同年4月1日，李某得知房屋上设有抵押后，与王某修订租赁合同，把起租日改为2013年1月1日。张某实现抵押权时，要求李某搬离房屋。下列哪些表述是正确的？（2014年司法考试题）

A. 王某、李某的借款之债消灭

B. 李某的租赁权可对抗张某的抵押权

C. 王某、李某修订租赁合同行为无效

D. 李某可向王某主张违约责任

解析：本题的考点主要是抵押权与租赁权并存的效力。本题中，王某将房屋租赁给李某，以租金抵偿借款，李某向王某出具借款还清收据，该借款之债因抵销而消灭。在抵押权与租赁权并存时，先成立的抵押权可以对抗后成立的租赁权。王某、张某修订租赁合同的行为将改变抵押权与租赁权的成立时间顺序，有损抵押权人张某的利益，因此该修订行为无效。因李某的租赁权不能对抗张某的抵押权，所以，张某实现抵押权时，有权要求李某搬离房屋。此时，王某已无法履行出租人义务，构成违约，应当承担违约责任。因此，答案应为A、C、D项。

四、抵押财产上用益物权的设立权

抵押财产上用益物权的设立权是指抵押人于抵押权设立后可在抵押财产上设立用益物权的权利。由于抵押权为价值权，而用益物权为实体物权，二者并不抵触，因而，抵押人于抵押权设立后可以在抵押财产上再设立用益物权。例如，抵押人将其建设用地使用权抵押后，可以就该建设用地为特定人设立地役权。

因用益物权与抵押权同为他物权，依据物权法的一般原理，物权的效力原则上依其成立先后而定。所以，于抵押后成立的用益物权的效力不能优于先成立的抵押权，于抵押权实现时抵押财产上的用益物权不能对抗抵押财产的受让人。也就是说，于抵押权实现时，于抵押后设立的用益物权即消灭。当然，如果抵押财产的受让人愿意承受该抵押财产上原有的负担，则受让人可与原用益物权人设立用益物权。由于用益物权的客体一般只能是不动产，而不动产抵押权均须登记，因而，于抵押后设立用益物权的，用益物权人应当知道抵押权存在的事实，其也就应当承受因抵押权实现而导致其用益物权消灭的不利后果。

五、抵押财产的占有权

抵押财产的占有权是指抵押人于抵押权设立后仍得占有抵押财产的权利。抵押权以不转移担保财产的占有而区别于质权，抵押人于抵押权设立后得对抵押财产继续为占有、使用、收益，因此，抵押人对抵押财产的占有权为抵押权效力的应有之义。抵押人不仅可以自己占有，也可让他人占有抵押财产。

但是，抵押人对抵押财产的占有不同于所有人对自己财产的占有。所有人对自己财产的占有是为自己的占有，可以说仅是权利而非义务。而抵押人对抵押财产的占有并非是仅为自己的占有，同时也是为抵押权人的占有，抵押人的占有不仅是其权利也是其义务。所以，抵押人在其占有受到不法侵害时，得请求救济；同时，抵押人在其占有期间应妥善保管抵押财产，其损害抵押财产价值的，亦应承担相应的民事责任。

第五节　抵押权人的权利

抵押权人的权利也就是抵押权对抵押权人的效力。因为抵押权是为抵押权人的利益而设的，所以，抵押权人的权利是抵押权的主要效力。于抵押权成立后，抵押权人的权利主要有以下几项：

一、抵押权的保全权

抵押权的保全权是指在抵押期间于抵押财产的价值受到侵害时，抵押权人享有的保全其抵押权的权利，亦即抵押权受到侵害时抵押权人得采取的救济措施。《物权法》第 193 条规定："抵押人的行为足以使抵押财产价值减少的，抵押权人有权要求抵押人停止其行为。抵押财产价值减少的，抵押权人有权要求抵押人恢复抵押财产的价值，或者提供与减少的价值相应的担保。抵押人不恢复抵押财产的价值也不提供担保的，抵押权人有权要求债务人提前清偿债务。”依此规定，抵押权人保全抵押权的权利主要有以下几项：

（一）停止侵害请求权

停止侵害请求权是指在抵押期间抵押人的行为足以使抵押财产的价值减少时，抵押权人得要求抵押人停止其侵害行为的权利。抵押权人行使停止侵害请求权须具备以下条件：

1. 抵押财产受到不法侵害。对抵押财产的不法侵害，是指不法地实施致使抵押财产的价值减少或者灭失的行为。对抵押财产的不法侵害，既可以是积极的行为（作为），如将抵押的房屋损毁；也可以是消极的行为（不作为），如抵押房屋应为修缮而不维修。但抵押人于抵押期间对抵押财产依其性质正常使用，即使导致抵押财产价值的减少，也不为侵害抵押财产。

2. 侵害行为仍在进行中。若对抵押财产的侵害行为已经停止，则抵押权人无必要也不能行使停止侵害请求权。

侵害抵押财产的行为人既可能是抵押人，也可能是抵押人以外的第三人。在第三人侵害抵押财产时，抵押权人可否要求其停止侵害行为呢？我国法上未作规定。我们认为，抵押权为物权，具有对世效力，不仅抵押人负有不得侵害的义务，其他人也负有不得侵害的义务。由于第三人侵害抵押财产的，构成对所有权的侵害，因而，抵押人有权要求其停止侵害。于此情形下，若抵押人行使停止侵害请求权，则抵押权人当然不必也不能再行使停止侵害请求权。第三人的侵害行为足以使抵押财产的价值减少而害及抵押权时，其侵害行为同时也构成对抵押权的侵害。若抵押人不行使停止侵害请求权，则从保护抵押权人的角度来说，抵押权人应可以请求第三人停止其侵害行为。因为停止侵害请求权是防止抵押财产价值减少以保全抵押权的有效措施，且不仅仅抵押人会侵害抵押财产，所以，抵押权人的停止侵害请求权的相对人不应仅限于抵押人，也应包括其他人。

（二）排除妨害请求权

排除妨害请求权是指在抵押权的行使受到妨害时，抵押权人得请求排除妨害的权利。排除妨害请求权的成立条件是抵押人或者第三人有妨害抵押权人行使抵押权的不法行为。例如，注销抵押权登记、妨碍抵押权人拍卖抵押财产等。妨害抵押权的行为并不是以侵害抵押财产的方式表现出来的，因此，排除妨害请求权与停止侵害请求权为两项不同的权利。我国现行法上未明确规定抵押权人的排除妨害请求权，但在物权保护中规定了权利人的排除妨害请求权。从抵押权的性质上说，排除妨害请求权为保护抵押权的重要方式。不论是抵押人还是抵押人以外的第三人，只要其行为妨害抵押权的行使，抵押权人均应有权请求法院予以排除。

（三）恢复原价值请求权或者提供相应担保请求权

1. 恢复原价值请求权

恢复原价值请求权是指因可归责于抵押人的事由致使抵押财产的价值减少时，抵押权人得请求抵押人恢复抵押财产的价值的权利。恢复抵押财产的价值，实际上是恢复抵押财产原来的状态，以维系抵押财产本来的价值。因此，恢复原价值请求权的适用须具备以下条件：第一，抵押财产的价值减少。若抵押财产的价值未减少，则不会损害抵押权，自无恢复原价值的必要。第二，抵押财产价值的减少可归责于抵押人。因为抵押人于抵押期间有义务保管抵押财产，若其违反该义务致使抵押财产的价值减少，其自应承担恢复抵押财产价值的责任。如果非因可归责于抵押人的事由致使抵押财产价值减少的，如抵押财产因不可抗力而损坏，则因抵押人并未违反其义务，也就不负恢复抵押财产价值的责任，抵押权人无恢复原价值请求权。第三，须有恢复原状的可能与必要。在抵押权人提出恢复原价值请求权时，只有在抵押财产有恢复的可能与必要时，才可满足抵押权人的请求。所谓有恢复的可能，是指在事实上和法律上能够恢复抵押财产的原状态。若事实上或者法律上不能恢复抵押财产的原状，则不能适用恢复原状的救济方法。所谓有恢复的必要，是指恢复原状符合经济合理的要求，有社会经济效益。如果恢复原状在经济上不合理，没有经济效益，如恢复原状花费过巨，则也不应适用恢复原状的救济措施。

2. 提供相应担保请求权

提供相应担保请求权是指抵押财产的价值减少时，抵押权人得请求抵押人提供与减少的价值相应的担保的权利。提供相应担保请求权的适用须具备以下条件：第一，抵押财产的价值减少；第二，抵押权人要求抵押人另行提供相应的担保。另行提供担保，亦即增担保。抵押权人要求抵押人增担保，须在相应的范围内。所谓“相应”，是指抵押人增担保的范围应与抵押财产减少的价值相当。至于抵押人另行提供的担保为物的担保还是人的担保，则在所不问。

3. 恢复原价值请求权和提供相应担保请求权的选择适用

从恢复原价值请求权与提供相应担保请求权的适用条件上看，在因可归责于抵押人的事由致使抵押财产价值减少时，抵押权人既可以要求抵押人恢复抵押财产价值，也可以要求抵押人提供相应担保。于此情形下，抵押权人可以从二者中选择行使一种请求权。但是，在抵押财产无恢复原状的可能与必要时，抵押权人只能行使提供相应担保请求权。

恢复抵押财产价值请求权和提供相应担保请求权，以抵押人为相对人。在抵押权人向抵押人提出恢复抵押财产价值的请求或者提供相当担保的请求时，抵押人应满足抵押权人的请求。《担保法解释》第70条规定：“抵押人的行为足以使抵押物价值减少的，抵押权人请求抵押人恢复原状或提供担保遭到拒绝时，抵押权人可以请求债务人履行债务，也可以请求提前行使抵押权。”依此规定，在抵押人拒绝抵押权人的请求而不恢复原状或提供担保时，债务人或抵押人就丧失期限利益，抵押权人既可以请求债务人履行债务，也可以请求实现抵押权。但依《物权法》第193条规定，抵押人应抵押权人的请求不恢复抵押财产的价值也不提供担保的，抵押权人有权要求债务人提前清偿债务。于抵押权人要求债务人提前清偿债务而债务人不清偿的情形下，则因发生债务人不履行到期债务，抵押权人才有权实现抵押权。

例题22 甲以自有房屋向乙银行抵押借款，办理了抵押登记。丙因甲欠钱不还，强行进入该房屋居住。借款到期后，甲无力偿还债务。该房屋由于丙的非法居住，难以拍卖，甲怠于行使对丙的返还请求权。乙银行可以行使下列哪些权利？（2012年司法考试题）

A. 请求甲行使对丙的返还请求权，防止抵押财产价值的减少

B. 请求甲将对丙的返还请求权转让给自己

C. 可以代位行使对丙的返还请求权

D. 可以依据抵押权直接对丙行使返还请求权

解析：本题的考点是抵押权的保全权。丙非法占有乙银行享有抵押权的房屋，甲怠于行使返还请求权，足以使抵押财产价值减少，乙银行有权要求甲停止其行为，请求甲行使对丙的返还请求权，防止抵押财产价值的减少。抵押权是不转移占有的担保物权，抵押权人并不占有抵押物，因此，抵押权人不享有返还请求权。但在甲将对丙的返还请求权让与给乙银行的情况

下，乙银行可以享有返还请求权。在债权人代位权中，代位权的标的限于到期债权，不包括物权。因此，答案应为A、B项。

二、抵押权的处分权

（一）抵押权的抛弃和转让

1. 抵押权的抛弃

抵押权是抵押权人的权利，且不具有人身从属性，因此，抵押权人有权抛弃抵押权。《物权法》第194条中规定，"抵押权人可以放弃抵押权"。所谓抛弃抵押权亦即放弃抵押权，是指抵押权人放弃其优先受偿的担保利益，包括绝对抛弃与相对抛弃。

抵押权的绝对抛弃是抵押权人为其他一切债权人的利益而放弃担保利益。于抵押权绝对抛弃后，抵押权人的债权即成为不受抵押权担保的债权。因此，抵押权的绝对抛弃实质上也就是抵押权人与抵押人解除抵押关系，而使抵押权消灭。也正因为如此，抵押权人绝对抛弃抵押权的，应向抵押人为绝对抛弃的意思表示，经登记的抵押权并应注销登记。抵押权的绝对抛弃生效后，原抵押权人就成为普通债权人，与其他普通债权人一样地只能从债务人的一般责任财产中受偿。尽管抛弃抵押权为抵押权人的自由，但若有害于第三人，则抵押权人不得抛弃抵押权。例如，抵押权与债权一同为质权标的时，抵押权人抛弃抵押权就会损害质权人的利益，于此情形下，抵押权人不得抛弃抵押权。

抵押权的相对抛弃是指抵押权人仅为同一债务人的特定债权人的利益而抛弃抵押权。抵押权经相对抛弃后，抵押权人并不丧失抵押权，仅仅是使受抵押权抛弃的特定债权人处于其同一地位，其对于其他债权人仍具有抵押权人的地位，仍得优先受清偿。例如，甲、乙、丙均为丁的债权人，甲于丁的房屋上有抵押权。现甲为乙的利益抛弃其抵押权，乙即与甲处于同一的地位，得与甲一同于甲得优先受偿的债权额内优先受偿，丙只能于乙、甲受偿后受偿。也就是说，甲为乙抛弃抵押权仅仅对乙发生效力，而对丙并不发生效力。由于抵押权的相对抛弃，使特定债权人取得优先于他债权人受偿的地位，所以，抵押权人相对抛弃抵押权的，应向抵押人作出意思表示并经抵押人同意。未经抵押人同意，抵押权的相对抛弃不发生效力，受抵押权抛弃的债权人不能取得抵押权。

2. 抵押权的转让

抵押权的转让是指抵押权人将抵押权让与他人。由于我国法上的抵押权为保全抵押权，以担保债权实现为目的，抵押权与所担保的债权不可分离。因而，《担保法》第50条、《物权法》第192条中明确规定："抵押权不得与债权分离而单独转让或者作为其他债权的担保。"[①] 依该条反面解释，抵押权可以与债权一同转让或者作为其他债权的担保。这是抵押权的从属性使然。因此，除法律另有规定或者当事人另有约定外，在主债权转让时，抵押权作为从权利也随之转让；在主债权作为其他债权担保时，抵押权也随之作为其他债权的担保（为质权标的）。

---

① 依日本民法规定，抵押权得单独让与同一债务人的其他债权人。对此，我国法上未作规定。我们认为，这种情形类似于抵押权的相对抛弃，对于抵押人、其他债权人均无不利影响，我国法上也应允许。例如，甲、乙、丙均为丁的债权人，甲为抵押权人，甲将其抵押权让与乙，此时甲即变为普通债权人，乙取得甲原有的抵押权，于甲原受担保的债权额内享有甲原享有的优先受偿权。此种让与并不损害抵押人及其他人的利益。当然，于此种情形下的抵押权让与应通知债务人，否则不能具有对抗效力。

在抵押权随同主债权转让或者设质时，应当办理相应的变更登记。依《担保法解释》第 72 条规定，主债权被分割或者部分转让的，各债权人可以就其享有的债权份额行使抵押权。

（二）抵押权顺位的放弃和转让

1. 抵押权顺位的含义和确定

抵押权的顺位又称为抵押权的顺序、次序，是指同一财产上有数个抵押权时，各个抵押权人优先受偿的先后位次。因此，抵押权的顺位实际上也就是抵押权实现时的清偿顺序。如前所述，在同一财产上可以设立数个抵押权，但各个抵押权可有不同的顺序。先顺序抵押权的抵押权人优先于后顺序抵押权的抵押权人受偿，后顺序抵押权的抵押权人只能就先顺序抵押权的抵押权人受偿后的抵押财产的价值余额受偿，同一顺序抵押权的抵押权人则一同按其受抵押权担保的债权额的比例受偿。因此，抵押权的顺位与抵押权人具有直接的利害关系，也是一种权利，学者称之为顺序权或次序权。

《物权法》第 199 条规定："同一财产向两个以上债权人抵押的，拍卖、变卖抵押财产所得的价款按照下列规定清偿：（一）抵押权已登记生效的，按照登记的先后顺序清偿；顺序相同的，按照债权比例清偿；（二）抵押权已登记的先于未登记的受偿；（三）抵押权未登记的，按照债权比例清偿。"依此规定，抵押权已登记的，抵押权的顺位以登记的先后顺位确定，即先登记的抵押权的位次在先，后登记的抵押权的位次在后。登记的时间以日为单位，即同一日登记的抵押权为同一顺位。依《担保法解释》第 58 条规定，当事人同一天在不同的法定登记部门办理抵押物登记的，视为顺序相同；因登记部门的原因致使抵押物进行连续登记的，抵押物第一次登记的日期，视为抵押登记的日期，并依此确定抵押权的顺序。已登记的抵押权的顺位先于未登记的抵押权的顺位，未登记的抵押权的顺位相同。

抵押权的顺位反映抵押权的位次，是抵押权效力的一种状态。对于抵押权的位次，在各国立法上有位次固定与位次升进两种不同的立法原则。所谓位次固定原则，是指抵押权的位次一经确定就不能改变，即使前一顺位的抵押权消灭，后一顺位的抵押权也不能当然地升进到前一位次。例如，甲、乙在丙的房屋上有不同顺位的抵押权，甲的抵押权为第一顺位，乙的抵押权为第二顺位，即使甲的抵押权消灭，乙的抵押权也仍为第二顺位，而不能进到第一顺位。所谓位次升进原则，是指前一位次的抵押权消灭时，后一顺位的抵押权当然进到前一位次。在上例中，若采抵押权升进原则，则甲的抵押权消灭时，乙的抵押权也就升为第一顺位。在我国，《担保法》和《物权法》未对抵押权位次可否升进作出规定。《担保法解释》第 77 条规定："同一财产向两个以上债权人抵押的，顺序在先的抵押权与该财产的所有权归属于一人时，该财产的所有权人可以以其抵押权对抗顺序在后的抵押权。"该规定一方面承认了后发生的所有人抵押权，另一方面也可解释为，除此情形外，前顺位抵押权消灭的，后顺位抵押权升进为前顺位。但不论对抵押权的位次采何种立法主张，抵押权的顺位为抵押权人的利益，顺位权为抵押权人的权利。因此，抵押权人可以就其抵押权的顺位为处分，包括放弃、转让等。《物权法》第 194 条中规定，抵押权人可以放弃抵押权的顺位，也可与抵押人协议变更抵押权的顺位。

2. 抵押权顺位的放弃

抵押权顺位的放弃是指抵押权人放弃其顺序利益，包括绝对放弃与相对放弃。

抵押权顺位的绝对放弃是指抵押权人为所有后顺位抵押权人的利益而抛弃其顺序利益。与抵押权绝对抛弃所不同的是，抵押权顺位绝对放弃后，抵押权人仍享有抵押权，只不过其抵押权位于在抛弃前已有的各抵押权的最后位次。因此，抵押权顺位的绝对放弃对于抵押权顺位放弃后设立的抵押权不生效力，即于抵押权顺位绝对放弃后成立的抵押权的顺位不能位于抛弃人的抵押权顺位之前。例如，甲、乙、丙均为同一债务人的同一财产的抵押权人，其抵押权分别为第一、第二、第三顺位，甲为乙、丙的利益而放弃其抵押权的顺位，放弃生效后，乙、丙的抵押权分别为第一、第二顺位，而甲的抵押权为第三顺位。于此后，在同一抵押财产上又设立丁的抵押权时，丁的抵押权只能为第四顺位，而不能位于甲的抵押权顺位之前。因为抵押权顺位的放弃完全是抵押权人对其利益的一种处分，不会影响他人的利益，所以，有放弃人的意思表示即可，而不必由放弃人与受放弃人达成合意，但是应为抵押权附记登记。

抵押权顺位的相对放弃是指前一顺位的抵押权人为同一债务人的特定的后顺位的抵押权人的利益而抛弃其顺位利益。抵押权顺位的相对放弃也以放弃人一方的意思表示即可生效，但应为抵押权附记登记。抵押权顺位的相对放弃仅对受放弃的特定抵押权人发生效力，即抵押权顺位相对放弃生效后，只是使受放弃人与放弃人处于同一位次，于放弃人的抵押权的顺位上依其应受偿的债权额内，放弃人与受放弃人按其债权额比例受偿，放弃人的权利不消灭，对于其他债权人也无影响。例如，甲、乙、丙分别为同一债务人的第一、第二、第三顺位的抵押权人，其抵押权所担保的债权额分别为50万元、30万元、20万元。甲为丙的利益而放弃其抵押权的顺位利益，即为抵押权顺位的相对放弃。放弃生效后，丙的抵押权与甲的抵押权就处于同一位次，丙与甲于同一顺位中依甲的抵押权所担保的债权额50万元为限按其各自的50万元与20万元的债权额比例受偿。抵押权顺位的相对放弃实际上是放弃人将其受担保的利益部分地与受抛弃人的部分担保利益的更换。

3. 抵押权顺位的转让

抵押权顺位的转让是指抵押权人将其抵押权的顺位让与同一债务人的其他抵押权人。抵押权顺位的转让须具备以下条件：(1) 转让人须为前顺位的抵押权人；(2) 受让人须为同一债务人的后顺位抵押权人；(3) 须由转让人与受让人达成抵押权顺位转让的合意。抵押权顺位转让经转让人与受让人达成合意而成立，但应为登记，若未经抵押权顺位转让的登记，则该转让不具有对抗第三人的效力。

关于抵押权位序转让的效力，理论上存在并有说、变更说、对换说等不同的看法。

【学术争鸣】

并有说认为，顺序权转让后，让与人丧失原有的顺序，受让人既取得让与人所让与的顺序，又仍保留自己原有的顺序；变更说认为，顺序权的转让，是同一债务人的抵押权人相互间的顺序的变更，受让人取得让与人的位次，而让与人处于受让人的下位；对换说认为，顺序权的转让为同一债务人的抵押权人相互间顺序的对换，受让人取得让与人原有的顺序，而让与人处于受让人原来的顺序。

我们认为，抵押权顺位的转让为让与人与受让人之间的利益变动，不涉及其他人的利益，因此，抵押权顺位转让的效力应依让与人与受让人之间的合意而定。如果转让协议约定让与人将其顺位利益全部让与受让人，则不论让与人原担保的债权额是否超过受让人的债权额，受让人只能于让与人抵押权所担保的债权额内于让与人原有的顺位上受清偿，而让与人只能在受让人原有的顺位受清偿；但若转让协议中约定，让与人仅在受让人受担保的债权额内将顺位利益转让给受让人，则受让人于让与人原有顺位优先受偿后不足让与人抵押权所担保的债权额的，让与人仍得就受让人受偿后的余额受偿。例如，甲、乙、丙分别为同一债务人的第一、第二、第三顺位抵押权人，所担保的债权额分别为50万元、30万元、20万元。现甲与丙达成转让抵押权顺位的协议，协议中约定甲仅将丙可优先受偿的顺位利益转让给丙。转让生效后，丙即于第一顺位上优先受偿 20 万元，甲仍可就余下的 30 万元优先受偿，甲不能受偿的 20 万元应于第三位序上受偿。这样处理，对于其他人（如第二顺位的抵押权人乙）的利益并无影响。

4. 抵押权顺位的变更

抵押权顺位的变更是指抵押权人将其顺位与同一债务人的其他抵押权人的位次对换。抵押权顺位的变更，因变更当事人受担保的债权数额不同，实际属于抵押权变更的情形，所以，不仅与抵押人有利害关系，与其他抵押权人也会有利害关系。因此，抵押权顺位的变更不仅须有变更当事人双方合意，还须与抵押人达成合意并经其他抵押权人同意。《物权法》第 194 条第 1 款中规定："抵押权人与抵押人可以协议变更抵押权顺位以及被担保的债权数额等内容，但抵押权的变更，未经其他抵押权人书面同意，不得对其他抵押权人产生不利影响。"

例题 23 黄河公司以其房屋作抵押，先后向甲银行借款 100 万元，乙银行借款 300 万元，丙银行借款 500 万元，并依次办理了抵押登记。后丙银行与甲银行商定交换各自抵押权的顺位，并办理了变更登记，但乙银行并不知情。因黄河公司无力偿还三家银行的到期债务，银行拍卖其房屋，仅得价款 600 万元。关于三家银行对该价款的分配，下列哪一选项是正确的？(2008 年司法考试题）

A. 甲银行 100 万元、乙银行 300 万元、丙银行 200 万元

B. 甲银行得不到清偿、乙银行 100 万元、丙银行 500 万元

C. 甲银行得不到清偿、乙银行 300 万元、丙银行 300 万元

D. 甲银行 100 万元、乙银行 200 万元、丙银行 300 万元

解析：本题的考点是抵押权顺位的变更。在黄河公司的房屋上存在三个抵押权，其先后顺序为甲的抵押权、乙的抵押权、丙的抵押权。依《物权法》规定，丙与甲有权将自己的抵押权顺位予以对换，从而丙的抵押权变为第一顺位，甲的抵押权变为第三顺位。但是，在甲、丙的抵押权顺位的变更时，因未经乙的书面同意，故不得对乙产生不利影响。在不影响乙的抵押权的情况下，因甲的抵押权担保债权额为 100 万元，故乙可以受偿 300 万元。而丙的抵押权在顺位变更后位于甲的抵押权之前，故可以就剩余的 300 万元受偿。这样，甲的债权也就得不到清偿了。因此，答案应为 C 项。

（三）抵押权处分对其他担保人的效力

在抵押权人就同一债务同时享有其他担保权时，抵押权人放弃抵押权、抵押权顺位以及变更抵押权（包括变更抵押权顺位以及被担保的债权数额等）的，会影响其他担保人的利益。而在债务人为抵押人时，抵押权人应先就债务人的抵押财产受偿，而后才可向他担保人行使担保权。因此，《物权法》第 194 条第 2 款规定："债务人以自己的财产设定抵押，抵押权人放弃该抵押权、抵押权顺位或者变更抵押权的，其他担保人在抵押权人丧失优先受偿权益的范围内免除担保责任，但其他担保人承诺仍然提供担保的除外。"依此规定，只要其他担保人未承诺仍然提供担保，抵押权人放弃债务人抵押财产上的担保利益的，其他担保人的担保责任在抵押权人丧失的该担保权益范围内即免除。

三、优先受偿权

如前所述，优先受偿性为抵押权的重要特点。抵押权人的优先受偿权是指于债务人不履行

到期债务或发生当事人约定的实现抵押权的情形时，抵押权人得以抵押财产的变价优先受清偿的权利。因为担保物权是以确保债权的实现为目的的，而确保债权实现的方式就是使担保权人有权优先于其他人从担保财产的价值中受偿其债权。因此，抵押权人的优先受偿权是抵押权的根本效力，是抵押权的基本权能。

抵押权人的优先受偿权并非指抵押权人优先于其他一切人优先受偿的权利。换言之，抵押权人对于抵押财产变价的优先受偿只是相对的，而不是绝对的。例如，在抵押物上存在留置权时，抵押权人不能优先于留置权人受偿。对此，《担保法解释》第79条第2款规定："同一财产抵押权与留置权并存时，留置权人优先于抵押权人受偿。"《物权法》第239条亦规定："同一动产上已设立抵押权或者质权，该动产又被留置的，留置权人优先受偿。"又如，抵押财产上有优先权的，若依规定优先权人优先于抵押权人受偿的，抵押权人也不能优先于优先权人受偿。

例题24　甲向乙借款5万元，并以一台机器作抵押，办理了抵押登记。随后，甲又将该机器质押给丙。丙在占有该机器期间，将其交给丁修理，因拖欠修理费而被丁留置。下列哪些说法是正确的？（2003年司法考试题）

A. 乙优先于丙受偿　　B. 丙优先于丁受偿

C. 丁优先于乙受偿　　D. 丙优先于乙受偿

解析：本题的考点是担保物权并存时的行使顺序。在同一动产上，抵押权、质权、留置权并存时，其行使的先后顺序，应当依照法律的规定确定。就乙的抵押权与丙的质权而言，因抵押权设立在先，故抵押权应优先于质权；就乙的抵押权、丙的质权与丁的留置权而言，留置权应优先于抵押权、质权。因此，答案应为A、C项。

例题25　同升公司以一套价值100万元的设备作为抵押，向甲借款10万元，未办理抵押登记手续。同升公司又向乙借款80万元，以该套设备作为抵押，并办理了抵押登记手续。同升公司欠丙货款20万元，将该套设备出质给丙。丙不小心损坏了该套设备送丁修理，因欠丁5万元修理费，该套设备被丁留置。关于甲、乙、丙、丁对该套设备享有的担保物权的清偿顺序，下列哪一排列是正确的？（2011年司法考试题）

A. 甲乙丙丁　　B. 乙丙丁甲

C. 丙丁甲乙　　D. 丁乙丙甲

解析：本题的考点是担保物权竞合的处理。在同一动产上，抵押权、质权、留置权并存时，其行使的先后顺序，应当依照法律的规定确定。就甲、乙两个抵押权而言，因甲的抵押权未登记，乙的抵押权已登记，故乙应优先于甲；就丙的质权与甲、乙的抵押权而言，丙应优先于甲，而乙应优先于丙；就甲和乙的抵押权、丙的质权、丁的留置权而言，留置权具有优先性，故丁优先于乙、丙、甲。因此，答案为D项。

抵押权人的优先受偿权主要表现在以下方面：

其一，有抵押权担保的债权优先于无担保权担保的债权，即抵押权人优先于一般债权人受清偿。在一般情形下，同一债务人有多个债权人的，抵押权人得优先于其他债权人从抵押财产的变价中优先受清偿。

其二，抵押权优先于执行权。如前所述，已经被查封、扣押的财产不得用于抵押，而对于已经抵押的财产也不得为其他债权人扣押或者强制执行。《担保法解释》第55条规定："已经设定抵押权的财产被采取查封、扣押等保全或者执行措施的，不影响抵押权的效力。"这也就是说，已设立抵押权的抵押财产即使因为其他债权人被查封、扣押的，抵押权人也仍可就该财产行使抵押权；抵押财产被强制执行的，抵押权人也得优先从执行的抵押财产的价值中优先受偿，其他债权人只能就抵押权人实现抵押权后的余额受偿。

其三，抵押权人享有别除权。在抵押人被宣告破产时，抵押财产不列入破产财产，抵押权人有别除权，得就抵押财产的变价于其受担保的债权额内受偿，而不是与其他债权人按比例受偿。

其四，先顺位抵押权优先于后顺位抵押权。如前所述，在同一财产上设立有数个抵押权的，各个抵押权之间有顺序性。抵押权位次在先的抵押权人得就抵押财产的变价优先于抵押权位次在后的抵押权人受偿，也就是说后顺位抵押权的抵押权人只能就前一顺位的抵押权人的担保债权额受偿后的余额受偿，同一顺位抵押权的抵押权人只能按其被担保的债权额比例受偿。即使后顺位的抵押权实现时，先顺位的抵押权未到实现期，后顺位的抵押权人也不能优先于先顺位抵押权的抵押权人受偿。《担保法解释》第 78 条明确规定："同一财产向两个以上债权人抵押的，顺序在后的抵押权所担保的债权先到期的，抵押权人只能就抵押物价值超出顺序在先的抵押权所担保的债权的部分受偿。顺序在先的抵押权所担保的债权先到期的，抵押权实现后的剩余价款应予提存，留待清偿顺序在后的抵押担保债权。"

第六节　抵押权的实现

一、抵押权实现的条件和方式

（一）抵押权实现的条件

抵押权的实现又称抵押权的实行，是指抵押权人实现抵押财产的价值并从中优先受偿其债权的法律现象。抵押权的实现是抵押权人行使自己权利的行为，但行使抵押权的行为并非均为抵押权的实现。例如，抵押权人行使抵押权保全的行为、处分抵押权的行为都属于抵押权的行使，但不属于抵押权的实行。这些行为都不是使抵押权人实现其最终利益的行为，而抵押权的实现是实现抵押权设立的目的，其结果是导致抵押权的目的实现，从而使抵押权不复存在。

《物权法》第 195 条第 1 款中规定："债务人不履行到期债务或者发生当事人约定的实现抵押权的情形，抵押权人可以与抵押人协议以抵押财产折价或者以拍卖、变卖抵押财产所得的价款优先受偿。"依此规定，抵押权的实现应当具备以下条件：

1. 须抵押权有效存在。凡法律规定应当办理抵押登记，抵押权自登记时设立的，只有办理抵押登记，抵押权才有效成立；未办理抵押权登记的，抵押权不成立，当然也就不能谓有效存在。如果抵押权经登记成立后，发生无效情形的，应当注销抵押登记；未经注销抵押登记的抵押权人仍应有权实行抵押权。凡法律规定抵押权自抵押合同生效时设立的，须抵押合同有效成立，抵押权才能有效成立。抵押权有可撤销的事由的，在未被撤销前，抵押权为有效；但若经撤销权人撤销，则抵押权无效，不得实行。《担保法解释》第 69 条规定："债务人有多个普通债权人的，在清偿债务时，债务人与其中一个债权人恶意串通，将其全部或者部分财产抵押给该债权人，因此丧失了履行其他债务的能力，损害了其他债权人的合法权益，受损害的其他债权人可以请求人民法院撤销该抵押行为。"这里即规定了对恶意抵押的撤销。恶意抵押有各种情形，上述规定的恶意抵押是指债务人与某债权人串通，将其财产抵押给该债权人，以损害其他债权人合法权益的现象。构成这种恶意抵押的条件为：（1）债务人有多个债权人，且各债权均届清偿期；（2）债务人与其中一债权人串通将财产抵押给该债权人，其目的是损害其他债权人利益；（3）抵押权的设立使债务人丧失清偿其他债权的能力。于此情形下，受损害的债权人享有撤销权，得请求法院撤销抵押。经法院撤销后，抵押权溯及无效，当然也就不能实行。但若受损害的债权人不主张撤销，则抵押权人仍可实现抵押权。

2. 须有效存在的抵押权不受限制。抵押权虽有效存在，但其实现受有一定限制的，则于受限制的范围内抵押权也不得实现。例如，抵押权随主债权供为其他债权担保的，于质权人实现质权前，抵押权人不能实现抵押权。又如，代位清偿主债权时，清偿人虽可代位行使抵押权，但其行使不得损害债权人的利益。

3. 须债务人不履行到期债务或者发生当事人约定的实现抵押权的情形。债务履行期未至，债务人无清偿的责任，债权人不能请求债务人清偿；债务履行期未届满，债务人是否清偿债务也不能确定。而抵押权是确保债权实现的，只有在债权不能如期受清偿时，抵押权人才可实现其抵押权，在债权是否能如期受偿不确定的情形下不得实现抵押权。但是，在下列情形下，债务人的债务履行期虽未届满但债权人的债权确定不能实现或者有不能实现之虞时，抵押权人也可依法实现抵押权：（1）债务人预期违约，即债务人于债务履行期届满前明确表示或者以自己的行为表明不履行债务；（2）债务人被宣告破产；（3）抵押人的行为使抵押财产的价值减少，抵押权人请求抵押人恢复抵押财产价值或者提供相应担保而遭拒绝，要求债务人提前清偿债务，债务人未清偿的。债务人不履行到期债务既包括未履行全部债务，也包括未履行部分债务，但须其不履行非因债权人的原因，抵押权人才可实现抵押权。如果债务人未履行到期债务是因债权人的原因造成的，如债务人提出符合约定或者法律规定的给付，而债权人拒绝受领的，则债权人不能受偿是自己造成的，当然也就不能实现抵押权。

另外，当事人约定有其他实现抵押权的情形，该情形发生的，抵押权人也可以实现抵押权。

4. 须于法律规定的期间内行使。《物权法》第202条规定："抵押权人应当在主债权诉讼时效期间行使抵押权；未行使的，人民法院不予保护。"依此规定，抵押权的行使期间为主债权诉讼时效期间，该期间届满后仍未行使的抵押权，人民法院不予保护。

例题26　甲公司向乙银行贷款1 000万元，约定2005年12月2日一次性还本付息。丙公司以自己的一栋房屋作抵押。甲到期没有清偿债务，乙银行每个月都向其催收，均无效果，最后一次催收的时间是2007年3月6日。乙银行在下列哪一时间前行使抵押权，才能得到法院的保护？（2007年司法考试题）

A. 2007年12月2日　　B. 2009年12月2日

C. 2009年3月6日　　D. 2011年3月6日

解析：本题的考点是抵押权行使的期限。依《物权法》规定，抵押权人应当在主债权诉讼时效期间内行使抵押权，否则抵押权不能得到法院的保护。乙的主债权的诉讼时效期间应自2007年3月7日起算，至2009年3月6日届满，据此，乙应在2009年3月6日前行使抵押权。因此，答案应为C项。

（二）抵押权实现的方式

依《物权法》第195条规定，具备抵押权的实现条件时，抵押权人可以与抵押人协商以抵押财产折价或者以拍卖、变卖的方法实现抵押权。抵押权人与抵押人达成的实现抵押权的协议损害其他债权人利益的，其他债权人可以在知道或者应当知道撤销事由之日起1年内请求人民法院撤销该协议。抵押权人与抵押人未就抵押权实现方式达成协议的，抵押权人可以请求人民法院拍卖、变卖抵押财产。可见，抵押权的实现方式包括抵押财产的拍卖、变卖和折价。

《物权法》第198条规定："抵押财产折价或者拍卖、变卖后，其价款超过债权数额的部分归抵押人所有，不足部分由债务人清偿。"依此规定，抵押权人得从抵押财产的变价中直接受偿其受抵押担保的债权，不能受偿的部分可请求债务人清偿；受偿后有余额的，则应将余额归还给抵押人。抵押权人与抵押人可以约定抵押财产变价后的清偿顺序。依《担保法解释》第74条规定，当事人没有约定的，按下列顺序清偿：（1）实现抵押权的费用；（2）主债权的利息；（3）主债权。

二、抵押财产的折价

抵押财产折价是指抵押权人与抵押人约定，将抵押财产以一定的价格由抵押权人取得抵押财产的所有权。例如，甲为抵押权人，乙为抵押人，甲于乙的房屋上设立的抵押权所担保的债权为50万元，现债务人未履行到期债务，甲与乙协商将抵押的房屋折价为40万元，由甲取得房屋所有权。于此情形下，甲即是以抵押财产折价的方式实现抵押权。

抵押财产的折价不同于抵押财产的抵偿。抵押财产的抵偿是指以抵押财产抵偿债务人所应清偿的债务。发生抵偿时，即使抵押财产的价格超过或不足抵押权所担保的债权额，双方也互不相欠。而抵押财产的折价实质上是于抵押权实现时以一定的价格将抵押财产卖与抵押权人，因此，若折价高于抵押权所担保的债权额，抵押权人应将余额归还抵押人；抵押权人不能从抵押财产折价受偿的部分仍得向债务人要求清偿。

抵押财产折价除须具备上述抵押权实现的条件外，还须具备以下条件：

第一，须由抵押权人与抵押人双方达成折价的协议。抵押财产折价是抵押权人与抵押人之间将抵押财产出卖给抵押权人的合同，因此须有抵押权人与抵押人关于抵押财产折价的意思表示的一致才能成立，仅有一方的意思表示不能成立折价的协议。在折价协议中，价格为主要条款。若当事人均同意折价，但就所折价格不能达成一致的，可以委托第三人（如评估机构）确定价格。若当事人双方共同委托的第三人就抵押财产的价格予以确定的，则折价协议成立。但若仅一方委托第三人估价，而另一方对此估价不同意的，则折价协议也不能成立。

第二，须于抵押权实现时为之。因为抵押财产的折价为抵押权的实现方式，所以，抵押财产折价只能于抵押权实现时进行，而不能于此前进行。自罗马法以来，各国法上普通禁止流质（押）契约。所谓流质契约，是指担保权人与担保人约定，于债务人不履行债务时，担保物即归债权人所有。我国担保法上也禁止流质契约。《物权法》第186条规定："抵押权人在债务履行期届满前，不得与抵押人约定债务人不履行到期债务时抵押财产归债权人所有。"因此，抵押权人与抵押人有违反此禁止性规定的约定的，其约定无效。所谓约定无效，是指于债务人不履行到期债务时，抵押财产不能即归债权人所有。法律如此规定，是为了保护当事人各方的利益，更重要的是为保护债务人的利益。因为于订立抵押合同时约定债务履行期届满抵押财产即归债务人所有的，其后物价上涨时，则会损害债务人（抵押人）和其他债权人的利益。由于抵押人于抵押合同订立时处于弱者的地位，抵押权人为保护自己的利益，往往会要求提供价值较大的财产抵押，对于抵押财产的价值往往估计不充分。所以，为避免损害当事人特别是抵押人的利益，法律禁止于抵押权设立时约定于债务履行期届满抵押物即归债权人所有。[①]

依《物权法》规定，只要是在债务履行期届满前，抵押权人与抵押人约定债务人不履行到期债务时抵押财产归债权人所有的，其约定均为无效。但当事人约定在债务人不履行到期债务时抵押财产即以若干价格折价归债权人的，该约定是否有效呢？对此，我们认为，法律禁止流质契约的根本原因是在于流质的约定排除了抵押权实现时对抵押财产价值的重新评定。而在抵押期间抵押财产的价值处在变动中，抵押财产的折价只能于抵押权实现时确定抵押财产的价值。因此，我们认为，当事人在债务履行期届满前约定于债务人不履行到期债务就以一定价格将抵押财产卖与抵押权人的，此种约定也是无效的。当然，如果于抵押权实现之时，当事人对原约定没有争议，其他人也未提出异议，抵押权人也可以以原约定的价格取得抵押财产的所有权，但这不意味着原约定有效，而是意味着当事人同意以原商定的价格折价，这一价格等于是于抵押财产折价时确定的。

第三，须不损害第三人的利益。以抵押财产折价的方式实现抵押权，是以一定的价格由抵押权人取得抵押财产的所有权。若抵押人还有其他债权人或者抵押财产上还有后顺位抵押权时，则折价的价格过低就会损害其他人的利益。因此，以抵押财产折价实现抵押权的，不得损害其他人的利益。如果折价损害其他人的利益，受损害的第三人有权请求撤销抵押权人与抵押人之间关于抵押财产的折价协议。

三、抵押财产的拍卖、变卖

除抵押财产折价外，抵押财产的拍卖、变卖也是抵押权实现的方式。拍卖是公开的以竞争方式的买卖，而变卖是指拍卖以外的买卖方式。拍卖只不过是一种特别的变卖而已，但拍卖更能实现抵押财产的价值。拍卖与变卖的后果无多大差别，最主要的区别在于优先购买权的行使。优先购买权是指特定人依法或者约定享有的于所有人出卖其财产时，得以同等条件优先购买的权利。例如，《合同法》第230条规定："出租人出卖租赁房屋的，应当在出卖之前的合理期限内通知承租人，承租人享有以同等条件优先购买的权利。"依此规定，抵押人将已出租的房屋抵押的，于抵押权实现时，若抵押权人变卖抵押房屋，则承租人享有优先购买权。若抵押权人未在合理期限内通知承租人而出卖，则承租人可以主张优先购买权。因拍卖采取竞争方式，最有利于实现抵押财产的价值，所以，拍卖是最常见的、最适宜的抵押财产变价方式。以下我们主要阐述抵押财产拍卖的有关问题。

（一）拍卖的程序

《拍卖法》第3条规定："拍卖是指以公开竞价的形式，将特定物品或者财产权利转让给最高应价者的买卖方式。"依此规定，抵押财产拍卖即是以公开竞价的形式，将抵押财产转让给最高应价者的买卖。但抵押财产的拍卖不同于其他财物的拍卖，它是实现抵押权的方式。因此，抵押财产拍卖应从何时开始，是一个值得讨论的问题。依《担保法》规定，抵押财产的拍卖，既可以是抵押权人与抵押人协商决定的，也可以是抵押权人请求法院进行的。我们认为，抵押权人为实现抵押权向抵押人提出拍卖要求，经抵押人同意的，即可进入拍卖程序。此时可

① 也有学者认为，流质契约可以简化抵押权的实现程序，节省交易成本，在现代社会不应一律禁止流质契约。这种观点是有一定道理的。如果当事人有此约定，又没有损害其他债权人的利益，法律确实没有多加干预的必要。

由当事人自己拍卖，也可委托拍卖公司拍卖。在抵押权人与抵押人不能就抵押权的实现达成协议，抵押权人请求法院拍卖抵押财产时，法院经受理决定执行时，则应进入拍卖程序，由法院委托拍卖。由抵押权人与抵押人商定的拍卖属于任意拍卖，由法院执行的拍卖应为强制拍卖。不论拍卖为何种性质的，拍卖均发生私法上的效果。经拍卖后，抵押财产的所有权将发生转移，抵押权人只能从拍卖所得价款中优先受偿。

依《拍卖法》规定，拍卖应经以下程序：首先由拍卖人发出拍卖公告。拍卖公告中应载明拍卖的时间、地点、拍卖标的、参与竞买应办理的手续等内容，但拍卖公告一般仅具有要约邀请的性质。其次是拍买人参与竞价购买。竞买人报价的性质为要约，每一个竞买人提出的报价在他人提出更优条件时即失去效力。最后是拍定，竞买人的最高价经拍卖师落锤或者经其他公开表示买定的方式确认。拍卖师拍定的意思表示为承诺。拍定后，拍卖成交。拍卖成交后，买受人与拍卖人应当签署成交确认书。拍卖的抵押财产需要依法办理证照变更、产权过户手续的，委托人、买受人应当持拍卖人出具的成交证明和有关材料，向有关登记管理机关办理手续。

（二）拍卖对于买受人的效力

拍卖对于买受人的效力主要表现为以下两个方面：

1. 由买受人取得拍卖标的物的所有权

买受人自何时起取得拍卖标的物的所有权呢？对此，各国法上有不同规定。有的规定自拍定时起买受人取得拍卖标的物的权利，也有的规定自拍定时起买受人取得拍卖标的物权利转移的请求权。在我国，《拍卖法》上仅规定拍定即拍定成交后应当签署成交确认书。我们认为，成交确认书也就是买卖合同。因此，拍定仅意味着合同成立，并不意味着拍卖的抵押财产的所有权即归买受人。《物权法》第 9 条规定："不动产物权的设立、变更、转让和消灭，经依法登记，发生效力；未经登记，不发生效力，但法律另有规定的除外。"第 23 条规定："动产物权的设立和转让，自交付时发生效力，但法律另有规定的除外。"《合同法》第 133 条规定："标的物的所有权自标的物交付时起转移，但法律另有规定或者当事人另有约定的除外。"依上述规定，除法律另有规定外，拍卖的抵押财产为动产的，买受人取得拍卖标的物所有权的时间为该财产交付的时间；拍卖的抵押财产为不动产的，买受人自办完过户登记时取得该财产所有权。于签署成交确认书后买受人应按照约定支付价款，未按照约定支付价款的，应当负违约责任。买受人的违约行为构成合同解除条件的，拍卖人可以解除合同，另行拍卖标的物。再行拍卖的价款低于原拍卖价款的，原买受人应当补足差额。

2. 买受人负担拍卖的抵押财产上原有的抵押权不能对抗的权利负担

买受人取得拍卖的抵押财产所有权的，是否同时应当负担抵押财产上原来的不受抵押权影响的租赁权、用益物权等其他权利呢？《物权法》第 190 条中规定："订立抵押合同前抵押财产已出租的，原租赁关系不受该抵押权的影响。"依此规定，抵押权不能对抗已成立的租赁权。《担保法解释》第 65 条规定："抵押人将已出租的财产抵押的，抵押权实现后，租赁合同在有效期内对抵押物的受让人继续有效。"依此规定，不论是以抵押财产折价，还是拍卖、变卖抵押财产，取得抵押财产所有权的受让人均应承受抵押财产上原有的租赁权负担。拍卖的买受人承受租赁权负担的条件为：(1) 租赁合同有效成立于抵押合同订立之前；(2) 于拍卖时租赁合同期限未届满。抵押财产于订立抵押合同前已被出租，于抵押权实现时租赁合同仍有效的，抵押财产上也就存在权利瑕疵。于拍卖时，拍卖人应当说明拍卖标的的瑕疵，拍卖人、委托人未说明抵押财产上存在租赁权瑕疵的，买受人因承受该负担而受到损害的，有权向拍卖人要求赔偿；属于委托人责任的，拍卖人有权向委托人追偿。

《担保法》《物权法》上未明确规定抵押财产上存有用益物权的，于抵押权实现时用益物权是否仍有效。这应当属于法律上的漏洞。依物权法的一般原理，成立在先的物权的效力优于成立在后的物权。因此，于抵押权设立时，抵押财产上已存在用益物权的，抵押权不能对抗用益物权，于抵押权实现时，该用益物权对于抵押财产的受让人继续有效。当然，因此而给抵押物买受人造成损害的，买受人也有权要求赔偿。

《物权法》第 201 条规定："依照本法第一百八十条第一款第三项规定的土地承包经营权抵押的，或者依照本法第一百八十三条规定以乡镇、村企业的厂房等建筑物占用范围内的建设用地使用权一并抵押的，实现抵押权后，未经法定程序，不得改变土地所有权的性质和土地用途。"依此规定，买受人于取得该抵押财产后，在未经法定程序变更前，不得改变土地的性质和用途。因此，如果拍卖标的有此种限制的，拍卖人应予以说明，否则也应承担瑕疵担保责任。但买受人不能违反法律的禁止性规定，因此于取得拍卖标的后只能承受该种负担。

（三）拍卖对于抵押权人的效力

拍卖对于抵押权人的效力主要有以下方面：

1. 拍卖标的物的扩张

拍卖标的物的扩张是指抵押权人将不列入抵押权效力范围内的财产一并拍卖。

《物权法》第 200 条规定："建设用地使用权抵押后，该土地上新增的建筑物不属于抵押财产。该建设用地使用权实现抵押权时，应当将该土地上新增的建筑物与建设用地使用权一并处分，但新增建筑物所得的价款，抵押权人无权优先受偿。"因为建设用地使用权抵押权设立后，该土地上新增的建筑物不属于从物，不能为抵押权的效力所及，实现抵押权时本不应将该新增的建筑物与建设用地使用权一并处分（或折价，或拍卖、变卖），但因建筑物又不能与土地相分离，若不将新增的建筑物与建设用地使用权一并处分，则会影响抵押财产的价格，发生土地上用益物权主体与建筑物所有权主体相异；若拆除新增的建筑物又会导致社会财富的浪费。因此，为平衡各方的利益，避免权利冲突，法律规定于实现抵押权时抵押权人应将新增的建筑物一并处分，但抵押权人不能从处分新增建筑物所得的价款中优先受偿。依此规定，抵押权人应当扩张处分的建筑须具备以下条件：（1）须为在已设立抵押的建设用地使用权上的土地新增加的建筑物。建设用地使用权抵押，既包括因建筑物抵押而建设用地使用权一并抵押，也包括因建设用地使用权抵押而地上建筑物一并抵押。因此，在建设用地使用权抵押前已存在于该地上的建筑物，当然地视为一并抵押，则在抵押权的效力范围之内。（2）须新增的建筑物为合法建造的。只有合法建造的建筑物，建造人才能取得新增建筑的所有权。违法、违章建筑不能取得所有权，也不能处分，于拍卖抵押财产时未取得合法手续的，建造人应予以拆除。需要说明的是，《担保法》原规定，抵押权人可以将新增的建筑物一同拍卖，这就要求须有拍卖的必要，即只有一同处分新增的建筑物才不至于损害抵押权人利益的情形下，抵押权人才可一并处分新增建筑物。但《物权法》中规定，抵押权人应当将新增的建筑物一并处分，因此，不论一并处分新增的建筑物是否损害抵押权人的利益，抵押权人均应将地上新增的建筑物与建设用地使用权一并处分。

2. 以拍卖价金优先受偿

拍卖对于抵押权人的主要效力是抵押权人直接从拍卖价金中优先受偿其债权，但在优先受偿上应当注意以下三点：

第一，拍卖所得价款须先清偿拍卖费用，然后由抵押权人受偿其债权，且抵押权人只能从拍卖价金中优先受偿受抵押权担保的债权额。若当事人就其担保的债权额没有另外的约定，则抵押权人得就其全部债权从拍卖所得中受偿；若当事人明确约定了担保的范围，则抵押权人只能就所担保的债权额优先受偿。

第二，抵押权人只能就拍卖抵押财产应得的价款优先受偿。如上所述，在拍卖标的物扩张的情形下，抵押权人就扩张部分所得的价款无优先受偿的权利。

第三，抵押财产上存有数个抵押权的，抵押权人按其顺序受偿。后顺序抵押权所担保的债权先到期的，抵押权人可以实现抵押权，但在以拍卖所得清偿抵押权实现费用后，抵押权人只有将前顺序的抵押权所担保的债权额扣除后，才能就其余额受偿其受抵押权担保的债权。

（四）拍卖对于抵押人的效力

拍卖对于抵押人的效力主要表现在以下两个方面：

1. 抵押人对于抵押财产的所有权消灭

抵押权实现为对抵押财产的处分行为。抵押财产一经拍卖，即由买受人取得抵押财产的所有权，抵押人对于抵押财产的所有权即归于消灭。这是拍卖对于抵押人的一般效力。也就是说，不论抵押人为债务人还是债务人以外的第三人，其对抵押财产享有的所有权均因拍卖而消灭。如果抵押人参与竞买并买得抵押财产，则抵押人也是以买受人的身份取得该抵押财产的所有权，并非保留其原所有权。于此情形下，抵押人因拍卖而使其所有权消灭，又因其为买受人取得该财产的所有权。

2. 代位求偿权发生

在抵押人为第三人即物上保证人时，抵押权实现时，因其失去对抵押财产的权利，同时产生其对债务人的代位求偿权。代位求偿权的发生为抵押权实现对于抵押人的特殊效力，并非对于任何抵押人都会发生。代位求偿权的成立须具备以下条件：(1) 抵押人为物上保证人。物上保证人是以其特定财产为他人承担责任的第三人，其所承担的为物上责任。(2) 物上保证人为债务人清偿债务。在抵押权实现时，抵押权人以抵押财产的价值就其所担保的债权优先受偿，这实际上也就是物上保证人以自己的财产为债务人清偿了债务，而该债务本为债务人应清偿的，因此，于抵押权人实现抵押权时，物上保证人即取得代位求偿权，得就其为债务人清偿的债务额代债权人之位向债务人追偿。不仅于抵押权实现时，物上保证人可取得代位求偿权，即使在债务人不履行债务时，物上保证人为债务人清偿债务以使抵押财产不被处分的，也取得代位求偿权。

（五）拍卖对于抵押财产的第三取得人的效力

抵押财产的第三取得人是指于抵押权设立后取得抵押财产的人。因为抵押权为物权，具有对抗第三人的优先效力。所以，于抵押权设立后取得抵押财产的人的权利不能对抗抵押权。但这仅意味着抵押权有追及效力，抵押权人得追及抵押财产的所在实现抵押权，并不意味着对于第三取得人的利益可完全不予考虑。《物权法》第 191 条规定："抵押期间，抵押人经抵押权人同意转让抵押财产的，应当将转让所得的价款向抵押权人提前清偿债务或者提存。转让的价款超过债权数额的部分归抵押人所有，不足部分由债务人清偿。抵押期间，抵押人未经抵押权人同意，不得转让抵押财产，但受让人代为清偿债务消灭抵押权的除外。"依此规定，在经抵押权人同意而转让抵押财产的情况下，抵押权只能存在于转让抵押财产所得的价款上，抵押权人不能拍卖抵押财产，也不发生对于第三取得人的拍卖效力问题。在抵押人未经抵押权人同意转让抵押财产的情形下，抵押权人仍可就抵押财产实现抵押权，但受让人代替债务人清偿全部债务使抵押权消灭的，抵押权人不能就该财产行使抵押权。因此，抵押期间抵押财产的转让未经抵押权人同意的，于抵押权实现时只有在取得抵押财产的受让人未代债务人清偿全部债务使抵押权消灭的情形下，抵押权人才可拍卖抵押财产；抵押财产的受让人代债务人清偿债务使抵押权消灭的，抵押权人就不能行使抵押权。在受让人代债务人清偿债务时，抵押权人不得拒绝，否则构成权利滥用。但是，未经登记的抵押权不具有对抗善意第三人的效力，因此，抵押人转让抵押财产的，善意受让人取得所有权是无瑕疵的，抵押权人不能就该抵押财产行使抵押权，抵押权人因此而受到的损失，只能由抵押人承担赔偿责任。

第七节　抵押权的消灭

抵押权的消灭即抵押权不复存在，不仅抵押权人不再享有抵押权，并且其他人也不能取得该抵押权。抵押权的消灭，同样须有一定的法律事实。引起抵押权消灭的法律事实又称为抵押权消灭的原因或根据，主要有以下几种：

一、主债权消灭

主债权消灭，作为担保主债权担保物权的抵押权也消灭。这是因为，担保物权为从属于主债权的从权利，按照“从随主”原则，主权利消灭的，从权利也消灭。因此，在主债权因债务人清偿、抵销、免除等原因而完全绝对消灭时，抵押权也就消灭。但在以下情形下，抵押权并不消灭：

1. 主债权部分消灭

受抵押权担保的主债权，不论基于何种原因仅部分消灭的，抵押权不消灭。因为抵押权具有不可分性，主债权部分消灭的，抵押权的全部仍担保未消灭的部分债权。《担保法解释》第71条第1款规定：“主债权未受全部清偿的，抵押权人可以就抵押物的全部行使其抵押权。”

2. 主债权因第三人的清偿而消灭

第三人代债务人清偿债务的，主债权消灭，但抵押权不能随之消灭。因为于此情形下第三人取得代位求偿权，为保证第三人求偿权的实现，该第三人得代债权人之位行使抵押权。

3. 债权转让

债权人将其债权转让给第三人的，债权主体发生变更。从转让人方面说，为债权消灭；从受让人方面说，为债权取得。在债权主体变更时，仅发生债权的相对消灭。《合同法》第81条规定：“债权人转让权利的，受让人取得与债权有关的从权利，但该从权利专属于债权人自身的除外。”抵押权并不属于专属于债权人的从权利，因此在债权转让时，抵押权也随之转让给受让人，于此情形下，抵押权当然也不能消灭。《物权法》第192条中规定：“债权转让的，担保该债权的抵押权一并转让，但法律另有规定或者当事人另有约定的除外。”依《担保法解释》第72条第1款规定，“主债权被分割或者部分转让的，各债权人可以就其享有的债权份额行使抵押权”。

二、抵押人为物上保证人的，主债务转移

主债务转移，即债务人将其债务转让给第三人承受。债务转移生效后，受让人承担受让的债务即为债务承担人，原债务人的债务消灭，债权并不消灭。在一般情形下，债务转移并不导致抵押权的消灭。但是，在抵押人为物上保证人时，因抵押人是基于特定债务人的信用，基于与特定债务人之间的关系而提供抵押担保的，一旦债务转移，抵押人提供抵押担保的基础关系也就不存在，因此抵押权也不应存在，除非抵押人同意债务转移，也就是同意为债务承担人提供抵押担保。况且，依《合同法》第 84 条规定，“债务人将合同义务全部或者部分转移给第三人的，应当经债权人同意”。未经债权人同意，债务转移不发生效力。债权人同意债务人转移债务，也就自愿承担了债务承担人不能清偿的风险。《物权法》第 175 条规定：“第三人提供担保，未经其书面同意，债权人允许债务人转移全部或者部分债务的，担保人不再承担相应的担保责任。”依此，在抵押人为物上保证人时，无论主债务全部转移还是部分转移，只要未经抵押人书面同意继续担保的，抵押人相应的担保责任就消灭。《担保法解释》第 72 条第 2 款中规定：“主债务被分割或者部分转让的，抵押人仍以其抵押物担保数个债务人履行债务。但是，第三人提供抵押的，债权人许可债务人转让债务未经抵押人书面同意的，抵押人对未经其同意转让的债务，不再承担担保责任。”抵押人不承担担保责任，从抵押权人角度说，也就是抵押权消灭。

三、抵押财产灭失

抵押权为物权，物权的客体灭失为物权消灭的原因，因此，在抵押财产即抵押权的标的毁损灭失时，抵押权则因客体消灭而消灭。但如前所述，抵押权具有物上代位性，抵押财产虽灭失，但其有代位物的，抵押权存在于代位物上而不消灭。

四、抵押人为物上保证人的，债权人放弃债务人提供的物的担保或者免除保证人的保证责任

《物权法》第 194 条第 2 款规定：“债务人以自己的财产设定抵押，抵押权人放弃该抵押权、抵押权顺位或者变更抵押权的，其他担保人在抵押权人丧失优先受偿权益的范围内免除担保责任，但其他担保人承诺仍然提供担保的除外。”《担保法解释》第 123 条规定：“同一债权上数个担保物权并存时，债权人放弃债务人提供的物的担保的，其他担保人在其放弃权利的范围内减轻或者免除担保责任。”依此规定，在具备下列条件时，抵押权也会消灭：（1）抵押人为物上保证人；（2）债务人提供的物的担保与抵押人提供的抵押担保担保同一债权；（3）债权人放弃债务人提供的物的担保；（4）其他担保人未承诺仍然提供担保。但于此情形下，抵押权并非完全消灭，物上保证人的担保责任只能于债权人放弃的优先受偿权益的范围内消灭。

《物权法》第 176 条规定：“被担保的债权既有物的担保又有人的担保的，债务人不履行到期债务或者发生当事人约定的实现担保物权的情形，债权人应当按照约定实现债权；没有约定或者约定不明确，债务人自己提供物的担保的，债权人应当先就该物的担保实现债权；第三人

提供物的担保的，债权人可以就物的担保实现债权，也可以要求保证人承担保证责任。提供担保的第三人承担担保责任后，有权向债务人追偿。”《担保法解释》第 38 条第 1 款规定：“同一债权既有保证又有第三人提供物的担保的，债权人可以请求保证人或者物的担保人承担担保责任。当事人对保证担保的范围或者物的担保的范围没有约定或者约定不明的，承担了担保责任的担保人，可以向债务人追偿，也可以要求其他担保人清偿其应当分担的份额。”因此，若抵押人为物上保证人的，债权人免除同一债权的保证人的保证责任时，则抵押人的担保责任于保证人应当分担的份额内消灭，亦即物上保证人设立的抵押权于此限度内消灭。

五、抵押权实现

抵押权实现，抵押权设立的目的即达成，抵押权当然消灭，不论抵押权人所担保的债权是否全部受偿。

第八节　特别抵押权

特别抵押权是相对于一般抵押权而言的，是指法律有特别规定的具有特殊性的抵押权。因此，基于各国法上对于一般抵押权的规定不同，特别抵押权的种类也就不同。例如，一般抵押权限于以不动产为标的的，动产抵押权、权利抵押权即为特别抵押权。又如，若一般抵押权限于以登记为成立要件的，则不以登记为成立要件的抵押权也就为特别抵押权。总之，抵押权是否为特殊的，可以从主体、客体、成立要件、内容和效力等各方面判断。尽管《物权法》仅在第十六章第二节规定了最高额抵押权，而其他情形都规定在第一节“一般抵押权”中，但特别抵押权绝不限于最高额抵押权。考虑到我国担保法上并未特别区分不动产抵押权、动产抵押权与权利抵押权，我们也就不将动产抵押权、权利抵押权作为特别抵押权专门介绍。本节主要说明共同抵押权、所有人抵押权、最高额抵押权以及动产浮动抵押权等特别抵押权。

一、共同抵押权

（一）共同抵押权的含义和特点

共同抵押权是指为担保同一债权，于数个不同财产上设立一个抵押权。因为在一般情形下，抵押人是将一个财产用于抵押，于该财产上设立一个抵押权担保债权，而共同抵押权却是在数个财产上设立一个抵押权担保同一债权的，因此，共同抵押权属于特别抵押权。

共同抵押权的特殊性就在于抵押权的标的为数个财产，且各个财产是独立的，而非集合在一起为抵押权的一个标的。由于共同抵押权的标的为数个，各个财产均以其价值共同担保着同一债权，抵押权人可以就各个抵押财产实现其抵押权。因此，用于共同抵押的数个财产之间也就有着连带关系，学者称此种关系为物上的连带。

《担保法解释》第 75 条规定确认了共同抵押权，但该条中仅讲到同一债权有两个以上抵押人的情形。我们认为，共同抵押权的特殊性在于抵押权的标的为数个财产，抵押人则可以是一个人，也可以是不同的人。因为即使抵押人为同一人，该人以数个独立的财产设立一个抵押权时，也会发生各个抵押财产的物上连带责任，如何行使共同抵押权对于抵押人的其他债权人也有意义。例如，甲将房屋、汽车为乙设立一个共同抵押权，其后甲又为丙在该房屋上设立一个抵押权。若乙先就房屋行使抵押权受偿其全部债权，就会影响到丙的抵押权的行使。

（二）共同抵押权的特殊效力

共同抵押权效力上的特殊性，主要表现在抵押权人应如何就各个抵押财产行使抵押权上。

共同抵押权由当事人自愿设立。当事人在设立抵押权时可以就各个抵押财产所负担的担保额作出特别约定。若当事人有此特别约定，则应依其约定。于此情形下，各个抵押财产分别依其价值按照其应负担的担保额担保债权的相应数额，抵押权人在实现抵押权时应就各个抵押财产所负担的金额优先受偿。例如，甲以其房屋、汽车为乙的一项100万元的债权设立抵押，甲与乙约定房屋的价值担保80万元，汽车的价值担保20万元，乙实现抵押权时，即使房屋的变价为90万元，其也只能从其中优先受偿80万元。此种情形虽也为共同抵押，但各个抵押财产间实质上并无物上的连带关系，各个财产对同一债权以其价值分别负担责任，有学者称此为分别共同抵押。这与同一债权由数个抵押权担保并无多大差异。因此，共同抵押的特殊效力主要非指此，而是指当事人就各个财产所担保的债权额并无特别约定的情形。

共同抵押权的当事人未特别约定各个财产所负担的担保金额时，每个抵押财产的价值都担保着全部债权，抵押权人实现抵押权时得就其中的一个或几个抵押财产的价值优先受偿其债权，此种情形下的共同抵押的各个抵押财产才发生真正的物上的连带关系。学者称此种情形的共同抵押为连带共同抵押。《担保法解释》第75条第2款规定："同一债权有两个以上抵押人的，当事人对其提供的抵押财产所担保的债权份额或者顺序没有约定或者约定不明的，抵押权人可以就其中任一或者各个财产行使抵押权。"在连带共同抵押中，抵押权人虽可以选择就某一抵押的财产行使抵押权，但各个抵押财产却是共同担保着同一债权的，各个抵押财产应当按照其价值比例分担担保的债权。所以，抵押权人若仅就共同抵押中的某抵押财产行使抵押权而受偿其被担保的债权的，承担担保责任的人可以向其他人追偿。对此，《担保法解释》第75条第3款规定："抵押人承担担保责任后，可以向债务人追偿，也可以要求其他抵押人清偿其应当承担的份额。"抵押权人放弃某抵押财产的担保责任的，其放弃的效力也及于其他抵押财产。例如，甲以房屋、乙以汽车为债务人丙向债权人丁设立共同抵押权。若丁放弃就甲的房屋行使抵押权，则丁就乙的汽车行使抵押权时，也只能依房屋与汽车的价值比例就乙的汽车应分担的债权额受偿其债权，丁不能就其全部被担保的债权额从乙的汽车的价值中优先受偿。依《担保法解释》第75条第1款规定，"同一债权有两个以上抵押人的，债权人放弃债务人提供的抵押担保的，其他抵押人可以请求人民法院减轻或者免除其应当承担的担保责任"。这是指债务人提供抵押与物上保证人提供的抵押并存时，物上保证人得要求抵押权人先就债务人提供的抵押财产实现抵押权，这与上述情形不同。之所以如此规定，是因为债务人须最终承担清偿责任。

例题27 甲向乙借款20万元，甲的朋友丙、丁二人先后以自己的轿车为乙的债权设定抵押担保并依法办理了抵押登记，但都未与乙约定所担保的债权份额及顺序，两辆轿车价值均为15万元。若甲到期未履行债务，下列哪些表述是正确的？（2003年司法考试题）

A. 乙应先就丙的轿车行使抵押权，再就丁的轿车行使抵押权弥补不足

B. 乙应同时就两辆轿车行使抵押权，各实现50%债权

C. 乙可以就任一轿车行使抵押权，再就另一轿车行使抵押权弥补不足

D. 乙可同时就两辆轿车行使抵押权，各实现任意比例债权

解析：本题的考点是共同抵押权的效力。依《担保法解释》规定，在共同抵押中，如果当事人对其提供的抵押财产所担保的债权份额或者顺序没有约定或者约定不明的，抵押权人可以就其中的任一或者各个财产行使抵押权。因此，答案应为C、D项。

例题28 甲公司以其机器设备为乙公司设立了质权。10日后，丙公司向银行贷款100万元，甲公司将机器设备又抵押给银行，担保其中40万元贷款，但未办理抵押登记。同时，丙公司将自有房产抵押给银行，担保其余60万元贷款，办理了抵押登记。20日后，甲将机器设备再抵押给丁公司，办理了抵押登记。丙公司届期不能清偿银行贷款。下列哪一表述是正确的？（2013年司法考试题）

A. 如银行主张全部债权，应先拍卖房产实现抵押权

B. 如银行主张全部债权，可选择拍卖房产或者机器设备实现抵押权

C. 乙公司的质权优先于银行对机器设备的抵押权

D. 丁公司对机器设备的抵押权优先于乙公司的质权

解析：本题的考点是担保物权的竞合、共同抵押，司法考试中心公布的答案为C项。甲公司在其机器设备上先后设立了三个担保物权：乙公司的质权、银行的抵押权、丁公司的抵押权，产生了担保物权的竞合。丁公司的抵押权办理了抵押登记，银行的抵押权没有办理抵押登记，故丁公司的抵押权优先于银行的抵押权，乙公司的质权优先于银行的抵押权。那么，丁公司的抵押权是否优先于乙公司的质权呢？回答应当是肯定的。依《担保法解释》第79条的规定，同一动产上抵押权与质权竞合的情况下，只有法定登记的抵押权才优先于质权，而质权应优先于未登记的抵押权。可见，D项也是正确的。丙公司向银行贷款100万元，甲公司将机器设备抵押给银行，担保其中的40万元，丙公司将自有房产抵押给银行，担保其余的60万元，这产生了共同抵押。该共同抵押明确了各个抵押财产所担保的份额，但没有约定顺序。因此，银行可以任意实现对甲公司的机器设备抵押权和对丙公司的房产抵押权，而不必先拍卖丙公司的房产。但两个抵押物中的任何一个都不足以清偿全部债权，银行若主张全部债权，则须拍卖两个抵押物，而不是选择其一。

例题29 甲公司向乙银行借款100万元，丙、丁以各自房产分别向乙银行设定抵押，戊、己分别向乙银行出具承担全部责任的担保函，承担保证责任。下列哪些表述是正确的？（2012年司法考试题）

A. 乙银行可以就丙或者丁的房产行使抵押权

B. 丙承担担保责任后，可向甲公司追偿，也可要求丁清偿其应承担的份额

C. 乙银行可以要求戊或者己承担全部保证责任

D. 戊承担保证责任后，可向甲公司追偿，也可要求己清偿其应承担的份额

解析：本题的考点是共同抵押与共同保证的关系。丙、丁以各自的房产分别向乙银行设定抵押，这构成了共同抵押。因当事人并未约定两个抵押房产所担保的债权份额，故产生连带共同抵押。戊、己分别向乙银行出具承担全部责任的担保函，构成连带共同保证。在连带共同抵押中，债权人可以就任一抵押财产行使抵押权。抵押人承担担保责任后，可以向债务人追偿，也可以要求其他抵押人清偿其应当承担的份额。在连带共同保证中，债权人可以要求任何一个保证人承担全部保证责任。保证人承担保证责任后，应首先向债务人追偿。对于向债务人不能追偿的部分，应由各连带保证人按其内部约定的比例分担；没有约定比例的，各保证人平均分担。因此，答案为A、B、C项。

例题 30 甲对乙享有债权 500 万元，先后在丙和丁的房屋上设定了抵押权，均办理了登记，且均未限定抵押物的担保金额。其后，甲将其中 200 万元债权转让给戊，并通知了乙。乙到期清偿了对甲的 300 万元债务，但未能清偿对戊的 200 万元债务。对此，下列哪些选项是错误的？（2016 年司法考试题）

A. 戊可同时就丙和丁的房屋行使抵押权，但对每个房屋价款优先受偿权的金额不得超过 100 万元

B. 戊可同时就丙和丁的房屋行使抵押权，对每个房屋价款优先受偿权的金额依房屋价值的比例确定

C. 戊必须先后就丙和丁的房屋行使抵押权，对每个房屋价款优先受偿权的金额由戊自主决定

D. 戊只能在丙的房屋价款不足以使其债权得到全部清偿时就丁的房屋行使抵押权

解析：本题的考点是主要是共同抵押、抵押权转让。甲对乙享有 500 万元债权，丙、丁以其房屋设定抵押并办理了登记，且没有限定抵押物的担保金额，因此，该抵押为连带共同抵押。按照抵押权的从属性，抵押权可以随主债权的转让而转让；主债权部分转让的，债权人可以就其享有的债权额行使抵押权。因此，戊因受让 200 万债权而有权行使权。但在连带共同抵押中，抵押权人可以就其中任一或者各个抵押物行使抵押权，不受抵押权设定先后的限制，也不受各抵押物价值比例的限制。因此，答案应为 A、B、C、D 项。

二、所有人抵押权

（一）所有人抵押权的含义和特点

所有人抵押权是指在自己所有的财产上存在自己的抵押权。因为抵押权原则上是在债务人或者第三人的财产上设立的，也就是说是以他人的财产来担保自己债权实现的，所以，抵押权一般应存在于他人财产之上，为他物权，而不能存在于自己的财产上。如此一来，在自己财产上存在的自己享有的所有人抵押权也就为特别抵押权。

所有人抵押权依其发生的原因可分为原始的所有人抵押权和后发生的所有人抵押权。原始的所有人抵押权是指由所有人为自己在自己的财物上设立的抵押权，该抵押权因自始就归所有人自己享有，所以又称为设立的所有人抵押权。后发生的所有人抵押权是指原为他人设立的抵押权，其后基于法定的原因为所有人取得的抵押权。后发生的所有人抵押权是基于法定原因发生的，因此又称为法定的所有人抵押权。

关于所有人抵押权，各国立法规定不一。一般说来，认可流通抵押权的国家和地区不仅承认后发生的所有人抵押权，也承认原始的所有人抵押权；而在规定抵押权为保全抵押权的国家和地区，则不承认原始的所有人抵押权。我国现行法上不承认原始的所有人抵押权。《担保法解释》第 77 条规定："同一财产向两个以上债权人抵押的，顺序在先的抵押权与该财产的所有权归属一人时，该财产的所有权人可以以其抵押权对抗顺序在后的抵押权。"依此规定，在同一财产上有数个抵押权时，先顺序抵押权与所有权混同的，抵押权不消灭，所有人即享有抵押权。这也就认可了后发生的所有人抵押权。

从后发生的所有人抵押权来说，该制度的意义在于保护特殊情形下的所有权人的利益。因为在抵押权与所有权发生混同时，若不承认所有人抵押权，则抵押权消灭，而后顺序抵押权升

进，这样所有人因清偿债务失去了抵押财产上的担保利益，而后顺序抵押权人反而因所有人的清偿而受利益。若承认所有人抵押权，则抵押权与所有权混同时，抵押权不消灭而归所有人。这样对所有人的利益可给予充分的保护，也不会损害后顺序抵押权人的利益。因此，所有人抵押权实质上是承认所有人得享有自己财产上原存在的先顺序抵押权利益，而排除后顺序抵押权人取得该利益。

依《担保法解释》第 77 条规定，只有在具备以下条件时才会发生所有人抵押权：（1）所有权与抵押权发生混同，即同一财产上的抵押权与所有权归属于同一人；（2）同一财产上有数个不同顺序的抵押权；（3）发生混同的抵押权为先顺序抵押权。若后顺序抵押权发生混同，则不发生所有人抵押权。

（二）所有人抵押权的效力

所有人抵押权依所有人是否保有债权，分为保有债权的所有人抵押权和不保有债权的所有人抵押权，二者的效力有所不同。

1. 保有债权的所有人抵押权的效力

发生保有债权的所有人抵押权时，所有人不仅享有抵押权，并且享有为抵押权所担保的债权。例如，甲以其房屋为丙设立一个第一顺序抵押权，以担保债务人乙的债务。其后丙将债权转让给甲，抵押权随之转让给甲，抵押权与所有权混同，甲即取得保有债权的所有人抵押权。又如，债务人乙为担保其债务履行以自己的房屋为丁设立一个第一顺序的房屋抵押权，其后乙将该房屋转让给丁，发生所有权与抵押权的混同，丁取得保有债权的所有人抵押权。保有债权的所有人抵押权的特殊效力主要表现在以下方面：（1）在抵押权的实现上，由于保有债权的所有人抵押权人虽有债权，但抵押财产为自己之物，因而，其不得主动实现抵押权，即使债权已届清偿期，也不能对自己的财产请求强制执行。但在后顺序抵押权人实现抵押权或者一般债权人申请法院对其有抵押权的财产强制执行时，保有债权的所有人得依抵押权登记就抵押财产变卖的价值优先受偿其债权。（2）在所有人破产时，抵押权有别除权，因此，保有债权的所有人抵押权人在其破产时，可以主张所有人抵押权的抵押财产的别除权，该财产不能列入破产财产。（3）在抵押权的处分上，保有债权的所有人抵押权人可以将其债权与抵押权一并让与他人或者为他人设立担保，也可以为后顺序的抵押权人让与或抛弃其顺位，但所有人处分其抵押财产时，若当事人无特别的约定，抵押权消灭，受让人仅能取得所有权而不能同时取得抵押权。

2. 不保有债权的所有人抵押权的效力

发生不保有债权的所有人抵押权时，所有人仅享有抵押权，而不享有抵押权所担保的债权。例如，甲以其房屋为乙设立抵押权担保其债务履行，其后，甲又在该房屋上为丙设立抵押权，现乙将其债权转让给甲，债权与债务混同，抵押权与所有权混同，于此情形下成立不保有债权的所有人抵押权，甲取得自己房屋上的抵押权，但债权不存在。不保有债权的所有人抵押权，因所有人仅有抵押权，而无所担保的债权，所以，其也就不能实现抵押权，在后顺序抵押权实现时也不发生优先受偿，在破产时也不能主张抵押财产的别除权，也不会发生抵押权随债权为他人设立担保问题。但不保有债权而保有抵押权的所有人，于其抵押权存续期间，在后顺序抵押权实现之前，可以利用其抵押权负担新债务，即以其抵押权的范围和顺序为他人设立抵押权。

三、最高额抵押权

（一）最高额抵押权的含义和特点

最高额抵押权又称最高限额抵押权，是指为担保属于一定范围内的基于继续的法律关系将来可发生的债权，当事人约定于预定的应担保的最高数额内，以抵押财产担保债权的抵押权。《物权法》对于最高额抵押权设专节规定，该法第203条规定："为担保债务的履行，债务人或者第三人对一定期间内将要连续发生的债权提供担保财产的，债务人不履行到期债务或者发生当事人约定的实现抵押权的情形，抵押权人有权在最高债权额限度内就该担保财产优先受偿。最高额抵押权设立前已经存在的债权，经当事人同意，可以转入最高额抵押担保的债权范围。"

与一般抵押权相比，最高额抵押权主要有以下特殊性：

1. 相对独立性

如前所述，抵押权具有从属性，它随主债权的存在而存在，随主债权的转移而转移，随主债权的消灭而消灭。但最高额抵押权是担保将来债权的，且此种债权是不确定的，因此，不仅在抵押权设立时被担保的债权尚未发生且其后是否发生并不必确定，就是在抵押期间某已发生的债权消灭的，抵押权也不消灭。依《物权法》第204条规定，最高额抵押担保的债权确定前，部分债权转让的，除当事人另有约定外，最高额抵押权不得转让。

2. 所担保的债权的不确定性

抵押权具有特定性，这要求不仅抵押财产要特定，并且抵押所担保的债权也要特定。这种特定一般是于抵押权设立时就明确的。但最高额抵押权所担保的债权并非是特定的债权，它不仅于抵押权设立时尚未存在，而且其发生与否以及发生的数额都是不确定的，它所担保的债权仅是特定时期内的特定额度内的债权。

3. 适用范围上的限定性

《担保法》第60条规定："借款合同可以附最高额抵押合同。债权人与债务人就某项商品在一定期间内连续发生交易而签订的合同，可以附最高额抵押合同。"依此规定，最高额抵押权适用于担保借款发生的债权或者就某项商品连续交易发生的债权。这是法律对于最高额抵押权适用范围上的限制。而一般抵押权的适用范围并无限制，它可以担保任何性质的债权，甚至已过诉讼时效的债权也可以设立抵押权担保。《物权法》虽未明确将最高额抵押权限定在此范围内，但也规定最高额抵押是"对一定期间内将要发生的债权提供财产担保"，因此，最高额抵押权只适用于担保基于一定的基础法律关系而连续发生的债权。

（二）最高额抵押权的效力

最高额抵押权在效力上的特殊性主要表现在以下方面：

1. 关于抵押权所担保的债权

如前所述，最高额抵押权所担保的债权并非特定的，只是将来发生的一定限额内的债权（包括经当事人同意而转入最高额抵押担保范围内的于抵押权设立前已经存在的债权）。但任何抵押权于实现时，其所担保的债权额必须确定，最高额抵押权也不能例外。最高额抵押权所担保的债权依两个方面确定：

一是决算期。决算期也就是债权确定期。最高额抵押权所担保的债权仅限于一定时期内发生的债权，若于该期限届满后发生的债权，则不能在最高额抵押权的担保范围内。因此，最高额抵押权设立时应明确抵押权所担保债权实际数额的确定日期。依《物权法》第 206 条规定，有下列情形之一的，抵押权人的债权确定：（1）约定的债权确定期间届满；（2）没有约定债权确定期间或者约定不明确，抵押权人或者抵押人自最高额抵押权设立之日起满 2 年后请求确定债权；（3）新的债权不可能发生；（4）抵押财产被查封、扣押；（5）债务人、抵押人被宣告破产或者被撤销；（6）法律规定债权确定的其他情形。发生上述事由之日，也就为债权确定之日。当事人约定债权确定期间的，该期间应为登记，也就是说约定的债权确定期间应以登记的为准。在债权确定期前所发生的债权均可在抵押权所担保的范围内，但在确定期后发生的债权则不在最高额抵押权所担保的范围内。

二是最高限额。在最高额抵押权所担保的债权决算期到来前，债权可以处于不断的变动之中，当事人可以随时消灭已发生的债权，也可以随时发生新的债权。当事人可以就已有的债权和基于同一基础关系将来可能发生的债权设立最高额抵押权，但无论如何当事人设立最高额抵押权时必须确定所担保的债权的最高限额。最高额抵押权所担保的债权仅限于在决算期存在的最高限额内的债权，超过最高限额的债权不在抵押权的担保范围内。《担保法解释》第 83 条第 2 款规定："抵押权人实现最高额抵押权时，如果实际发生的债权余额高于最高限额的，以最高限额为限，超过部分不具有优先受偿的效力；如果实际发生的债权余额低于最高限额的，以实际发生的债权余额为限对抵押物优先受偿。"这里规定的实际发生的债权余额是否包括利息等呢？我们认为，当事人若明确约定抵押权所担保的债权额依本额计算，则应依其约定。若当事人无明确约定，则在计算实际发生的债权余额时应将利息、违约金等也包括在内，但实现抵押权的费用不应包括，而应于抵押物的变价中先行扣除。

2. 关于最高额抵押合同约款的变更

《物权法》第 205 条规定："最高额抵押担保的债权确定前，抵押权人与抵押人可以通过协议变更债权确定的期间、债权范围以及最高债权额，但变更的内容不得对其他抵押权人产生不利影响。"《担保法解释》第 82 条规定："当事人对最高额抵押合同的最高限额、最高额抵押期间进行变更，以其变更对抗顺序在后的抵押权人的，人民法院不予支持。"依此规定，当事人对于最高额抵押合同中的约款可以变更，例如，可以增加或者减少约定的最高限额，可以延长或者缩短债权的确定期间（即决算期），也可以将最高额抵押权变更为普通抵押权，但不得以此对抗顺序在后的抵押权人。如果其变更的内容对其他抵押权人产生不利影响，则该约定对于其他抵押权人不发生效力。当然，就当事人来说，此种变更应为抵押权变更登记，若不经登记应不发生效力。

3. 关于最高额抵押权的转让

《物权法》第 204 条规定："最高额抵押担保的债权确定前，部分债权转让的，最高额抵押权不得转让，但当事人另有约定的除外。"依此规定，最高额抵押权担保的债权确定前，当事人有特别约定时，部分债权转让的，最高额抵押权可随之转让；最高额抵押担保的基础关系的债权全部转让的，最高额抵押权转让。最高额抵押权担保的债权确定后，最高额抵押权也就与一般抵押权无异，当然可随主债权的转让而转让。

4. 关于最高额抵押权的实现

最高额抵押权于决算期日即可特定，于此前已发生的存在的债权实际数额只要在最高限额内就为抵押权所担保。但于此时抵押权人并非就可实现抵押权，最高额抵押权的实现也须具备抵押权的实现条件。《担保法解释》第 83 条第 1 款规定："最高额抵押权所担保的不特定债权，在特定后，债权已届清偿期的，最高额抵押权人可以根据普通抵押权的规定行使其抵押权。”这也就是说，最高额抵押权特定后只有在债权已届清偿期，债务人未清偿时，最高额抵押权人才可以实现抵押权。但是，最高额抵押权所担保的债权并非一个债权，而是连续发生的若干债权，各个债权的清偿期并非相同。这里所说的债权已届清偿期是指各个债权均届清偿期，还是指一个债权届清偿期也可以呢？对此，法律规定并不明确。若按文义解释，只要债权已届清偿期（不论是哪一债权，也不论其他债权是否届清偿期），抵押权人就可行使抵押权，但这未必合适。例如，甲、银行乙为借款合同签订最高额抵押合同。当事人约定，担保最高限额为100万元，借款期限为2004年4月15日至2005年4月15日。其后至2005年4月15日当事人分别办理了两笔贷款。第一笔为2004年4月16日，贷款金额为50万元，期限为半年；第二笔为2004年8月2日，贷款金额为30万元，期限为1年。至2005年4月15日，债务人甲均未还。此时，最高额抵押所担保的债权额特定，第一笔贷款也已届清偿期，但第二笔贷款的清偿期未届至。银行乙可否实现最高额抵押权？若其实现抵押权，是仅就第一笔贷款先受偿还是均可受偿？若许可银行乙可就全部债权先受偿，则等于让债务人甲提前清偿。因此，我们认为，当事人就各债权约定清偿期的，应于各债权的清偿期均届满时实现抵押权，但清偿期先届满的债权的诉讼时效不能开始计算。若当事人未就各债权约定清偿期，则最高额抵押权所担保的债权特定后即为清偿期届满，抵押权人即可实现抵押权。

例题 31 2014年7月1日，甲公司、乙公司和张某签订了《个人最高额抵押协议》，张某将其房屋抵押给乙公司，担保甲公司在一周前所欠乙公司货款300万元，最高债权额400万元，并办理了最高额抵押登记，债权确定期间为2014年7月2日到2015年7月1日。债权确定期间内，甲公司因从乙公司分批次进货，又欠乙公司100万元。甲公司未还款。关于有抵押担保的债权额和抵押权期间，下列哪些选项是正确的？（2015年司法考试题）

A. 债权额为100万元　　B. 债权额为400万元

C. 抵押权期间为1年　　D. 抵押权期间为主债权诉讼时效期间

解析： 本题的考点主要是最高额抵押、抵押权期间。在最高额抵押中，抵押权设立前已经存在的债权，经当事人同意，可以转入最高额抵押担保的债权范围。本题中，当事人约定将最高额抵押设定之前的300万元的债务转入最高额抵押担保的债权范围，再加上最高额抵押设定后发生的100万元，因此，最高额抵押担保的债权额应为400万元。在抵押权中，抵押权人应当在主债权诉讼时效期间行使抵押权；未行使的，人民法院不予保护。据此，抵押权的实现期间为主债权的诉讼时效期间。因此，答案应为B、D项。

四、动产浮动抵押权

（一）动产浮动抵押权的含义和特点

《物权法》第181条规定：“经当事人书面协议，企业、个体工商户、农业生产经营者可以将现有的以及将有的生产设备、原材料、半成品、产品抵押，债务人不履行到期债务或者发生当事人约定的实现抵押权的情形，债权人有权就实现抵押权时的动产优先受偿。”依此规定，动产浮动抵押是指抵押人以其现有和将有的动产作为一集合财产设立抵押权，而浮动抵押权则是抵押权人于抵押权实现时可就此时抵押人存有的抵押财产优先受偿的权利。

从立法例上看，在企业财产整体上设立抵押权的情形有财团抵押与浮动抵押两种。财团抵押是指以现存的属于企业所有的全部财产整体作为一个财团为抵押权的标的设立的抵押权。作为财团抵押权标的的整体财产包括企业的不动产、动产，也可包括企业的无形资产，但不包括将来可以取得的财产，此种抵押又称为固定式财团抵押。在固定式财团抵押中，抵押权的标的于抵押权设立时就已确定，抵押权的效力及于抵押权设立时构成财团的各个物或权利。于抵押权成立后，抵押人虽可就作为抵押权标的的财团及其所属的构成部分进行处分，但其处分受到限制。抵押人不经抵押权人同意，原则上不得将属于财团的物件分离出，否则分离之物件仍受抵押权的拘束。同时，于企业经营中新增加的财产也不为财团的构成部分，若将该财产列入财团，则应作出抵押权变更登记，否则不能对抗第三人。

浮动抵押也称为浮动担保，是指以企业全部的财产作为抵押权标的设立的抵押权。作为浮动抵押权标的的财产是企业现在及将来的总体财产，既可以是企业现有的财产，也包括企业将来取得的财产，因此种抵押权的标的物的范围处于变动中，所以称为浮动式财团抵押。在浮动式财团抵押中，抵押权的标的于抵押权设立时并不特定，于抵押权设立后，用于抵押的财产仍处于不断变动之中，抵押人得就企业的财产予以自由处分，现有财产流出企业的不为抵押权效力所及，流入企业的财产也当然地在抵押权标的范围中。也就是说，于抵押权设立后财团构成物的变动对抵押权不发生影响，抵押权的标的不能固定下来。只有在下列两种情形下，抵押权的标的才能确定：一是抵押人合并或者破产；二是抵押权所担保的债权届期不能受偿，抵押权人提出实现抵押权。抵押权的标的一旦确定而不能变动，浮动抵押也就转为固定抵押，这种现象称为浮动抵押结晶。

财团抵押与浮动抵押的共同特殊性，在于它们是以企业的财产整体作为抵押权的标的，而不是在企业的某一单独财产上设立的抵押权。因为一般抵押权只是在一个财产上设立一个抵押权，而财团抵押或浮动抵押是在企业财产的集合整体上设立一个抵押权，所以，它们不同于一般抵押权。同时，它们也不同于共同抵押。共同抵押是在两个以上财产上设立一个抵押权担保同一债权，抵押权的标的为两个以上的单独财产，而财团抵押权或浮动抵押权的标的只有一个，即企业的集合财产，不论用于抵押的财产为几项，它们是作为一个集合财产成为抵押权的一个标的。

在我国，《物权法》上规定的动产浮动抵押不同于他国法上的财团抵押或浮动抵押，它具有以下特点：第一，抵押人为商品生产经营者，既包括企业，也包括个体工商户、农业生产经营者，而不限于企业或者公司。第二，抵押财产包括抵押人现有的以及将有的生产设备、原材料、半成品、产品，既不限于抵押人现有的全部财产，也不是抵押人现有和将有的全部财产；既不包括现有及将有的不动产，也不包括现有及将有的其他动产。第三，抵押权以登记为对抗要件，而不是以登记为生效要件。《物权法》第 189 条第 1 款规定："企业、个体工商户、农业生产经营者以本法第一百八十一条规定的动产抵押的，应当向抵押人住所地的工商行政管理部门办理登记。抵押权自抵押合同生效时设立；未经登记，不得对抗善意第三人。"

（二）动产浮动抵押权的特殊效力

动产浮动抵押权的特殊效力主要在于抵押设立后，抵押财产是浮动的，不断会有流入和流出。只有在抵押权结晶或者固定时，抵押财产才能确定，抵押权人才能也只能就此时确定的抵押财产实现抵押权。

在抵押权设立后，抵押人仍有权利用抵押的动产进行经营活动。在经营活动中，抵押人取得的属于抵押范围内的动产，自动为抵押财产；而正常流出的抵押范围内的动产则不再为抵押财产。如何判断是否属于正常流出的动产呢？对此，《物权法》第189条第2款规定："依照本法第一百八十一条规定抵押的，不得对抗正常经营活动中已支付合理价款并取得抵押财产的买受人。"因此，判断正常流出的标准应为：第一，属于抵押人在正常经营活动中发生的；第二，相对人为买受人且支付了合理价款，价款是否合理应以同类商品的市场价格为准；第三，相对人已经取得该动产。除具备上述条件外，流出抵押人的财产仍在抵押权效力范围内。

例题32 个体工商户甲将其现有的以及将有的生产设备、原材料、半成品、产品一并抵押给乙银行，但未办理抵押登记。抵押期间，甲未经乙同意以合理价格将一台生产设备出卖给丙。后甲不能向乙履行到期债务。对此，下列哪一选项是正确的？（2008年司法考试题）

A. 该抵押权因抵押物不特定而不能成立

B. 该抵押权因未办理抵押登记而不能成立

C. 该抵押权虽已成立但不能对抗善意第三人

D. 乙有权对丙从甲处购买的生产设备行使抵押权

解析： 本题的考点是浮动抵押的成立及效力。依《物权法》的规定，动产浮动抵押的标的物包括现有及将有的财产，因此，浮动抵押权的标的物可以是将来不特定的财产。浮动抵押权自抵押合同生效时设立，不以登记为成立条件；未经登记的，不得对抗善意第三人。在浮动抵押中，抵押权人不得对抗正常经济活动中已支付合理价款并取得抵押财产的买受人。因此，答案应为C项。

在浮动抵押中，由于抵押财产是浮动的，因而只有在抵押财产确定后，抵押权人才可实现抵押权。抵押财产的确定，学者称为抵押权结晶或抵押权固定。依《物权法》第196条规定，设立动产浮动抵押的，抵押财产于下列情形之一发生时确定：（1）债务履行期届满，债权未实现；（2）抵押人被宣告破产或者被撤销；（3）当事人约定的实现抵押权的情形；（4）严重影响债权实现的其他情形。

抵押财产一经确定，浮动抵押也就转化为固定抵押，其实现与一般抵押权的实现无异。

例题33 某农村养殖户为扩大规模向银行借款，欲以其财产设立浮动抵押。对此，下列哪些表述是正确的？（2010年司法考试题）

A. 该养殖户可将存栏的养殖物作为抵押财产

B. 抵押登记机关为抵押财产所在地的工商部门

C. 抵押登记可对抗任何善意第三人

D. 如借款到期未还，抵押财产自借款到期时确定

解析： 本题的考点是浮动抵押的标的、浮动抵押财产的确定。依《物权法》的规定，经当事人书面协议，企业、个体工商户、农业生产经营者可以将现有的以及将有的生产设备、原材料、半成品、产品设立动产浮动抵押。设立动产浮动抵押的，应当向抵押人住所地的工商行政管理部门办理登记。动产浮动抵押未经登记的，不得对抗善意第三人。同时，动产浮动抵押也不得对抗正常经营活动中已支付合理价款并取得抵押财产的买受人。因此，答案应为A、D项。

问题与思考

1. 抵押权具有哪些特点？

2. 试述抵押权担保的债权范围。

3. 抵押权效力所及的标的物范围有哪些?

4. 抵押人和抵押权人都享有哪些权利?

5. 试述抵押权实现的条件和方式。

6. 抵押权消灭的原因有哪些?

7. 试述共同抵押权、所有人抵押权、最高额抵押权和浮动抵押权的特殊效力。

8. 案例分析:

陈某向贺某借款20万元,借期2年。张某为该借款合同提供保证担保,担保条款约定,张某在陈某不能履行债务时承担保证责任,但未约定保证期间。陈某同时以自己的房屋提供抵押担保并办理了登记。请回答以下问题:(2008年司法考试题)

(1) 抵押期间,谢某向陈某表示愿意以50万元购买陈某的房屋。下列选项正确的是:

A. 陈某将该房屋卖给谢某应得到贺某的同意

B. 如陈某将该房屋卖给了谢某,则应将转让所得价款提前清偿债务或者提存

C. 如陈某另行提供担保,则陈某的转让行为无须得到贺某同意

D. 如谢某代为偿还20万元借款,则陈某的转让行为无须得到贺某同意

(2) 如果贺某打算放弃对陈某的抵押权,并将这一情况通知了张某,张某表示反对,下列选项正确的是:

A. 贺某不得放弃抵押权,因为张某不同意

B. 若贺某放弃抵押权,张某仍应对全部债务承担保证责任

C. 若贺某放弃抵押权,则张某对全部债务免除保证责任

D. 若贺某放弃抵押权,则张某在贺某放弃权利的范围内免除保证责任

(3) 关于贺某的抵押权存续期间及张某的保证期间的说法,下列选项正确的是:

A. 贺某应当在主债权诉讼时效期间行使抵押权

B. 贺某在主债权诉讼时效结束后的2年内仍可行使抵押权

C. 张某的保证期间为主债务履行期届满之日起6个月

D. 张某的保证期间为主债务履行期届满之日起2年

9. 案例分析:

甲、乙双方于2013年5月6日签订水泥供应合同,乙以自己的土地使用权为其价款支付提供了最高额抵押,约定2014年5月5日为债权确定日,并办理了登记。丙为担保乙的债务,也于2013年5月6日与甲订立最高额保证合同,保证期间为一年,自债权确定日开始计算。请回答以下问题:(2016年司法考试题)

(1) 水泥供应合同约定,将2013年5月6日前乙欠甲的货款纳入了最高额抵押的担保范围。下列说法正确的是:

A. 该约定无效

B. 该约定合法有效

C. 如最高额保证合同未约定将2013年5月6日前乙欠甲的货款纳入最高额保证的担保范围,则丙对此不承担责任

D. 丙有权主张减轻其保证责任

(2) 甲在2013年11月将自己对乙已取得的债权全部转让给丁。下列说法正确的是:

A. 甲的行为将导致其最高额抵押权消灭

B. 甲将上述债权转让给丁后，丁取得最高额抵押权

C. 甲将上述债权转让给丁后，最高额抵押权不随之转让

D. 2014 年 5 月 5 日前，甲对乙的任何债权均不得转让

(3) 乙于 2014 年 1 月被法院宣告破产，下列说法正确的是：

A. 甲的债权确定期届至

B. 甲应先就抵押物优先受偿，不足部分再要求丙承担保证责任

C. 甲可先要求丙承担保证责任

D. 如甲未申报债权，丙可参加破产财产分配，预先行使追偿权

10. 案例分析：

甲向乙借款，将摩托车抵押给乙，双方签订了抵押合同，但未办理抵押登记。之后，甲又向丙借款，并将摩托车质押给丙，并经甲允许，丙可以使用摩托车。因摩托车出现故障，丙将摩托车送丁修车部修理，因丙不支付修理费，丁将摩托车留置。请回答以下问题：

(1) 乙能否取得摩托车的抵押权？

(2) 如果乙取得了抵押权，就该摩托车，丙、丁还能否取得质权、留置权？

(3) 如果乙的抵押权、丙的质权、丁的留置权均能成立，则三者的行使顺序应如何确定？

第四章
质　权

本章概要

质权是以债务人或者第三人的动产或权利为标的的担保物权，其中，以动产为标的的质权为动产质权，以权利为标的的质权为权利质权。

动产质权在设立、效力、实现等方面，与抵押权大体相同。权利质权包括证券债权质权、基金份额与股权质权、知识产权质权、应收账款质权等，这些权利质权在设立、效力、实现等方面存在着差异。本章重点问题包括：质权的概念和特点、动产质权的设立、动产质权的效力、动产质权的实现、动产质权的消灭、权利质权的概念和特点、各类权利质权的设立及效力。

关键术语

质权　动产质权　权利质权　转质　承诺转质　责任转质　证券债权质权　基金份额、股权质权　知识产权质权　应收账款质权

第一节　质权概述

一、质权的概念和特点

质权是指于债务人不履行到期债务或者发生当事人约定的情形时，债权人得以其占有的由债务人或者第三人供为质押担保的财产的价值优先于其他债权人受偿其债权的权利。享有质权的债权人为质权人，提供财产质押的债务人或第三人为出质人，债务人或者第三人提供财产设立质权的行为为质押，因此其又称为质押人，用于设立质权的财产即质押财产为质权标的。

质权财产可以为物，也可以为权利。以物为质权标的的，质权人须占有质押财产；以权利为质权标的的，该权利应为不动产权利以外的权利。这是质权与抵押权的根本区别。

质权作为担保物权的一种，也具有从属性、不可分性、物上代位性和优先受偿性。

质权的从属性是指质权从属于其所担保的债权。质权是以担保债权实现为目的的，因此其与所担保的债权形成主从关系。质权的从属性表现在：质权以主债权的有效存在为存在前提，主债权无效或因其他原因不存在的，质权也不能存在。当然，质权所担保的债权不以已发生为必要，当事人也可为将来发生的债权设立质权，即质权先于所担保的债权而存在，但于质权实现时必须有主债权有效存在；质权随主债权的转移而转移，质权不能与主债权分离而单独转让；质权随主债权的消灭而消灭。在现代法上，当事人也可以设立最高额质权，最高额质权准用最高额抵押权的有关规定，具有相对独立性，但质权的从属性并未完全丧失。

质权的不可分性是指质权标的的全部价值担保债权的全部，质权的效力及于质权标的的全部。主债权为部分清偿的，质权人仍得就未受偿部分对质权标的的全部行使质权；主债权被分割或者部分转让的，各债权人可以就其享有的债权份额行使质权；质权标的的部分灭失的，未灭失的部分仍担保着债权的全部。

质权的物上代位性是指质权的效力及于质权标的的代位物。依《物权法》第 174 条规定，质押期间，质押财产毁损、灭失或者被征收等，质权人可以就获得的保险金、赔偿金或者补偿金等优先受偿。依此规定，在质押财产发生毁损、灭失或者被征收而其价值形态发生改变时，质权仍存在于代位物上。

质权的优先受偿性是指于债务人不履行债务时，质权人得以质权标的的价值优先受偿其受质权担保的债权。

二、质权的分类

依据不同的标准，质权可有不同的分类，常见的分类主要有以下几种：

（一）不动产质权、动产质权与权利质权

依据质权标的的性质，质权可以分为不动产质权、动产质权与权利质权。

不动产质权是指以不动产为标的的质权。从法制史上看，质权是最早的担保方式。在最初的占有质中，质权的标的物既可以是动产，也可以是不动产。因为不动产的价值较大，以不动产担保更能保障债权人的利益，所以，不动产质权较为普遍。但质权人须占有质押财产，而以不动产设质后，出质人就不能为占有、使用、收益，极不利于出质人，也不能更好发挥不动产的效益。因此，随着工商业的发展，在抵押制度产生后，不动产质权也就开始退出质权领域。现代法上多数国家不承认不动产质权，即使在法律上规定有不动产质权的国家，实务中也很少有不动产质权。我国现行法上也不承认不动产质权，以不动产作为担保的，只能设立抵押权，而不能设立质权。

动产质权是指以动产为标的的质权。自物的担保制度产生以来，动产就是质权的重要标的。在最初的占有质，动产和不动产均可为质权的标的物。但自抵押权产生以来，以不动产为标的的不动产质逐渐消失，相反，因动产以占有为公示方式，故以动产设立质权成为普遍现象。通常所说的质权主要是指动产质权。即使在现代法上，动产虽也可为抵押权的标的，但动产质权为动产担保的一般形态。由于动产质权为质权的普遍形态，故《物权法》上设专节规定动产质权。

权利质权是指以债权或者其他财产权利为标的的质权。质权标的原以有体物为限，但随着社会的发展，无形财产的地位越来越重要，其价值日益彰显，因此，以权利设立担保的现象也

普遍存在，权利质权也就成为质权的重要形态。

（二）民事质权、商事质权与营业质权

根据质权所适用的法规的属性，质权可以分为民事质权、商事质权与营业质权。

民事质权与商事质权是采用“民商分立”立法例的国家和地区特有的一种分类。在采“民商分立”立法例的国家和地区，不仅有民法典，还有商法典。民法典中规定的质权为民事质权，亦即适用民法规定的质权为民事质权；在商法典中规定的质权为商事质权，亦即适用商法规定的质权为商事质权。在采“民商合一”立法例的国家和地区，于民法典外不另行制定商法典，对于商事中的特别问题仅于商事特别法中予以规定，质权也就无民事质权与商事质权之分。在我国，《物权法》中规定的质权无民事质权与商事质权之分。不论是一般的民事担保还是商事担保，凡设立质权的，都应适用《物权法》中关于质权的相关规定。当然，其他特别法中有特别规定的，应优先适用其特别规定。

营业质权是适用当铺规则设立的当铺营业质权，是指债务人以一定的财产交付于当铺作担保，向当铺借贷一定数额的金钱，于一定期限即回赎期限内，债务人清偿债务后得取回担保物，回赎期限届满后债务人不清偿债务的，依当事人的约定担保物即归当铺所有，或者由当铺以担保物的价值优先受偿。[①] 在营业质中，用于设立质权的标的物称为当物，出质人设立质权的行为称为“当”，也有的称为质当、典当、押当。但典与当是不同的：典是设立典权，而当才是设立质权。营业质的质权人只能是当铺，即经许可从事营业质业务的人。依《典当管理办法》（2005年4月1日施行），申请设立典当行的，须具备《典当管理办法》所规定的条件，并经主管部门批准后领取《典当业经营许可证》。申请人领取《典当经营许可证》后，应在10日内向所在地县级人民政府公安机关申请典当行《特种行业许可证》，取得公安机关核发的《特种行业许可证》后10日内到工商行政管理机关申请登记，领取营业执照后，方可营业。营业质权的设立一般是与借款同时发生的，且往往是借款发生的条件。也正因为如此，出质人只能是债务人本身，而不能是第三人。依《典当管理办法》的规定，办理出当与赎当，当户应当出具本人的有效身份证件；当户为单位的，经办人员应当出具单位证明和经办人的有效身份证件；属于委托典当的，被委托人应当出具典当委托书和本人、委托人的有效身份证件。出当时，当户应当如实向典当行提供当物的来源及相关证明材料；赎当时，当户应当出示当票。典当期限或者赎当期限届满，当户应当在5日内赎当或者续当，逾期不赎当，也不续当的，为绝当。在典当期间，典当行不得出租、质押、抵押和使用当物。在典当期内或者续当期内当物发生遗失或者损毁的，典当行应当按照估价金额进行赔偿；因不可抗力致使当物损毁的，典当行不承担赔偿责任。

（三）占有质权、收益质权与归属质权

根据质权的内容，质权可以分为占有质权、收益质权与归属质权。

占有质权是指质权人对于质押财产仅有占有权，原则上不得为使用、收益的质权。现代法上的质权主要为动产质权，而对动产为使用、收益易损其价值，因此，现代法上的质权主要为

---

① 《典当管理办法》第3条第1款规定：“本办法所称典当，是指当户将其动产、财产权利作为当物质押或者将其房地产作为当物抵押给典当行，交付一定比例费用，取得当金，并在约定期限内支付当金利息、偿还当金、赎回当物的行为。”该办法将房地产抵押也归入营业质，将质权与抵押权混淆，实为不妥。

占有质权，除当事人另有约定外，质权人对质押财产不得为使用、收益。特别是对于消耗物，只能设立占有质权，而不能设立收益质权。

收益质权是指质权人对于质押财产不仅有占有的权利，并且还得对质押财产为使用、收益。当事人约定，质权人得对质押财产为使用、收益的，该质权就为收益质权。收益质权的质权人有权对质押财产为使用、收益，因此，收益质权的标的物须为非消耗物。依当事人的约定，质权人有权收取质押财产的收益充抵原本利息的，该收益质为利质或利息质权；质权人有权收取收益以销偿原本即先充抵原本利息后充抵原本的，该收益质为销偿质。利质质权不会因原本的清偿而消灭，所以又称为永久质权；销偿质质权会因原本债权的销偿而消灭，所以又称为期限质权。

归属质权是指以质押财产代为偿还债权的质权。若当事人于设立质权时约定，于债务履行期届满债务人未清偿债务时，质押财产即归质权人取得以抵债权，则该质权就为归属质权。归属质权的约定为流质契约，而现代法上普遍禁止流质契约，因此，除营业质中可有归属质权外，其他情形下均不能存在归属质权。

第二节　动产质权

一、动产质权的概念

《物权法》第 208 条规定："为担保债务的履行，债务人或者第三人将其动产出质给债权人占有的，债务人不履行到期债务或者发生当事人约定的实现质权的情形，债权人有权就该动产优先受偿。""前款规定的债务人或者第三人为出质人，债权人为质权人，交付的动产为质押财产。"依此规定，设立质权担保的行为为质押。债务人或者第三人为担保债务的履行将其动产移交债权人占有的，为出质，提供动产担保的债务人或者第三人为质押人，又称为出质人；供为担保的动产为质押财产。债权人因担保其债权而占有出质人提供的质押财产，于债务人不履行到期债务或者发生当事人约定的情形时，得以其占有的质押财产的价值优先受偿其债权的权利，即为动产质权。

动产质权有以下几层含义：

（一）动产质权是于债务人或者第三人供为担保的动产上设立的权利

动产质权的标的只能是动产。作为质权标的的动产可以是债务人的财产，也可以是第三人的财产，但不能是债权人的财产。质权是于他人的财产上设立的权利，因此，质权属于他物权。

（二）动产质权为担保物权

债务人或者第三人在其动产上设立质权的目的，是担保债权的实现。也就是说，质权是以担保债权为目的的，债权人取得质权不是为了对质押财产为使用、收益，而是为了确保其债权实现。因此，质权为担保物权，而不是用益物权。即使依当事人的约定设立收益质权，质权也是为担保债权而存在，而不是为质权人对质押财产为使用、收益而存在。也正因为质权为担保物权，以直接支配质押财产的价值并排除他人干涉为内容，所以只要质押财产的价值存在并为质权人控制，质权也就存在。

（三）动产质权是由债权人占有质押财产的担保物权

债务人或者第三人将动产质押的，须将该动产移交债权人占有。也就是说，出质人移交质押财产的占有给债权人是质权的成立条件。债务人或者第三人虽同意将其动产作为债权担保，但未将该动产交付给债权人占有的，动产质权不能成立。不仅于质权设立时，出质人须交付质押财产给债权人占有，而且在质权存续期间质押财产也须由债权人占有。这就是说，债权人占有质押财产也为质权存续的要件。质押财产须交付给债权人并由债权人占有，是动产质权与动产抵押权的基本区别。

动产质权的特点在于由债权人占有质押财产。这既是动产质权的不足，又是动产质权的长处。动产质权由质权人占有质押财产，出质人不能对质押财产为使用、收益，质权人一般也不得对质押财产为使用、收益，因此，动产质权不利于发挥质押财产的效用。在这一方面，动产质权显然不及抵押权更能发挥财产的效用。同时，也正由于动产质权的质权人占有质押财产，一方面，在债务清偿前，质权人得留置质押财产，以迫使债务人清偿债务；另一方面，占有动产本身就有公示作用，设立动产质权无须办理登记或者注册等手续。而这又是抵押权所不具备的。因此，随着社会发展，一方面，一些适宜抵押的动产，常用于设立抵押权；另一方面，动产质权普遍存在而不可能消除，并且将动产供为担保的，仍以设立动产质权为常。

二、动产质权的设立

动产质权的设立是动产质权的创设取得方式。除动产质权的设立外，其他以诸如继承、受让等方式取得动产质权的，为质权的转移继受取得。可以说，没有质权的设立，也就不会发生质权（一些国家规定的法定质权除外）。当事人设立质权的行为也就是质押法律行为，亦即质权合同。

（一）动产质权合同的当事人

在质权合同中，当事人为出质人和质权人。

出质人是指提供动产作为债权担保的一方当事人。出质人可以是主债务人，也可以是第三人。出质人为第三人时，也就是物上保证人。质押行为属于处分行为，因此，出质人应为质押财产的所有人或者有权处分的人。但是，以自己无处分权的动产质押，若质权人为善意的，质权仍可以成立。这种情形属于动产质权的善意取得。《担保法解释》第84条规定：“出质人以其不具有所有权但合法占有的动产出质的，不知出质人无处分权的质权人行使质权后，因此给动产所有人造成损害的，由出质人承担赔偿责任。”依此规定，动产质权的善意取得须具备以下条件：（1）出质人对出质的动产不具有处分权；（2）出质人合法占有出质动产；（3）出质人将出质动产交付给质权人；（4）质权人为善意，即不知出质人无处分权。若质权人知道出质人对出质的动产无处分权，则质权人不能取得质权。

例题34 甲借用朋友乙的自行车数月。期间，甲因急需用钱，向同事丙借200元，并就自行车设定质押，但丙不知此自行车非甲所有。后甲逾期未偿还债务，丙即变卖该自行车实现债权。现问下列哪些表述是正确的？（2002年司法考试题）

A. 因丙不知甲无处分权，故适用善意取得，质权设定有效

B. 因甲对自行车无处分权，且质权不适用善意取得，故该质权设定无效

C. 甲、丙应共同赔偿乙的损失

D. 应由甲单独赔偿乙的损失

解析：本题的考点是质权的善意取得。甲将乙的自行车质押给丙，丙并不知甲没有处分权，该情形符合质权善意取得的条件，丙可以基于善意取得而取得质权。同时，甲无权处分了乙的自行车，侵犯了乙的所有权，应赔偿乙的损失。丙是善意的，并没有侵犯乙的所有权，对乙没有赔偿责任。因此，答案应为A、D项。

例题35 甲为乙的债权人，乙将其电动车出质于甲。现甲为了向丙借款，未经乙同意将电动车出质于丙，丙不知此车为乙所有。下列哪些选项是正确的？（2008年司法考试题）

A. 丙因善意取得而享有质权

B. 因未经乙的同意丙不能取得质权

C. 甲对电动车的毁损、灭失应向乙承担赔偿责任

D. 对电动车毁损、灭失，乙可向丙索赔

解析：本题的考点是质权的善意取得。甲是电动车的质权人，其将作为质物的电动车出质于丙，丙并不知此车为乙所有而构成善意，该情形符合质权善意取得的条件，丙可以基于善意取得而取得质权。应当指出，丙的质权并不是基于转质而取得。质权善意取得与转质的区别在于，第三人是否知道出质人为质权人。也就是说，若第三人知道出质人为质权人而接受设质，则构成转质；若第三人不知道出质人为质权人而接受设质，则构成善意取得。甲擅自将质物为丙设立质权，构成无权处分，应对电动车的损失向乙承担赔偿责任。因此，A、C项为正确选项。问题在于，D项是否为正确选项。在司法考试中心公布的答案中，D项也为正确选项。我们认为，这是值得讨论的。实际上，A项与D项是相冲突的，若A项正确，则D项应为错误。这是因为，基于善意取得的效力，只有无权处分人对所有人负赔偿责任，而善意取得人对所有人没有赔偿责任。也就是说，电动车的所有人乙无权向质权人丙索赔。

质权人是于质权成立后享有质权的人。因为质权是担保债权的，所以质权人须为动产质权所担保的债权的主债权人。而质权合同是为债权人设立担保利益，因此，只要为债权人，就可为质权人，而不要求其具有完全民事行为能力。但是，在质权成立后，质权人须占有质押财产，且对质押财产负有保管义务，因此，质权人应具有认识能力。无相当的认识能力的人，不能自己决定签订质权合同，而应由其法定代理人代理或者征得法定代理人的同意。

（二）质权合同的形式

《物权法》第210条第1款规定："设立质权，当事人应当采取书面形式订立质权合同。"依此规定，质权合同应当采书面形式。但是，当事人未采用书面形式的，质权合同也并非不成立。质权合同也为合同，当然也应适用《合同法》的有关规定。关于书面形式，《合同法》第36条规定："法律、行政法规规定或者当事人约定采用书面形式订立合同，当事人未采用书面形式但一方已经履行主要义务，对方接受的，该合同成立。"依据这一规定，尽管《物权法》规定当事人应采用书面形式订立质权合同，但当事人未采用书面形式，若出质人一方将出质动产交付给质权人，而质权人也接受的，质权合同仍成立，质权人可取得质权。

（三）质权合同的内容

依《物权法》第210条第2款规定，质权合同一般应当包括以下内容：

1. 被担保债权的种类和数额

被担保债权是受质权担保的主债权，当事人在质权合同中应明确质权担保何种债权，该债权是基于何种关系发生的以及数额为多少。一般来说，被担保的债权为金钱债权，但也可以是非金钱债权。若主债权为给付金钱的，则债权数额与担保的数额未必相同。若主债权不是给付金钱的，则主债权数额实际上是担保的损害赔偿数额，主债权数额一般也就是担保的数额。

被担保的债权一般应为现存的债权，但也可以是将来发生的未来债权。未来债权包括两种情形：一是已经发生但尚未生效的债权，如附停止条件的合同债权、附始期的合同债权；二是尚未发生且将来是否发生也不能完全确定的债权。后一种未来债权，可以由最高额动产质权担保。对于诉讼时效期间已经届满的债权可否设立动产质权呢？学者中有不同看法，一般认为，已过诉讼时效的债权也可以为被担保的债权。

2. 债务人履行债务的期限

债务人履行债务的期限为确定债务人清偿责任的期限。于债务履行期限届满前，债务人是否清偿债务不能确定，质权人也就不能行使质权。只有在债务履行期限届满而债务人又未清偿债务时，质权人才可行使质权。因此，债务人履行期限实际上是确定质权人可否行使质权的时间点，在质权合同中应予以明确约定。当事人在质权合同中未明确约定的，债务人履行债务的期限应依质押担保的主合同确定债务人履行债务的期限。

3. 质押财产的名称、数量、质量、状况

质押财产是出质人出质的动产，须特定化，因此，质权合同中应明确以何物为质押财产。质押财产的数量、质量、状况决定质押财产的价值，且质押财产须交付给质权人占有，质权人于债务人清偿债务时应予以返还，因此，当事人应在合同中予以明确。这样，一方面可以保证债权人得到欲得到的担保利益，另一方面可避免在返还质押财产时就质押财产的状态发生争议。

4. 担保的范围

质权担保的范围也就是质权人得从质押财产的价值中优先受偿的范围。质权担保的债权为金钱债权的，应注明担保的债权数额。当事人应在合同中明确担保的范围是否包括利息、违约金、损害赔偿金等。当事人对担保范围未予以明确的，推定担保全部债权。

5. 质押财产交付的时间

动产质权以质权人占有质押财产为要件，质押财产的交付时间决定着质权的成立时间，因此，当事人应在合同中明确质押财产的交付时间。

除上述内容外，当事人认为需要约定其他内容的，可以在合同中约定。例如，当事人可以在合同中约定质权人可否使用质押财产，可以约定除债务人不履行到期债务外可以实现质权的情形，可以约定质权的实现方式，可以约定出质人不履行质权合同的责任等。

依《担保法》第65条第2款，质权合同不完全具备上述内容的，可以补正。所谓补正，就是补充、修正。也就是说，质权合同不完全具备上述内容的，并不影响质权合同的效力，当事人可以对合同的内容予以补充、修正。质权合同经当事人补正的，以补正的内容为准。

（四）动产质权的标的物

动产质权的标的物亦即质押财产。动产质权以质权人占有质押财产为质权生效和存续的要件，质权人实现质权时需对质押财产变价，因此，动产质权的标的物应当符合以下两个条件：(1) 须为可让与且法律不禁止流通的动产。因为质权为变价权，不具有可让与性或者虽性质上可为让与但法律禁止流通的动产，不能变价，也就不能为质押财产。《物权法》第209条明确规定："法律、行政法规禁止转让的动产不得出质。"法律限制流通的动产，因可以变价，也就可为质押财产。但以限制流通物为质押财产的，于质权实现时，只能将质押财产于可流通的范围内予以变价，而不能采取拍卖的方式实现质权。(2) 须为特定的动产。质押财产须为特定物或者特定化的物。以可代替物为质押财产的，必须将其特定化，未特定的可代替物不能为质押财产。例如，货币为可代替物，因其一旦交付就与债权人的货币混为一体，所以不能为质押财产。但若将其特定化，则可为质押财产。《担保法解释》第85条规定："债务人或者第三人将其金钱以特户、封金、保证金等形式特定化后，移交债权人占有作为债权的担保，债务人不履行债务时，债权人可以以该金钱优先受偿。"可见，出质人将金钱以特户、封金、保证金等形式特定化供为债权担保的，可以作为质押财产而成立动产质权。但若债务人或者第三人未将金钱以一定形式特定化而交给债权人作"押金"的，则不能成立动产质权。于此情形下，该金钱也就由债权人所有，债权人可任意使用"押金"，当事人之间并非成立动产质权，而是成立债权质权，也就是出质人以其对质权人的押金返还的债权担保质权人的债权：在债务人履行债务时，质权人应返还押金；于债务人不履行债务时，质权人得以出质人的押金返还债权抵偿其受担保的债权。

如前所述，当事人应在质押合同中约定质押财产的名称、数量、质量和状况，出质人应按照合同的约定交付质押财产。但当事人约定的质押财产并非就是动产质权的标的物，只有出质人移交质权人占有的动产，才为质权的标的物。《担保法解释》第89条规定："质押合同对质押的财产约定不明，或者约定的出质财产与实际交付的财产不一致的，以实际占有的财产为准。"所谓"以实际占有的财产为准"，是指以实际占有的财产为动产质权的标的物。当然，如果质权合同中明确约定质押财产的数量、质量、状况，而出质人交付的财产少于约定的财产的，质权人可以要求出质人补充交付。出质人不补充交付的，应承担违约责任，赔偿质权人因此而受到的损失（即不能优先受偿的损失）。

（五）动产质权的成立、生效

《物权法》第212条规定："质权自出质人交付质押财产时设立。"这一规定修改了《担保法》第64条中关于"质押合同自质物移交于质权人占有时生效"的规定，确认动产质权以转移质押财产的占有为成立要件。就质权合同来说，当事人就设立质权达成合意即可成立，只要符合《合同法》规定的合同有效的条件，就可生效。但质权合同生效并非意味着质权就成立。只有在出质人依质权合同的约定将质押财产交付给质权人占有时，质权才能成立，或者说质权人才能取得质权。如果出质人不按照质权合同的约定交付质押财产，由此而给质权人造成损失的，出质人应承担赔偿责任。

因质权以质权人占有质押财产为成立要件，故出质人交付质押财产的时间也就是质权发生的时间。交付是指出质人将出质的动产移交质权人占有。交付既包括现实交付，也包括简易交付、指示交付等。现实交付是指出质人直接将对质押财产的占有转移给质权人，这是最常见的质物交付方式。简易交付是指质权人已经占有质押财产，于质权合同生效时视为交付。因为在质权人已经占有质押财产的情形下，若使质权人先将该财产返还给出质人，再由出质人将该财产现实交付给质权人，徒增交易成本。《物权法》第25条规定：“动产物权设立和转让前，权利人已经依法占有该动产的，物权自法律行为生效时发生效力。”因此，动产质权设立前，质权人已经占有出质动产的，质权自质权合同生效时设立。所谓指示交付，是指质押财产为他人直接占有，而出质人仅间接占有时，出质人以返还请求权的让与替代交付。《物权法》第26条规定：“动产物权设立和转让前，第三人依法占有该动产的，负有交付义务的人可以通过转让请求第三人返还原物的权利代替交付。”《担保法解释》第88条规定：“出质人以间接占有的财产出质的，质押合同自书面通知送达占有人时视为移交。占有人收到出质通知后，仍接受出质人的指示处分出质财产的，该行为无效。”依此规定，出质人指示交付的，应以书面形式将设立质权的情事通知占有人。自占有人收到出质人书面通知时起即为交付，质权成立。不过，我们认为，若出质人以口头形式通知占有人或者占有人知道设立质权的情事，质权也应成立，但对于这种情形的指示交付，质权人应负举证责任。

例题36 甲向乙借款，欲以轿车作担保。关于担保，下列哪些选项是正确的？（2013年司法考试题）

A. 甲可就该轿车设立质权

B. 甲可就该轿车设立抵押权

C. 就该轿车的质权自登记时设立

D. 就该轿车的抵押权自登记时设立

解析：本题的考点是抵押权、质权的标的物范围及设立。轿车为交通工具，既可以设立质权，也可以设立抵押权。以轿车设立质权的，质权自交付质押的轿车时设立；以轿车设立抵押权的，抵押权自抵押合同生效时设立。因此，答案应为A、B项。

例题37 乙欠甲货款，二人商定由乙将一块红木出质并签订质权合同。甲与丙签订委托合同授权丙代自己占有红木。乙将红木交付与丙。下列哪一说法是正确的？（2015年司法考试题）

A. 甲乙之间的担保合同无效

B. 红木已交付，丙取得质权

C. 丙经甲的授权而占有，甲取得质权

D. 丙不能代理甲占有红木，因而甲未取得质权

解析：本题的考点是质权的设立。本题中，乙以自己的一块红木出质担保甲的债权，双方之间的质权合同并不违反法律规定，应属于有效合同，且自合同成立时生效。但是，质权应自出质人交付质押财产时设立。乙将自己的一块红木出质于甲，丙即使占有红木，也不可能获得质权。丙有权基于甲的委托而占有红木，因此，乙将红木交给丙，构成对甲的交付，甲取得质权。因此，答案应为C项。

质权的成立不以质押财产的完全移交为必要。出质人与质权人共同占有质押财产的，质权也可成立。但是，质权人不能让出质人代自己占有质押财产。也就是说，质押财产的交付不能采用占有改定的方式。因为若仍由出质人占有质押财产，一方面，无法公示质权的存在，另一方面，也会使质权失去留置的效力。因此，《担保法解释》第87条第1款规定：“出质人代质权人占有质物的，质押合同不生效；质权人将质物返还于出质人后，以其质权对抗第三人的，

人民法院不予支持。”①

三、动产质权的效力

（一）动产质权所担保的债权范围

《担保法》第67条规定：“质押担保的范围包括主债权及利息、违约金、损害赔偿金、质物保管费用和实现质权的费用。质押合同另有约定的，按照约定。”依此条和《物权法》第173条，动产质权所担保的范围，以质权合同中约定的为准。质权合同对担保范围没有约定或者约定不明确的，质权所担保的范围包括主债权、利息、违约金、损害赔偿金、质押财产保管费用和实现质权的费用。

主债权也就是原本债权，是设立质权时当事人间已经发生的或者明确确定的债权。利息，则是原本债权所生的孳息。但是，当事人约定的利息超过国家规定的最高限额的，超过部分不受法律保护，也就不在质权担保范围内。

违约金是债务人一方不履行债务时，依法律的规定或者当事人的约定应向债权人支付的一定数额的金钱。因违约金是债务人不履行债务的后果，故违约金应在动产质权所担保的债权范围内。

损害赔偿金是质权人有权要求赔偿的金额。它包括两部分：一是债务人不履行债务时应支付的损害赔偿金；二是因质押财产隐有瑕疵造成质权人损害时出质人应支付的损害赔偿金。因质押财产须移交质权人占有，出质人对于交付的质押财产负有瑕疵担保责任，若质押财产隐有瑕疵而给质权人造成损失，则出质人应承担赔偿责任。《担保法解释》第90条规定：“质物有隐蔽瑕疵造成质权人其他财产损害的，应由出质人承担损害赔偿责任。但是，质权人在质物移交时明知质物有瑕疵而予以接受的除外。”依此规定，发生因质押财产隐有瑕疵而导致的出质人的赔偿责任须具备以下条件：（1）须质押财产有隐蔽瑕疵。如果质押财产有表面瑕疵，则质权人接受质押财产时就应发现。于此情形下，质权人明知有瑕疵而仍接受该财产的，其应自行负责。（2）质押财产移交时就存在瑕疵。出质人的瑕疵担保责任仅以质押财产交付时存在瑕疵为限。若质押财产的瑕疵是在交付后才出现的，则出质人不负瑕疵担保责任。于此情形下，如造成损害，会发生产品责任。（3）质权人于接受质押财产时不知有瑕疵。若质押财产交付时质权人明知质押财产有瑕疵而仍接受的，出质人不承担赔偿责任。（4）因质押财产的瑕疵造成质权人的损害。这种损害并非仅限于给质权人的其他财产造成损害。因质押财产的瑕疵而给质权人造成人身损害的，出质人应支付的损害赔偿金也应在担保范围内。

质押财产的保管费用，是质权人保管质押财产所支出的费用。质押财产虽为质权人占有，但它仍为出质人所有，质权人保管质押财产属于为出质人保管财产，因此，保管费用应由出质人负担。况且保管费用也是维护质押财产的价值所需要的，因此，保管费用应在担保范围内。但是，质押财产的保管费用不应以实际支出为标准，而应以必要为标准。超过必要保管费用的支出，应为质权人造成的浪费，自应由质权人承担。

实现质权的费用是将质押财产变价所需的支出。实现质权是债务人不履行债务的结果，实现质权的费用又是实现质权所必要的支出，因此，这部分费用也应在担保范围之内，并且应先

---

① 该规定中的“质押合同不生效”应为质权不生效。

从质押财产的变价中受偿。

（二）动产质权效力所及标的物范围

动产质权不仅及于质押财产，而且可及于质押财产的从物、孳息、代位物等。

质押财产的从物是指与质押财产同属于出质人所有，且须与质押财产共同使用才能更好发挥物的效用的物。《担保法解释》第 91 条规定："动产质权的效力及于质物的从物。但是，从物未随同主物移交质权人占有的，质权的效力不及于从物。"因为按照"从随主"原则，在当事人没有另外约定的情形下，从物随主物的转移而转移。而质权的成立以转移占有为要件，如果从物未随主物移交质权人占有，则应推定当事人有不将质押财产的从物作为质权标的物，亦即使质权的效力不及于从物的意思，于此情形下，质权的效力不能及于质押财产的从物。只要出质人将质押财产的从物随同质押财产一并交付给质权人占有，不论当事人在质权合同中为如何的约定，质押的效力均及于质押财产的从物。

孳息是指质押财产所生的收益，包括天然孳息和法定孳息。《物权法》第 213 条第 1 款规定："质权人有权收取质押财产的孳息，但合同另有约定的除外。"依此规定，出质人与质权人可以在质权合同中约定质权人不收取孳息，而由出质人收取。但是，只要质权合同中没有另外的约定，质权人就有权收取质押财产的孳息，质权的效力及于质押财产的孳息。依《物权法》第 213 条第 2 款规定，质权人收取的孳息先充抵收取孳息的费用。然后，依《担保法解释》第 64 条规定，先清偿债权利息，后清偿主债权。

质押财产的代位物是指质押财产毁损、灭失时出质人受有的代位物。依《物权法》第 174 条，质权担保期间，发生质押财产灭失、毁损或者被征收等情形的，质权人可以就该质押财产的保险金、赔偿金或者补偿金优先受偿；质权所担保的债权未届清偿期的，质权人也可以提存保险金、赔偿金或者补偿金等。因此，质权的效力及于因质押财产毁损、灭失或者被征收时出质人应得的赔偿金、保险金或者补偿金等代位物。

依《担保法解释》第 96 条、第 62 条规定，质押财产因附合、混合、加工而发生添附时，若质押财产所有人取得添附物的所有权，则质权的效力及于添附物；若出质人与他人共有添附物，则质权的效力存在于出质人对共有物的应有部分。但不论在何种情形下，质权人须占有添附物，否则，质权人的质权会消灭。若添附物由第三人取得所有权，因出质人的所有权消灭，质权也消灭。但此种情形下，因出质人得基于不当得利制度要求第三人返还质押财产的价值，质权不消灭而存在于补偿财产上。

（三）质权人的权利、义务

质权人的权利、义务是质权对质权人的效力表现，主要有以下几项：

1. 质押财产的占有权和留置权

质权人于质押期间有占有质押财产的权利。动产质权自出质人将质押财产移交质权人占有时成立，于质权成立后，质权人当然也就有权占有质押财产。质权人占有质押财产为有权占有，因此，其占有受法律保护。在质押期间，任何人不得侵害质权人对质押财产的占有。第三人侵害质权人的占有的，质权人得依《物权法》关于占有的保护的规定，请求侵害人停止侵害、返还质押财产。

质权人对于质押财产的占有是基于质权的占有，而质权仅为变价权、优先受偿权，因此，除当事人另有特别约定外，质权人无对质押为使用、收益的权利，不得使用质押财产。《物权法》第 214 条规定：“质权人在质权存续期间，未经出质人同意，擅自使用、处分质押财产，给出质人造成损害的，应当承担赔偿责任。”依该规定，在质权存续期间，质权人只有经出质人同意，才可以使用（包括出租给他人使用）、处分质押财产。出质人对于质权人使用质押财产的同意，可以是在质权合同中作出的意思表示，也可以是在质权合同订立后向质权人作出的意思表示。

《担保法解释》第 95 条第 1 款规定：“债务履行期届满质权人未受清偿的，质权人可以继续留置质物，并以质物的全部行使权利。出质人清偿所担保的债权后，质权人应当返还质物。”这也就是说，只要其债权未受清偿，质权人就得留置质押财产，拒绝出质人返还的请求。出质人欲取回质押财产，即使其为物上保证人，也须清偿质权所担保的债权。正因为质权人有留置质押财产的权利，所以只有在债务清偿后，出质人才可取回质押财产，这也就可以迫使债务人清偿债务。也正因为如此，一般说来，对于出质人有较高价值，但其交换价值并不太高的动产，最适合作质押财产。

质权人留置质押财产的权利虽为质权的效力，但其作用为维持质权的存续，而非质权的主要效力。

2. 质押财产孳息的收取权和必要费用偿还请求权

在质权存续期间，因质押财产由质权人占有，除当事人另有约定外，质权人虽不得对质押财产为使用、收益，但质权人有权收取质物的孳息。也正是基于此，如前所述，质权的效力及于质押财产的孳息。质权人收取孳息的权利受以下限制：（1）当事人无另外的约定。若当事人约定孳息由出质人收取或者质权人不得收取的，质权人无权收取。（2）以适当的方法收取。当事人对孳息的收取方法有约定的，应依其约定；无约定的，应以通常的方法收取。质权人不以适当方法收取孳息（如任意人为地分离出孳息物）而损害质押财产的，应负赔偿责任。（3）收取的孳息不得挪作他用，应先充抵收取费用，其次充抵主债权利息，最后充抵主债权原本。

如前所述，质权人为保管质押财产的费用也在质权担保范围之内，因此，质权人也应有权要求出质人偿还为保管质押财产所支出的必要费用。在出质人不予偿还的情形下，质权人得自质押财产的变价中优先受偿所支出的必要费用。

质权人为质押财产支出有益费用的，是否有权要求出质人偿还呢？对此，各国法上有不同的规定。我国现行法对此未作规定。我们认为，如果当事人约定质权人可对质押财产为使用的，质权人为质押财产所支出的有益费用，可按其约定办理；没有约定且增添的附属物又不能拆除的，则对质押财产价值因此而增加的部分可以要求出质人偿还。但当事人未约定质权人可对质押财产为使用的，因质权人不得使用质押财产，其对质押财产的任何改良或增添附属物，均应负恢复原状的责任，除非经出质人同意可不予恢复原状。

3. 质押财产的转质权

所谓转质，是指质权人为提供自己或他人履行债务的担保，将质押财产移交给该债务的债权人而设立新的质权。例如，甲为质权人，甲对乙负有债务，丙对丁负有债务，甲将其占有的质押财产移交给乙，担保其债务履行而设立质权，或者甲将其占有的质押财产移交给丁，担保丙的债务履行而设立质权，均为转质。转质所设立的质权的权利人为转质权人，原质权人为出质人，质权人所享有的将质押财产转质的权利即为质权人的转质权。转质包括两种形式，即承诺转质和责任转质。

（1）承诺转质。所谓承诺转质，是指经出质人同意，质权人将其占有的质押财产移交给他人再设立质权。《担保法》对于转质未作规定，但《担保法解释》第 94 条第 1 款的规定承认了承诺转质。

《担保法解释》第 94 条第 1 款规定："质权人在质权存续期间，为担保自己的债务，经出质人同意，以其所占有的质物为第三人设定质权的，应当在原质权所担保的债权范围之内，超过的部分不具有优先受偿的效力。转质权的效力优于原质权。"依据这一规定，承诺转质须具备以下条件：第一，在质权存续期间。质权消灭后，原质权人将质押财产为他人设立质权的，不属于转质。因为于此情形下，质押财产上仅存有一个质权。第二，经出质人同意。承诺转质中的所谓承诺，也就是指经出质人同意。因承诺转质是经出质人同意的，实质上也就等于出质人将其出质财产为他人再设立质权。第三，转质权所担保的债权在原质权所担保的范围之内。不过，我们认为，对承诺转质作此限制是不必要的，因为承诺转质是经出质人同意的，等于是在原质权外再设立一个新质权，其担保的范围并不受原质权担保范围的影响，即使转质权担保的范围大于原质权担保的范围，也是出质人同意为转质权人设立担保的。承诺转质是经出质人同意的，与出质人直接为他人设立担保无多大区别，因此，转质权与原质权是相互独立的，质押财产在转质权人占有期间意外毁损、灭失的，质权人不承担责任。《物权法》中并未对承诺转质作此限制，因此，从意思自治原则而言，《物权法》应是承认承诺转质的。

依《担保法解释》的上述规定，转质权的效力优于原质权。因此，若转质权所担保的债权清偿期届满，债务人未清偿的，转质权人即可行使质权，从中优先受偿其所担保的债权额；有余额的，由原质权人从中优先受偿。若转质权人所担保的债权已由债务人清偿的，其质权消灭，转质权人应将质押财产返还给原质权人占有。若原质权所担保的债权先于转质权所担保的债权到期，原质权人受清偿的，其质权消灭，转质权不能消灭，出质人要求转质权人返还质押财产的，必须代转质权人的债务人清偿转质权所担保的全部债务。原质权人届期未受清偿的，原质权人行使质权的，应如何处理呢？我们认为，于此情形下，因质押财产为转质权人占有，原质权人须向转质权人提出，双方共同变价，且原质权人将转质权所担保的数额提存后才可优先受偿；或者由原质权人向转质权人清偿债务后取得质押财产的占有，而后行使质权。

（2）责任转质。所谓责任转质，是指质权人于质权存续期间，不经出质人的同意，以自己的责任将质押财产转质于第三人，设立新质权。《担保法解释》第 94 条第 2 款规定："质权人在质权存续期间，未经出质人同意，为担保自己的债务，在其所占有的质物上为第三人设定质权的无效。质权人对因转质而发生的损害承担赔偿责任。"这里的所谓无效，是指对质押财产的所有人无效，并非是指设立的转质权无效。《物权法》第 217 条规定："质权人在质权期间，未经出质人同意转质，造成质押财产毁损、灭失的，应当向出质人承担赔偿责任。"这一规定并未规定责任转质设立的质权无效，因而应是有效的。责任转质，实质上是质权人将出质人交付的质押财产用于设立质权。责任转质是以原质权为存在基础的，因此，责任转质所担保的债权额不能超过质权人受担保的债权数额；原质权消灭的，责任转质也不能存在。责任转质，实际是质权人对质押财产的一种利用，因此，原质权人应对自己的转质负责。质押财产在转质权人占有期间，即使因不可抗力发生毁损、灭失，原质权人也应向出质人负赔偿责任。责任转质的转质权人行使质权的，原质权人的质权在转质权人优先受偿的范围内消灭。也就是说，转质权人优先受偿的数额与原质权担保数额相同的，原质权消灭；转质权人优先受偿的数额少于原质权担保数额的，原质权人可以就其差额优先受偿。

4. 质权的保全权

质权人在质权存续期间，有保全质权的权利，主要包括以下两项：

（1）质权受侵害时的请求权。侵害质权，包括毁损质押财产致使其担保价值减少以及侵害质权人对质押财产的占有两种情形。质押财产担保价值的减少会使质权人得不到应得的优先清偿，质押财产占有的丧失会导致质权消灭。侵害质权的侵害人可以是出质人，也可以是第三人。出质人毁损质押财产使质押财产价值减少的，质权人得要求出质人负赔偿责任，出质人可应质权人的要求，恢复质押财产的原状或者提供与质押财产价值减少的部分相当的担保。但在第三人毁损质押财产的情形下，因出质人可以基于所有权请求赔偿，质权人可以基于质权请求赔偿，而第三人仅能就其中之一承担责任，所以，在第三人侵害质押财产时，若出质人行使所有权请求权，质权人得于质押财产的代位物即出质人所获得赔偿享有权利；若出质人不要求第三人赔偿，则质权人得基于质权受侵害要求侵害人赔偿，但赔偿数额应以质权所担保的债权额为限。不论是第三人还是出质人，非基于质权人的原因而占有质押财产，侵夺质权人的占有的，质权人得请求返还质押财产，以恢复其对质押财产的占有。

(2) 质押财产的变价权。《物权法》第216条规定："因不能归责于质权人的事由可能使质押财产毁损或者价值明显减少，足以危害质权人权利的，质权人有权要求出质人提供相应的担保；出质人不提供的，质权人可以拍卖、变卖质押财产，并与出质人通过协议将拍卖、变卖所得的价款提前清偿债务或者提存。"这里所规定的就是质押财产的变价权。质押财产变价权又称为物上代位权、预行拍卖质押财产权，是指在质押财产有毁损或价值明显减少之虞，足以危害质权人权利时，质权人得以提前变卖质押财产以其价金代充质押财产的权利。依我国法律的规定，在具备以下条件时，质权人得行使质押财产变价权：第一，质押财产有毁损或者价值明显减少的可能。这里所要求的并非指质押财产已经损毁或价值已明显减少，只要有毁损或者价值明显减少的现实危险即可。若质押财产并无损毁或者价值明显减少的可能，则质权人不能行使变价权。至于可能使质押财产毁损或者价值减少的原因，则在所不问，只要是不能归责于质权人即可。第二，质押财产价值减少足以危害质权人的权利。所谓危害质权人的权利，是指使质权人不能依质权担保的范围优先受偿。如果质押财产的损毁或者价值明显的减少并不会影响质权人依质权担保的范围受偿，则对质权人的质权并无损害，质权人不能行使质押财产变价权。例如，出质人以时值8万元的书画质押担保2万元的债权。在质权存续期间，书画价格下落，该书画的价值有明显减少的可能，但最低也能卖到4万元。于此情形下，质押财产价值的明显减少并不足以危害质权人的权利，质权人也就不能行使质押财产变价权。第三，出质人应质权人的请求而不提供相应的担保。在质押财产有损毁或者价值明显减少的可能，足以危害质权人的权利时，质权人有权要求出质人提供相应的担保，在出质人不提供担保的情形下，质权人可以行使变价权；若出质人应质权人的请求提供相应的担保，则因质权人的权利得到保障，质权人不得行使变价权。质权人未要求出质人提供相应担保的，不得自行决定拍卖或者变卖质押财产。

质权人行使质押财产变价权是为了保全其质权，而非其质权的行使，因为此时债务清偿期未届满。因此，于拍卖或者变卖质押财产所得的价款，只能充抵质押财产，质权人不得直接从中优先受偿。质权人可与出质人协议将拍卖或者变卖所得的价款用于提前清偿质权所担保的债权；但出质人不同意用于提前清偿的，则只能将该价款提存，提存费用应由出质人负担。

5. 质权的处分权

质权为质权人的权利，因此，质权人得处分之。质权人处分质权，包括抛弃质权、让与质权或者供为其他债权担保。

质权人抛弃质权，可以采取明示的方式，也可以采取默示的方式。例如，在质权存续期间，质权人将质押财产返还给出质人，即为以默示的方式抛弃质权。质权人抛弃质权不得损害第三人的利益，若其抛弃质权会损害第三人的利益，则不得抛弃。例如，质权随担保的债权已供为其他债权担保的，则质权人不得抛弃质权。《物权法》第218条规定："质权人可以放弃质权。债务人以自己财产出质，质权人放弃质权的，其他担保人在质权人丧失优先受偿权益的范围内免除担保责任，但其他担保人承诺仍然提供担保的除外。"依此规定，债务人为出质人，质权人的债权又有其他担保的，质权人放弃质权对其他担保人发生相应的担保责任免除的效力，即除其他担保人承诺仍然提供担保外，其他担保人对质权人因放弃质权而丧失的优先受偿权益不承担责任。

因为质权为从权利，具有转移上的附随性，所以质权一般不得与债权分离而单独转让或者供为其他债权的担保，但其可随所担保的债权一并为让与或者供为其他债权的担保。《合同法》第81条规定："债权人转让权利的，受让人取得与债权有关的从权利，但该从权利专属于债权人自身的除外。"依此规定，在质权所担保的债权转让时，质权一并转让给受让人，但若当事人在转让协议中约定质权不随同主债权转让的，则受让人只能取得受让的债权而不能取得质权，质权消灭。质权随主债权转让的，受让人不受善意取得的保护。若质权所担保的主债权无效，受让人既不能取得债权，也不能取得质权；若主债权有效而质权无效的，受让人只能取得债权而不能取得质权，即使其善意地相信质权为有效，也不能取得质权。在主债权供为其他债权担保时，质权随同主债权一并为权利质权的标的，债权质权人取得质权不以质押财产的移交为条件。

6. 优先受偿权

优先受偿权是指质权人就质押财产的变价优先受偿其债权的权利。优先受偿权是质权的基本效力，是质权人最主要的权利。质权人行使优先受偿权，也就实现了质权的目的。

质权人优先受偿其债权也是相对的，而非绝对的。例如，同一动产上登记的抵押权与质权并存时，质权人不能优先于抵押权人受偿。质权人的优先受偿权主要表现在：(1) 质权人优先于无质权担保的一般债权人受偿。(2) 在一物之上存在数个质权时，前顺序的质权人优先于后顺序的质权人受偿。关于质物上可否存在数个质权问题，有不同的看法。我们认为，在一般情形下，一物之上不存在数个质权，但在特殊情况下一物之上也可以存在数个质权，因为出质人移交质押财产的占有可以采用指示交付的方式。若质押财产上存在数个质权，则质权顺序在先的质权人优先于质权顺序在后的质权人受偿。质权的顺序一般以成立的先后为准。但是，在承诺转质时，质押财产上虽存在不同的质权，但因转质权是以原质权存在而发生的，转质权虽成立在后，其效力却优先于原质权。(3) 于出质人破产时，质押财产不能列入破产财产，质权人对质押财产有别除权。

7. 质押财产的保管与返还义务

《物权法》第215条第1款规定："质权人负有妥善保管质押财产的义务；因保管不善致使质押财产毁损、灭失的，应当承担赔偿责任。"质权人对质押财产的保管义务，是基于质权人占有质押财产而发生的。也就是说，只有在质权存续期间，由质权人占有质押财产时，质权人才负有保管质押财产的义务。如果质押财产非由质权人直接占有，则质权人不负保管义务。例如，在出质人以已出租的财物设立质权，出质人对质押财产的交付采取返还请求权让与的方式时，质押财产仍由承租人直接占有，而质权人则仅为间接占有。于此情形下，质权人不负保管义务，承租人负有保管义务。又如，在承诺转质的情形下，转质权人占有质押财产，负有保管义务，而原质权人则不再负保管义务。质权人占有质押财产的，应当妥善保管质押财产。如质押财产因质权人保管不善而灭失或者毁损的，质权人应当承担赔偿责任。质权人承担的赔偿责任为违约责任还是侵权责任，学者间有不同看法。我们认为，质权人占有质押财产是基于质权合同，质权人违反妥善保管义务也就是对质权合同的违反，因此，质权人违反保管义务所负的民事责任应当属于违约责任。由于质权人保管质押财产也是为其保全质权所必要的，质权人对质押财产的保管并非属于无偿的，所以质权人负有的保管义务应适用保管合同中有偿保管的有关规定。《合同法》第 374 条规定：“保管期间，因保管人保管不善造成保管物毁损、灭失的，保管人应当承担损害赔偿责任，但保管是无偿的，保管人证明自己没有重大过失的，不承担损害赔偿责任。”依此规定，我们认为，只要在质权人占有期间，保管的质押财产发生毁损、灭失，质权人又不能证明自己没有过错的，质权人就应承担损害赔偿责任。

质权人因对质押财产保管不善所负的损害赔偿责任，是质权人向出质人所承担的责任，质权人不得以其受质权担保的债权与出质人享有的损害赔偿债权相抵销。

《物权法》第 219 条第 1 款规定：“债务人履行债务或者出质人提前清偿所担保的债权的，质权人应当返还质押财产。”这里规定了质权人返还质押财产的义务。质权人占有质押财产的权原为质权，而质权是以所担保的债权存在为存在前提的。在债务履行期间债务人履行了全部债务，或者出质人提前清偿了所担保的债权，则主债权消灭，质权也随之消灭。质权消灭，质权人也就失去占有质押财产的权原，因此，质权人应将质押财产返还。若债务人仅履行部分债务或者出质人提前清偿所担保的债权的一部分，质权并不消灭，则质权人无返还质押财产的义务。

质权人返还质押财产原则上应以出质人为返还相对人。但在出质人将质押财产转让给第三人时，该财产所有人也有权请求质权人返还。于此情形下，质权人向出质人或质押财产所有人返还质押财产的，另一人的返还请求权消灭。

例题 38 甲向乙借款 5 000 元，并将自己的一台笔记本电脑出质给乙。乙在出质期间将电脑无偿借给丙使用。丁因丙欠钱不还，趁丙不注意时拿走电脑并向丙声称要以其抵债。下列哪些选项是正确的？（2007 年司法考试题）

A. 甲有权基于其所有权请求丁返还电脑

B. 乙有权基于其质权请求丁返还电脑

C. 丙有权基于其占有被侵害请求丁返还电脑

D. 丁有权主张以电脑抵偿丙对自己的债务

解析：本题的考点主要是质权人的权利、义务。甲是电脑的所有人，乙为质权人。乙在未经甲同意的情况下，将质押财产出借于丙，是违反保管义务的行为。而丁将丙占有的电脑拿走抵债，构成了侵权行为，既侵害了甲的所有权，也侵害了乙的质权。因此，甲作为电脑的所有人，有权基于所有权要求丁返还电脑；乙作为质权人，有权基于质权请求丁返还电脑。问题在于，丙是否有权基于占有被侵害请求丁返还电脑。依《物权法》第 245 条，占有的动产被侵占的，占有人有权请求返还原物。可见，丙也有权基于占有被侵害请求丁返还电脑。因此，答案应为 A、B、C 项。

（四）出质人的权利、义务

出质人的权利、义务是质权对出质人的效力的表现，主要有以下几项：

1. 质押财产的处分权

出质人将质押财产交付给质权人占有设立质权后，其仍为质押财产的所有人，其虽不能对质押财产为事实上的处分，但仍可对质押财产为法律上的处分。出质人可以将质押财产转让给他人（或出卖，或赠与，均无不可），但质权人的质权不受影响。出质人将质押财产转让给他人的，受让人也不能取得质押财产的直接占有，出质人只能以指示交付的方式交付标的物。但受让人提前清偿质权所担保的债权，或者经质权人同意出质人转让并将转让的价金提存的，受让人可以要求质权人返还质押财产的占有。

出质人可否于质押财产上再设立质权？对此有不同的观点。在一般情形下，出质人不能再设立质权，但出质人再设立质权的，也未尝不可。不过，出质人再设立质权的，只能以间接占有的让与代质押财产的移交，并且后设立的质权的顺序应在后。

出质人为自然人的，于出质人死亡时，质押财产可由其继承人继承，但质权并不因此而受影响。

2. 除去权利妨害和返还质押财产请求权

《物权法》第 215 条第 2 款规定："质权人的行为可能使质押财产毁损、灭失的，出质人可以要求质权人将质押财产提存，或者要求提前清偿债务并返还质押财产。"依此规定，在质押财产因质权人的行为而受到侵害时，出质人得请求质权人除去妨害。质权人不除去妨害，质押财产有灭失或者毁损危险的，出质人有权要求将质押财产提存或者要求提前清偿债务而返还质押财产。可见，出质人行使该权利时，须具备以下条件：（1）质押财产有灭失或者毁损的可能。这种可能必须是现实存在的会使质押财产毁损、灭失的风险。若让质权人继续占有质押财产，质押财产就会毁损、灭失。如果不存在质押财产毁损、灭失的现实可能性，则不产生出质人的该项权利。（2）质押财产可能毁损、灭失的原因是质权人的行为。也就是说，因质权人未能履行妥善保管质押财产的义务致使质押财产可能毁损、灭失。若质押财产毁损、灭失的风险不是质权人的行为造成的，则出质人无权要求将质押财产提存或者提前清偿债务并返还质押财产。

依《担保法解释》第 92 条规定，因质权人不能妥善保管质押财产可能致使其灭失或者毁损，出质人要求将质押财产提存的，应当将质押财产提存，提存费用由质权人负担，因为该提存是由质权人的行为造成的；出质人要求提前清偿债权的，质权人应当同意，并应当扣除未到期部分的利息，因为于此情形下，质权人丧失其期限利益。

3. 对质权人的抗辩权

质权是由出质人与质权人以质权合同设立的，是担保主债权的，因此，出质人享有对质权人的抗辩权。出质人的抗辩权包括基于主债务的抗辩权和基于质权合同的抗辩权。例如，出质人可以为质权合同存在无效或者可撤销事由的抗辩，可以为主债权无效或者清偿期延长等的抗辩。出质人的抗辩权是基于质权关系而独立享有的，因此，出质人为物上保证人时，即使债务人抛弃其对债权人享有的抗辩权，出质人的抗辩权也不丧失，其仍可向质权人为之。

4. 质押财产孳息的收取权

《物权法》第 213 条第 1 款规定："质权人有权收取质押财产的孳息，但合同另有约定的除外。"依此规定，质权人收取质押财产孳息的规定并非强行性规定，当事人完全可以排除其适用。因此，如果当事人在质权合同中约定，质押财产的孳息由出质人收取而不由质权人收取的，则出质人在将质押财产交付给质权人占有后，仍有权收取质押财产的孳息。在出质人有权收取质押财产孳息的场合，质权的效力不及于质押财产的孳息。

5. 物上保证人对债务人的代位求偿权

《物权法》第 176 条中规定："提供担保的第三人承担担保责任后，有权向债务人追偿。"《担保法》第 72 条规定："为债务人质押担保的第三人，在质权人实现质权后，有权向债务人追偿。”如前所述，出质人为第三人的，其也就是物上保证人。物上保证人是以自己的财产为债务人担保的。在质权实现时，物上保证人就是以自己的财产为债务人清偿了债务，因此，物上保证人可以就质权人优先受偿的数额向债务人追偿。物上保证人也可以代债务人清偿债务，以消灭质权。于此情形下，物上保证人得就其代债务人清偿的数额向债务人追偿。

四、动产质权的实现

（一）动产质权实现的含义和条件

动产质权的实现又称为动产质权的实行，是指债务履行期限届满质权人未受清偿或者发生当事人约定的实现质权的情形时，质权人以质押财产的变价优先受偿其受质权担保的债权。

质权人实现动产质权须具备以下条件：

1. 债务人不履行到期债务或者发生当事人约定的实现质权的情形

一般情形下，债务履行期限届满非因质权人的原因债权未受清偿的，质权人即可实现质权。债务履行期限未届满前，债务人是否履行债务尚不能确定，也就不能发生质权的实现。在此期间，即使质权人依法拍卖或变卖质押财产的，也不属于实现质权，而属于保全质权。债务履行期限届满，债务人清偿债务，或者出质人代债务人清偿了债务，质权人的债权实现，质权消灭，当然也不发生质权的实现。债务履行期限届满而质权人未受偿的，质权人就有必要实现质权，以实现其利益。这里的所谓质权人未受清偿，是指质权人受质权担保的债权未受全部清偿。质权人虽受部分清偿的，质权人仍可实现质权。但质权人因自己的原因未受清偿的，因其债权未受清偿不是债务人方面的原因造成的，其不受清偿的后果自应自行承担，质权人不得实现质权。例如，债务人清偿债务，而质权人无正当理由拒收；或者第三人代债务人清偿债务，质权人拒绝的，质权人就不能以未受清偿为由实现质权。

虽不属于债务人不履行到期债务，但发生当事人约定的实现质权的情形时，质权人也可实现质权。

2. 质权人占有质押财产

因质权以占有为存续要件，只有质权人占有质押财产，质权人才能实现质权。若质权人不占有质押财产，则不能实现质权。若质权人的占有受到不法侵害，质权人也只有在恢复占有后才能实现质权。当然，占有质押财产，不以单独、直接占有为必要。但在质权人与他人共同占有质押财产的情形下，于质权实现时，质权人应向他人请求单独占有质押财产，以实现质权。

《物权法》第220条规定：“出质人可以请求质权人在债务履行期届满后及时行使质权；质权人不行使的，出质人可以请求人民法院拍卖、变卖质押财产。出质人请求质权人及时行使质权，因质权人怠于行使权利造成损害的，由质权人承担赔偿责任。”依此规定，于具备质权实现条件时，质权人并非必须立即实现质权，因为实现质权是质权人的权利，可由其自己决定何时行使。在其未实现质权前，出质人清偿所担保的债权的，质权即消灭。但于出质人要求质权人实现质权而质权人未及时行使时，出质人可以要求法院拍卖、变卖质押财产。经出质人请求质权人及时行使而因质权人怠于行使权利造成的质押财产价格下跌等损害，由质权人承担赔偿责任。

（二）动产质权实现的方式

质权的实现方式，也就是质押财产的变价方式。《物权法》第219条第2款规定：“债务人不履行到期债务或者发生当事人约定的实现质权的情形，质权人可以与出质人协议以质押财产折价，也可以就拍卖、变卖质押财产所得的价款优先受偿。”依此规定，动产质权的实现方式包括以质押财产折价和拍卖、变卖质押财产。

1. *以质押财产折价*

以质押财产折价是指由质权人以质押财产的价格取得该财产的所有权，质权人从所折价款中优先受偿其受担保的债权。以质押财产折价方式实现质权的，须具备以下条件：

（1）经出质人同意。质权人以质押财产折价方式实现质权的，须与出质人达成折价的协议。未经出质人同意的，质权人不能以折价方式实现质权。一般来说，先由质权人提出折价的意思表示（要约），出质人作出同意折价的意思表示（承诺）。质权人与出质人若仅对所折价格有不同意见，可由双方同意的第三人对质押财产予以评估，以评估的价格折价。但若双方就第三人的评估也达不成协议的，则不能适用折价的方式。

（2）具备质权实现的条件。只有在具备质权实现条件时，质权人才可以与出质人协议以质押财产折价。在债务履行期届满前，质权人与出质人不得协议以质押财产折价。《物权法》第211条规定：“质权人在债务履行期届满前，不得与出质人约定债务人不履行到期债务时质押财产归债权人所有。”这一规定属于流质契约的禁止。只要在债务履行期届满前，当事人无论是在质权合同中还是在订立质权合同后，另行约定债务人不履行到期债务质押财产即归债权人所有的，该约定都是无效的。当然，该约定内容的无效并不影响质权合同其他部分内容的效力。因此，在债务履行期届满前，质权人与出质人约定在债务履行期届满质权人未受清偿时质押财产所有权归质权人所有的，并非当事人同意以折价方式实现质权的协议。即使当事人协议在质权人未受清偿时以一定价格由质权人取得质押财产所有权，该协议也无效。即使当事人于实现质权时，同意以原约定的价格折价，也不能认为原约定有效，而是达成新的折价协议。

（3）不损害第三人的利益。债务履行期限届满质权人未受清偿时，质权人与出质人协议以质押财产折价由质权人取得质押财产的，不得损害第三人的利益。如果质权人与出质人的折价协议损害第三人的利益（如因折价过低，使第三人的债权不能受偿），第三人得请求撤销质权人与出质人的折价协议。为保护第三人的利益不受损害，《物权法》第219条第3款规定：“质押财产折价或者变卖的，应当参照市场价格。”

在以质押财产折价实现质权时，因质押财产由质权人占有，自双方折价协议生效时起，质押财产即由质权人取得所有权，但质权人取得质押财产的所有权并非是以质押财产代清偿，因此，以质押财产折价的，于其价格超过质权所担保的债权数额部分，质权人应返还给出质人；其价格不足质权所担保债权数额的，质权人仍有权要求债务人清偿不足部分。

例题39 甲公司为乙公司向银行贷款100万元提供保证，乙公司将其基于与丙公司签订的供货合同而对丙公司享有的100万元债权出质给甲公司作反担保。下列哪一表述是正确的？（2013年司法考试题）

A. 如乙公司依约向银行清偿了贷款，甲公司的债权质权仍未消灭

B. 如甲公司、乙公司将出质债权转让给丁公司但未通知丙公司，则丁公司可向丙公司主张该债权

C. 甲公司在设立债权质权时可与乙公司约定，如乙公司届期不清偿银行贷款，则出质债权归甲公司所有

D. 如乙公司将债权出质的事实通知了丙公司，则丙公司可向甲公司主张其基于供货合同而对乙公司享有的抗辩

解析：本题的考点主要是质权、反担保。乙公司提供反担保的目的是担保甲公司对乙公司追偿权的实现。因此，若乙公司依约向银行清偿了贷款，则甲公司就不会再承担保证责任，也就不存在对乙公司的追偿问题，反担保的债权质权也就归于消灭。根据《合同法》第80条第1款规定，债权人转让权利，未通知债务人的，该转让对债务人不发生效力。因此，若甲公司、乙公司将出质债权转让给丁公司但未通知丙公司，则丁公司不能向丙公司主张债权。根据《物权法》第211条规定，质权人在债务履行期届满前，不得与出质人约定债务人不履行到期债务时质押财产归债权人所有。据此，质押合同中的流质条款无效。在债权质权实现时，因债务人未清偿到期债务，质权人直接向第三债务人主张债权的，第三债务人对出质人的抗辩也可以向质权人主张。因此，答案应为D项。

2. 质押财产的拍卖、变卖

拍卖是以公开竞价的方式出卖，变卖则是以拍卖以外的方式出卖。

质权人于实现质权时，就质押财产折价与出质人达不成协议的，只能以拍卖、变卖质押财产的方式实现质权。但质权人也可以不与出质人就质押财产折价进行协商，而直接将质押财产拍卖、变卖。

质权人拍卖、变卖质押财产的，须依法为之。所谓依法，第一是指依法律规定的程序拍卖、变卖，如拍卖质押财产的，应遵循拍卖法的有关规定。第二是指公平、合理地进行拍卖、变卖，如变卖质押财产的，应当参照市场价格。第三是指应事先通知出质人。尽管质权人出卖质押财产无须经出质人同意，但质权人于能够通知的情形下，应将出卖质押财产的情事通知出质人，以使出质人有所准备。

质权人出卖质押财产是以自己的名义进行的，而不是作为出质人的代理人以出质人的名义进行的。因此，因出卖质押财产所产生的权利、义务均属于质权人，而不属于出质人。除法律另有规定或者当事人另有约定外，自质权人将出卖的质押财产移交给买受人时，质押财产的所有权即转归买受人，质押财产上原有的负担消灭。

依《物权法》第221条规定，质押财产拍卖、变卖后，其价款超过质权担保数额的部分归出质人所有，质权人应将其返还给出质人；拍卖、变卖的价款不足质权所担保的债权额的，不足部分由债务人清偿。

五、动产质权的消灭

动产质权为担保物权，既可基于物权消灭的一般原因而消灭，也可基于担保物权消灭的一般原因而消灭，还可基于其特别的消灭原因而消灭。

（一）动产质权因质押财产灭失而消灭

动产质权的标的为质押财产，质押财产灭失的，动产质权也因标的的不存在而消灭。但是，基于质权的不可分性，质押财产部分灭失的，质权不消灭，仍存在于质押财产未灭失的部分；因质权为价值权，质押财产虽灭失而有代位物的，质权不消灭，存在于代位物上。依《物权法》第174条规定，在质押财产灭失、毁损或者被征收等情况下，质权人可以就获得的保险金、赔偿金或者补偿金等优先受偿；质权所担保的债权未届满清偿期的，也可以提存保险金、赔偿金或者补偿金等。

（二）动产质权因其所担保的债权的消灭而消灭

质权与其担保的主债权同时存在，主债权消灭的，质权也消灭。但这里的债权消灭，是指债权的绝对消灭，即不仅质权人不再享有该债权，他人也不会享有该债权。如果债权仅是相对消灭，如质权人将其债权转让给第三人，则质权也会随之转移，虽质权人的债权消灭，但因该债权未绝对消灭，质权也不能消灭。在第三人代债务人清偿债务而取得代位求偿权的情形下，原质权人的质权消灭，但该质押财产上存在的质权不消灭而为代位求偿权人取得。在发生混同的情形下（如质权人取得质押财产的所有权或者出质人取得质权），质权也消灭，但质权消灭会损害第三人的利益的，质权不消灭。

（三）质权因债务人未经物上保证人同意转让债务而消灭

出质人为物上保证人时，出质人是为特定的债务人担保债务履行的，也就是说其是基于特定债务人的信用而提供担保的，因此，若该债务人的债务转移给他人而又未经其同意，则出质人提供担保的基础不存在，质权应当消灭。依《物权法》第 175 条规定，出质人为物上保证人时，债权人允许债务人转移全部或部分债务，未经出质人书面同意的，出质人对未经其同意转让的债务，不再承担担保责任。

（四）质权因抛弃及质押财产的任意返还而消灭

质权为质权人的财产权利，质权人得抛弃其权利。因此，在质权人绝对抛弃其质权时，质权当然也就消灭。

动产质权是以质权人占有质押财产为存续要件的，因此，在质权人任意将质押财产返还于出质人时，视为质权人放弃质权，质权消灭。《担保法解释》第 87 条第 1 款规定："出质人代质权人占有质物的，质押合同不生效；质权人将质物返还于出质人后，以其质权对抗第三人的，人民法院不予支持。"我们认为，如前所述，质权不能以占有改定的方式设立，出质人将质押财产返还给出质人的，质权也就消灭，因此，质权人不能以其质权对抗第三人。于此情形下，质权人也不能向出质人主张质权。质权人主张质权的，必须证明其将质押财产的占有返还给出质人不是基于自己的意思，否则，质权人也不能对出质人主张质权。质权人返还质押财产，不以其将质押财产移交给出质人直接占有为限。质权人依出质人的意思将质押财产移交给代出质人受领的第三人的，也为质押财产的任意返还。质押财产的占有转移于出质人不是基于质权人的意思的，不属于质押财产的任意返还，质权不能当然消灭。于此种情形下，质权人得基于占有要求出质人返还质押财产，质权人恢复占有的，质权仍存续。

（五）质权因质押财产占有的丧失而消灭

如前所述，质权以质权人占有质押财产为存续要件。因此，若质权人丧失对质押财产的占有，质权也就不能存在。质物占有的丧失，从广义上说，包括质权人任意将质押财产返还给出质人；从狭义上说，仅指质权人非基于自己的意思而丧失对质押财产的占有，如质押财产遗失、被盗、被侵夺。《担保法解释》第 87 条第 2 款规定："因不可归责于质权人的事由而丧失对质物的占有，质权人可以向不当占有人请求停止侵害、恢复原状、返还质物。"依此规定，在因不可归责于质权人的事由而丧失对质押财产的占有时，不法占有人的占有构成对质权人的侵害，质权人得要求不法侵害人返还质押财产，质权不消灭。但是，在他人已依善意取得规则取得质物所有权时，质权人的占有不能恢复，质权也就消灭了。《物权法》第245条第2款规定："占有人返还原物的请求权，自侵占发生之日起一年内未行使的，该请求权消灭。"因此，丧失质押财产占有的质权人若因返还原物请求权期限届满而不能恢复对质押财产的占有的，质权消灭。

（六）质权因实现而消灭

质权人于具备质权实现条件时实现质权的，质权因其实现而消灭。即使质权人的债权未受全部清偿，其未受偿的部分也只能转为普通债权，由债务人负责清偿，出质人不负清偿责任。

第三节　权利质权

一、权利质权概述

（一）权利质权的概念和特点

何为权利质权？法律上并无定义，学者的定义也不一致。从字面含义上说，权利质权也就是以权利为标的的质权。但以权利为标的的担保权又不都属于权利质权，有的属于抵押权。如前所述，动产质权与抵押权的根本区别就在于质权的成立以担保财产占有的移交为要件，而抵押权的成立并不移交担保财产的占有。由于权利质权不存在担保权标的占有的转移问题，所以不能以是否转移担保权标的的占有作为区分权利质权和权利抵押权的标准。从各国法律规定来看，以不动产上的权利为标的的担保物权，一般称为抵押权，而以债权等其他财产权利为标的的担保物权，则称权利质权。依《担保法》《物权法》的规定，权利质权的标的不包括不动产上的权利。由此我们可以将权利质权定义为以出质人提供的除所有权、用益物权以外的其他财产权利为标的而设立的担保物权。

权利质权具有以下两个根本特点：

其一，权利质权为担保物权。权利质权是以担保债权实现为目的的，因而是一种担保权。权利质权的权利人得以其标的权利的价值优先受偿，因而是一种价值权。由于权利质权的权利人得对出质人提供质押的权利予以直接的支配，具有物权的特点，并且也必须以特定的方式公示权利的存在，故而权利质权应属于担保物权。

其二，权利质权是以所有权及用益物权以外的财产性权利为标的的质权。权利质权与动产质权一样，都属于质权，但权利质权不是以动产为标的的，而是以财产性权利为标的。从法制史上说，最初的担保方式就是质权。但自抵押制度产生后，抵押与质押就为两种不同的担保方式。在不动产上一般只能设立抵押权，而不设立质权。相应地，以不动产上的他物权（用益物权）为标的的担保物权也仅为抵押权，以其他财产权利为标的设立的担保物权则称为质权。但是，由于不动产物权外的其他财产权利性质各异，其权利的公示方式有所不同，有的权利质权在设立方式和实现方式等方面类似于抵押权，故有的国家也将其归入抵押权。在我国，从《物权法》第223条来看，以债权（包括一般债权和证券债权）、股权、知识产权等财产权利为标的的担保物权，都属于权利质权。

权利质权是以财产权利而非动产为标的的质权，其与动产质权在标的、成立以及实现方式等方面都存在不同。但权利质权在本质上也属于质权，其与动产质权必有共同之处，因此，《物权法》第229条特别规定："权利质权除适用本节规定外，适用本章第一节动产质权的规定。"

（二）权利质权的标的

权利质权的标的是出质人供为债权担保的权利。权利质权是担保物权，为变价权、价值权，又不同于动产质权，因此，权利质权的标的须具备以下特点：

1. 须为财产权

财产权是不同于人身权的一类民事权利，它是以财产为内容的，可以以金钱估价的权利。财产权具有价值，因此，财产权得为权利质权的标的。而人身权，不论是生命健康权、名誉权、肖像权等人格权，还是荣誉权、监护权等身份权，因其不能以金钱估价，不具有交换价值，也就不能成为权利质权的标的。通常认为，知识产权具有财产权和人身权两方面的内容，就其财产权可以以金钱估价，得为权利质权的标的。

2. 须具有让与性

权利质权为变价权，于债务人不履行债务时，质权人得以质权的标的的价值优先受偿，因此，权利质权的标的须具有可让与性。虽为财产权，但不具有可让与性的权利不能为权利质权的标的，因为质权人无法以其价值优先受偿。例如，继承权虽为财产权，但因其无可让与性，无变价的可能，也就不能为权利质权的标的。又如，亲属间的扶养权、抚恤金领取请求权等也为财产权，但其与权利主体密不可分，不得转让，无让与性，也就不能为权利质权的标的。若某项财产权利的让与性于质押时受一定限制，但于质权实现时可以让与，则该财产权利并非完全不具备可让与性，可以为权利质权的标的。

3. 须为适于设质的权利

如前所述，以财产权利设立的担保物权并非都属于权利质权。一项具有财产内容、具有可让与性的权利，可以用于设立担保物权，但不等于可用于设立质权，只有适于设质的可让与的财产权利，才可为权利质权的标的。至于何种权利适于设质，何种权利不适于设质，决定于该国的法律规定。一般来说，在立法上规定不动产质权的国家和地区，不动产物权也可为质权的标的，而在立法上不规定不动产质权的国家和地区，不仅不动产所有权不能为质权标的，不动产上的用益物权也不能成为质权的标的。但对于以知识产权为标的的担保物权，有的规定为抵押权，也有的规定为质权。依我国现行法的规定，不动产所有权以及不动产用益物权不能为权利质权的标的，如以建设用地使用权或者土地承包经营权为标的的担保物权是抵押权，而非质权。抵押权也只有在随其所担保的债权一同入质的情形下，才可与债权一并为质权的标的，但其不能与所担保的债权分离而单独为权利质权的标的。除不动产所有权和用益物权外的其他财产权利，原则上都属于适于设质的财产权。依《物权法》第223条，债务人或者第三人有权处分的下列权利可以质押：（1）汇票、支票、本票；（2）债券、存款单；（3）仓单、提单；（4）可以转让的基金份额、股权；（5）可以转让的注册商标专用权、专利权、著作权等知识产权中的财产权；（6）应收账款；（7）法律、行政法规规定可以出质的其他财产权利。

例题40 根据《物权法》的规定，下列哪一类权利不能设定权利质权？（2009年司法考试题）

A. 专利权　　B. 应收账款债权

C. 可以转让的股权　　D. 房屋所有权

解析：本题的考点是权利质权的标的。依《物权法》的规定，专利权、应收账款债权、可以转让的股权都可以质押，而房屋所有权属于不动产物权，既不能设立权利质权，也不能设立动产质权。因此，答案应为D项。

例题 41　甲对乙享有10万元的债权，甲将该债权向丙出质，借款5万元。下列哪一表述是错误的？（2012年司法考试题）

A. 将债权出质的事实通知乙不是债权质权生效的要件

B. 如未将债权出质的事实通知乙，丙即不得向乙主张权利

C. 如将债权出质的事实通知了乙，即使乙向甲履行了债务，乙不得对丙主张债已消灭

D. 乙在得到债权出质的通知后，向甲还款3万元，因还有7万元的债权额作为担保，乙的部分履行行为对丙有效

解析：本题的考点是债权质权。以债权出质的，应当适用债权转让的规则，即债权人转让债权的，应当通知债务人；未通知债务人的，对债务人不发生效力。因此，甲将债权出质的事实通知乙并不是质权的生效要件，而仅对乙的债务履行发生效力，即乙不得再向甲履行债务。如果甲未将债权出质的事实通知乙，则对乙不发生效力，丙不得向乙主张权利。如果乙在得到债权出质的通知后向甲履行了全部或部分债务，对丙也不发生效力，丙仍有权要求乙履行债务。因此，答案应为D项。

例题 42　甲公司通知乙公司将其对乙公司的10万元债权出质给了丙银行，担保其9万元贷款。出质前，乙公司对甲公司享有2万元到期债权。如乙公司提出抗辩，关于丙银行可向乙公司行使质权的最大数额，下列哪一选项是正确的？（2014年司法考试题）

A. 10万元　　B. 9万元

C. 8万元　　D. 7万元

解析：本题的考点主要是债权质权担保的范围。本题中，甲将债权出质于丙，应当参照适用债权让与的规定。根据《合同法》第83条规定，债务人接到债权转让通知时，债务人对让与人享有债权，并且债务人的债权先于转让的债权到期或者同时到期的，债务人可以向受让人主张抵销。因此，乙可以向质权人丙主张2万元的抵销权；如果乙主张抵销，则丙主张的质权最大数额就是8万元。因此，答案应为C项。

（三）权利质权的当事人

权利质权也须以合同的方式设立，订立质权合同的当事人为权利质权的质权人与出质人。

权利质权的质权人须为受权利质权担保的主债权的债权人。质权人不论是通过权利质权的设立取得质权的，还是通过其他方式取得权利质权的，都须享有主债权。不享有主债权的人不能享有担保该债权的权利质权。至于受权利质权担保的债权是否已过诉讼时效，不影响权利质权的存在。如前所述，当事人也可以为诉讼时效期间届满的债权设立担保物权，若当事人为已过诉讼时效的债权设立权利质权担保，债权人仍然可取得权利质权。

权利质权的出质人为提供财产权利质押的人。出质人可以是债务人，也可以是债务人以外的第三人，但应为有权处分出质权利的人。出质人以自己无权处分的权利出质的，质权人可依善意取得规则取得质权，由此而给真正权利人造成损失的，应由出质人承担赔偿责任。

权利质权是以财产权利为标的的，而权利应有相应的义务人。特别是以债权出质的，出质债权的债务人与权利质权有着利害关系，但出质权利的义务人并非权利质权的当事人，只能属

于有利害关系的第三人。

二、证券债权质权

（一）证券债权质权的含义

证券债权质权是指以证券债权为权利标的的质权。所谓证券债权，是指以有价证券表彰的债权。有价证券是设立并证明持券人有权取得一定财产权利的书面凭证。有价证券依其所设立的财产权利的性质，可以分为设立一定股份的有价证券（如股票）、设立一定物权的有价证券（如仓单、提单）和设立一定债权的有价证券（如票据、债券）。仓单、提单虽为设立一定物权，持有仓单、提单者也就是物品所有人，但仓单、提单实际上也是“物权债权化”的表现，持有仓单、提单的人并不能直接支配其所有的物品，其享有的也就是请求义务人交付物品的请求权，因此，这类有价证券也可以视为债权证券，所代表的也是一种债权。因此，以仓单、提单质押所设立的质权也属于证券债权质权。

证券债权不同于一般债权，因为证券债权是与证券不可分的，持有证券才能享有证券所表彰的权利，不持有证券也就不能向证券义务人主张权利。因此，以证券债权设质也就表现为以证券质押。正因为如此，证券债权质权也被称为有价证券质权，但有价证券质权并非都是证券债权质权。

证券债权质权的标的是证券上所表彰的债权性权利，但并非各种债权性证券都可以质押。债权性证券依其所代表权利的内容可以分为以请求给付一定金钱为内容的金钱证券（如债券、存款单、汇票、支票、本票等），以请求给付一定物品为内容的物品证券（如仓单、提单等），以请求提供一定服务为内容的服务证券（如车、船票，机票等）等，其中，服务证券有的不具有可让与性（如机票），当然不能质押；有的虽具有可让与性（如车、船票），但因其权利的行使有限制，也不适于设质。如上所述，依《物权法》的规定，汇票、支票、本票、债券、存款单、仓单、提单可以质押，用以设立证券债权质权。但这些有价证券上如记载有“不得转让”字样的，因其不具有可让与性，也不能用于设立质权。如最高人民法院《关于审理票据纠纷案件若干问题的规定》第 53 条、第 54 条规定：出票人在票据上记载“不得转让”字样，其后手以此票据进行贴现、质押的，通过贴现、质押取得票据的持票人主张票据权利的，人民法院不予支持；背书人在票据上记载“不得转让”字样，其后手以此票据进行票据贴现、质押的，原背书人对后手的被背书人不承担票据责任。

（二）证券债权质权的设立

《物权法》第 224 条规定：“以汇票、支票、本票、债券、存款单、仓单、提单出质的，当事人应当订立书面合同。质权自权利凭证交付质权人时设立；没有权利凭证的，质权自有关部门办理出质登记时设立。”依此规定，一般说来，以证券债权出质的，出质人与质权人应采取书面形式订立质权合同。质权合同中应当约定出质人交付权利凭证的期限。出质人未在约定期限内交付权利凭证的，质权人得要求其交付。自出质人将权利凭证交付质权人时，质权设立。没有权利凭证的，质权则自有关部门办理出质登记时设立。

因票据、债券、存款单、仓单、提单有不同的特点，在权利质权的设立上也就有不同的要求。

1. 票据质押

依《票据法》的规定，票据包括汇票、支票和本票。汇票是指由出票人签发的，委托付款人在见票时或者在指定日期无条件支付确定金额给收款人或者持票人的票据；支票是指出票人签发的，委托办理支票存款业务的银行或者其他金融机构在见票时无条件向收款人或者持票人支付确定的金额的票据；本票是指出票人签发的，承诺自己在见票时无条件向收款人或者持票人支付确定金额的票据。以票据质押的，不但当事人之间应订立质权合同，并且只有在出质人将票据交付给质权人时，质权才成立，而且应在出质的票据上背书记载“质押”的字样。《票据法》第35条第2款规定：“汇票可以设定质押；质押时应当以背书记载‘质押’字样。被背书人依法实现其质权时，可以行使汇票权利。”这一规定也适用于支票、本票的质押。依最高人民法院《关于审理票据纠纷若干问题的规定》第55条以及《票据法》第35条第2款，以汇票设立质押时，出质人在汇票上只记载了“质押”字样，未在票据上签章的，或者出质人未在汇票、粘单上记载“质押”字样而另行签订质押合同、质押条款的，不构成票据质押。《担保法解释》第98条规定：“以汇票、支票、本票出质，出质人与质权人没有背书记载‘质押’字样，以票据出质对抗善意第三人的，人民法院不予支持。”依此规定，以票据质押的，若在票据上未背书记载“质押”字样，则质权人的质权虽可成立，但票据出质不具有对抗善意第三人的效力。这里的所谓不能对抗善意第三人，并非指质权人的质权不能对抗善意第三人，而是指质权人所为的质押目的以外的行为对于善意第三人可发生效力。例如，质权人将票据背书转让时，善意第三人就可以取得受让票据的权利，义务人不能以该票据质押为由拒绝履行票据义务。质权人以其所持有的未背书记载“质押”字样的票据向票据债务人主张票据权利时，债务人也不能以持票人仅有质权予以抗辩，债务人得因其向合法的票据持有人履行义务而免责。

2. 债券质押

债券是指国家或者企业依法发行的，约定于到期时还本付息的有价证券。《担保法解释》第99条规定：“以公司债券出质的，出质人与质权人没有背书记载‘质押’字样，以债券出质对抗公司或者第三人的，人民法院不予支持。”依此规定，以公司债券质押的，当事人也应在公司债券上背书记载“质押”字样，质权自出质人将公司债券交付给质权人时成立。若出质人与质权人未在公司债券上背书记载“质押”字样，则质权人以债券所有人而非质权人所实施的行为，对于公司或者第三人有效。依《凭证式国债质押贷款办法》的规定，1999年后财政部发行的凭证式国债可以质押。借款人申请办理质押贷款业务时，应向其原认购国债的银行提出申请，经对申请人的债权进行确认并审核批准后，由借贷双方签订质押贷款合同。作为质押品的凭证式国债交贷款机构保管，由贷款机构（质权人）出具保管收据。保管收据是借款人办理凭证式国债质押贷款的凭据，不准转让、出借和再质押。借款人办理凭证式国债质押贷款业务时，必须持本人名下的凭证式国债和能证明本人身份的有效证件；使用第三人的凭证式国债办理质押业务的，需以书面形式征得第三人同意，并同时出示本人和第三人的有效身份证件。

3. 存款单质押

存款单简称存单，是储蓄机构向存款人开具的证明其存款的凭证，存款人有权凭存款单支取存款和利息，储蓄机构应当向其支付存款和利息。存款单有定期存款单与活期存款单之分，可以质押的存款单主要是指定期存款单。《担保法解释》第100条规定：“以存款单出质的，签发银行核押后又受理挂失手续并造成存款流失的，应当承担民事责任。”所谓核押，是指存款单的签发银行在核实存款单后在存款单上加附质押的批注。这也就是说，以存款单出质的，出质人应当将存款单交付质权人，出质人与质权人应当将存款单质押的事实通知签发该存款单的银行，由签发银行在出质的存款单上加附质押的批注，否则，存款单的出质不能对抗第三人。签发银行核押后，就应对质权人负担保存款单有效的责任。依最高人民法院《关于审理存单纠纷案件的若干规定》第8条规定，存单持有人以伪造、变造的虚假存单质押的，质押合同无效。存单持有人以金融机构开具的、未有实际存款或与实际存款不一致的存单进行质押，以骗取或占用他人财产的，该质押关系无效。以金融机构核押的存单出质的，即使存单系伪造、变造、虚开，质押均为有效，金融机构应当依法向质权人兑付存单所记载的款项。

依《单位定期存单质押贷款管理规定》，单位定期存单是指借款人为办理质押贷款，委托贷款人依据开户行证实书向接受存款的金融机构申请开具的人民币定期存款权利的凭证。办理单位定期存单质押贷款，贷款人和出质人应当订立书面合同，合同应当载明下列内容：(1) 出质人、借款人和质权人名称、住址或营业场所；(2) 被担保的贷款的种类、数额、期限、利率、贷款用途以及贷款合同号；(3) 单位存款单号码及所载存款的种类、户名、账户、开立机构、数额、期限、利率；(4) 质押担保的范围；(5) 存款行是否对单位定期存单进行了确认；(6) 单位定期存单的保管责任；(7) 质权的实现方式；(8) 违约责任；(9) 争议的解决方式；(10) 当事人认为需要约定的其他事项。合同应当由出质人和贷款人签章，签章为其法定代表人、经法定代表人授权的代理人或主要负责人签字并加盖单位公章。存款行应对其开具并经过确认的单位定期存单进行登记备查，并妥善保管有关文件和材料。质押的单位定期存单被退回时，也应及时登记注销。

4. 仓单、提单质押

仓单是仓库保管人向存货人签发的单据，仓单持有人享有存货人的权利，得请求仓库保管人交付仓储物。提单是承运人签发的证明运输合同和货物已经由承运人接受或装船，以及承运人保证据以交付货物的单证。以仓单、提单质押的，质权自出质人将仓单、提单交付给质权人时成立。但因为仓单、提单代表着提取一定货物的权利，如果仓库保管人、承运人不知道质押的事实，善意取得仓单、提单的第三人要求提取货物的，仓库保管人、承运人应当交付货物，因此，以仓单、提单出质的，出质人与质权人应当将质押的事实通知仓库保管人、承运人，否则不得以仓单、提单的出质对抗善意第三人。

仓单、提单代表着一定物品的权利，属于物品证券，占有仓单、提单也就意味着占有所载明的物品，因此，理论上对于仓单、提单质押是成立动产质权还是权利质权有不同的观点。但依我国法的规定，动产质权以移交质押财产的占有为质权的成立要件，而以仓单、提单质押时，出质人向质权人交付的只能是仓单、提单这种代表着物品的证券，质权人只能向仓库保管人、承运人主张提取物品，而不能占有物品，因此，以仓单、提单质押的，是成立证券债权质权，而不是成立动产质权。如果仓库保管人、承运人以其占有的物品设立质权，则善意第三人可以取得动产质权。

(三) 证券债权质权的效力

1. 证券债权质权效力所及的标的范围

证券债权质权也及于出质权利的从权利。但若附属于证券债权的从权利采取证券形式的，只有在从证券也交付于质权人时，证券质权的效力才可及于出质权利的从权利。

2. 证券债权质权人的权利义务

证券债权与证券是不可分离的，因此，证券债权质权人的权利、义务有以下特殊之处：

(1) 质权人有留置证券的权利和保全出质证券权利的义务。证券债权质权人占有证券如同动产质权人占有出质动产一样，是其质权存续的要件。因此，证券债权质权人有占有和留置证券的权利，并以此限制出质人对出质权利的行使及处分。质权人在质权存续期间，有义务妥善保管出质人交付的证券，并保全出质的权利。如因质权人保管不善造成质押的证券毁损、灭失而使出质人遭受损失的，质权人应承担赔偿责任。如《凭证式国债质押贷款办法》第13条中规定，贷款机构（即质权人）应妥善保管质押品，因保管不善如丢失、损坏等造成的损失，由贷款机构承担相应的责任。

（2）质权人有保全质权的权利。证券债权质权人保全质权的权利表现为其得因占有的证券被侵夺或丢失而采取补救措施。如第三人侵夺证券的，质权人有权要求其返还；质权人丧失证券占有的，可以依法采取补办手续，并依法定程序通知证券债务人停止履行义务。

（四）证券债权质权的实现

证券债权质权也是担保债权的，因此，质权人实现其质权也须具备动产质权实现所具备的一样的条件。也就是说，只有在所担保的债权受偿期限届满而未能受偿或者发生当事人约定的实现质权的情形时，质权人才能实现其质权。但与动产质权的实现不同，动产质权的质权人实现质权时无须第三人参与，而证券债权质权的实现须有第三人的参与，即质权人须要求第三人履行证券义务。而且证券债权质权是以证券质押设立的，证券上载明的义务履行日期可能迟于被担保的主债权的清偿期，因此，证券债权质权的实现上也就有不同的特点。《担保法解释》第102条规定："以载明兑现或者提货日期的汇票、支票、本票、债券、存款单、仓单、提单出质的，其兑现或者提货日期后于债务履行期的，质权人只能在兑现或者提货日期届满时兑现款项或者提取货物。"依此规定，证券债权的实现，还需具备证券上所载明的兑现日期或者提货日期届满这一条件。

当然，证券上所载明的义务履行期限也可先于债务履行期，于此情形下，应如何处理呢？《物权法》第225条对此有明确规定，即："汇票、支票、本票、债券、存款单、仓单、提单的兑现日期或者提货日期先于主债权到期的，质权人可以兑现或者提货，并与出质人协议将兑现的价款或者提取的货物提前清偿债务或者提存。"依此规定，质权人在其质权的实现上有独立的及排他的收取权，只要证券上所载明的兑现或者提取日期届满，质权人就可以收取。但在债务履行期未届满时，质权人兑现款项或者提取货物仅是为保全权利，未经出质人同意，质权人不能直接以收取的款项或者提取的货物受偿，质权存在于收取的款项或者提取的货物上。于此情形下，质权人可以与出质人协商将兑现的款项或者提取的货物用于提前清偿债务人的债务；协商不成的，则只能将收取的款项或者提取的货物提存。

三、基金份额、股权质权

（一）基金份额、股权质权的含义

基金份额、股权质权是指以基金份额、股权为标的的权利质权。

基金份额是以一定的金额表示的基金的最小单位，股权是股东因出资对公司财产所享有的权利。基金份额、股权属于财产权利，具有财产价值。因此，只要是可以转让的基金份额、股权，就可以用于设立质权。

基金份额、股权不属于债权性权利，因此，基金份额、股权质权是不同于证券债权质权的一种权利质权。

（二）基金份额、股权质权的设立

《物权法》第 226 条第 1 款规定：“以基金份额、股权出质的，当事人应当订立书面合同。以基金份额、证券登记结算机构登记的股权出质的，质权自证券登记结算机构办理出质登记时设立；以其他股权出质的，质权自工商行政管理部门办理出质登记时设立。”依此规定，以基金份额、股权出质的，有以下要求：

1. 出质的基金份额、股权须可以转让

不可转让的基金份额、股权不能用于质押。例如，依《公司法》第 141 条规定，股份有限公司的发起人持有的本公司的股份，自公司成立之日起 1 年内不得转让；公司公开发行股份前已发行的股份，自公司股票在证券交易所上市交易之日起 1 年内不得转让。公司董事、监事、高级管理人员所持有的本公司的股份，在任职期间每年转让的股份不得超过其所持有本公司股份总数的 25%；所持本公司股份自公司股票上市交易之日起 1 年内不得转让。上述人员离职后半年内不得转让其所持有的本公司股份。因此，这些股份权利在限制转让的期限内不得转让，除非质权人是在规定的转让限制期限后行使质权。又如，依《公司法》第 142 条规定，公司不得接受本公司的股票作为质押权的标的。有限责任公司的股东以其股份为股东以外的人设立质权担保的，须经全体股东过半数的同意。再如，依《外商投资企业投资者股权变更的若干规定》第 6 条第 1 款，经企业其他投资者同意，缴付出资的投资者可以经审批机关批准将其已缴付出资部分形成的股权质押给质权人；投资者不得质押未缴付出资部分的股权；投资者不得将其股权质押给本企业。依《证券公司股票质押贷款管理办法》（以下简称《管理办法》）第 12 条规定，用于质押贷款的股票应业绩优良、流通股本规模适度、流动性较好。贷款人不得接受以下几种股票作为质押物：（1）上一年度亏损的上市公司股票；（2）前 6 个月内股票价格的波动幅度（最高价/最低价）超过 200%的股票；（3）可流通股股份过度集中的股票；（4）证券交易所停牌或除牌的股票；（5）证券交易所特别处理的股票；（6）证券公司持有一定上市公司已发行股份的 5%以上的，该证券公司不得以该种股票质押，但证券公司因包销购入售后剩余股票而持有 5%以上股份的，不受此限。

2. 出质人与质权人订立书面质权合同

质权合同应以书面形式为之。当事人未采取书面形式订立合同，但出质人将股票交付给质权人，质权人接受，并办理相关登记手续的，质权成立。

3. 办理出质登记

依《物权法》第 226 条规定，凡以基金份额、证券登记结算机构登记的股权出质的，应在证券登记结算机构办理出质登记，质权自证券登记结算机构办理出质登记时设立。例如，上市公司的股权在证券登记结算机构登记，以上市公司股权设立质权的，质权自向证券登记结算机构办理股权出质登记之日起成立。以其他股权出质的，应在工商行政管理部门办理出质登记，质权自登记时设立。例如，以非上市公司的股权出质的，质权自在工商行政管理部门办理出质登记时起设立。

（三）基金份额、股权质权的效力

基金份额、股权质权的效力主要有以下特殊性：

1. 质权的效力及于质权标的的法定孳息

《担保法解释》第 104 条规定：“以依法可以转让的股份、股票出质的，质权的效力及于股份、股票的法定孳息。”依《管理办法》第 35 条规定，质物在质押期间所产生的孳息（包括送股、分红、派息等）随质物一起质押。质物在质押期间发生配股时，出质人应当购买并随质物一起质押。出质人不购买而出现质物价值缺口的，出质人应当及时补足。股份、股票的法定孳息也就是盈余的分配，因此，质权人有收取分配盈余的权利。质权人收取的孳息应先充抵原本利息，再充抵原本。

2. 质权的效力及于质权标的的代表物

质权人对股权的代表物有代位权。因此，在因股票毁损，股东受领新股票时，应将新股票移交给质权人占有。依《管理办法》第 35 条第 2 款规定，质物在质押期间发生配股时，出质人应当购买并随质物一起质押。出质人不购买而出现质物价值缺口的，出质人应当及时补足。因股份的合并或者公司的合并，出质股东应受领新股份或者金钱时，质权存在于该新股份或者该金钱上；公司清算时，质权存在于出质股东的剩余财产的分配请求权上。

3. 质权人有权占有和留置股票的权利及妥善保管股票的义务

在质权存续期间，股权质权人有权占有并留置出质人移交的股票或者股份凭证，在被担保的债权未受全部清偿前，质权人得拒绝出质人以及其他人的返还请求。同时，质权人也负有妥善保管股票或者其他股份凭证的义务，未经出质人同意，不得实施导致股份消灭的行为。依《管理办法》第 28 条、第 29 条、第 30 条规定，贷款人应在证券交易所开设股票质押特别席位（以下简称特别席位），用于质物的存放和处分；在证券登记结算机构开设特别资金结算账户（以下简称资金账户），用于相关的资金结算。借款合同存续期间，存放在特别席位下的股票，借款人不得转让，但《管理办法》第 33 条的规定①以及借款人和贷款人协商同意的情形除外。证券登记结算机构应根据出质人及贷款人的申请将出质股票足额、及时转移至贷款人特别席位下存放。借款人可以向贷款人提出申请，经贷款人同意后，双方重新签订合同，进行部分（或全部）质物的置换，经贷款人同意后，由双方共同向证券登记结算机构办理质押变更登记。质押变更后，证券登记结算机构应向贷款人重新出具股票质物登记证明。

4. 质权人不享有议决权

股东所享有的权利并非全部为财产权，以股权质押的，只是以股权中的财产权利出质，股东的其他权利不受质权的影响，质权人不能因其质权而为股东，因此，质权人不能享有股东的议决权。

5. 出质人不得擅自转让出质权利

《物权法》第 226 条第 2 款规定：“基金份额、股权出质后，不得转让，但经出质人与质权人协商同意的可以除外。出质人转让基金份额、股权所得的价款，应当向质权人提前清偿债务或者提存。”依此规定，基金份额、股权出质后，出质人虽仍享有所有权，但其处分的权利受

---

① 《管理办法》第 33 条规定：“用于质押股票的市值处于本办法第二十七条规定的平仓线以下（含平仓线）的，贷款人有权无条件处分该质押股票，所得的价款直接用于清偿所担保的贷款人债权。”第 27 条规定：“为控制因股票价格波动带来的风险，特设立警戒线和平仓线。警戒线比例（质押股票市值/贷款本金×100%）最低为 135%，平仓线比例（质押股票市值/贷款本金×100%）最低为 120%。在质押股票市值与贷款本金之比降至警戒线时，贷款人应要求借款人即时补足因证券价格下跌造成的质押价值缺口。在质押股票市值与贷款本金之比降至平仓线时，贷款人应及时出售质押股票，所得款项用于还本付息，余款清退给借款人，不足部分由借款人清偿。”

到限制，出质人不得擅自转让其基金份额、股权。只有经质权人同意后，出质人才可转让出质的基金份额、股权，出质人转让所得的价款应向质权人提前清偿债务或者提存。依《管理办法》第31条规定，在质权生效期间，借款人可以向贷款人申请，贷款人同意后，按借款人的指令，由贷款人进行部分（或全部）质押物的卖出，卖出资金必须进入贷款人特别资金账户存放，该资金用于全部（或部分）提前归还贷款，多余款项退借款人。

(四）基金份额、股权质权的实现

基金份额、股权质权的核心内容也是优先受偿权。于受质权担保的债权的清偿期届满质权人未受全部清偿时，质权人得实现质权，即以质押的基金份额、股票、股份的变价优先受清偿。基金份额、股票、股份的变价也可由质权人与出质人协商采取折价、拍卖或者变卖的方式。但是，以上市公司的股票出质的，只能通过上市交易将质押的股票变价。依《管理办法》第33条、第34条规定，用于质押股票的市值处于规定的平仓线以下的，贷款人有权无条件处分该质押股票，所得的价款直接用于清偿所担保的贷款人债权。在合同期满后，借款人没有履行还款义务的，贷款人有权依照合同约定通过特别席位卖出质押股票，所得的价款直接用于清偿所担保的贷款人债权。

四、知识产权质权

(一）知识产权质权的含义

知识产权质权是指以知识产权为标的的权利质权。如前所述，知识产权的内容包括财产权利和人身权利两个方面。知识产权中的人身权利不能为权利质权的标的，因此，知识产权质权实际上是以知识产权中的财产权利为质押标的的。依《物权法》的规定，可以转让的注册商标专用权、专利权、著作权等知识产权中的财产权可用于设立知识产权质权。

(二）知识产权质权的设立

《物权法》第227条第1款规定："以注册商标专用权、专利权、著作权等知识产权中的财产权出质的，当事人应当订立书面合同。质权自有关主管部门办理出质登记时设立。"依此规定，以知识产权中的财产权设立质权的，除订立书面合同外，还需向主管部门办理出质登记，登记是知识产权质权的成立条件。因知识产权不可能采取移交占有的方式公示质权，所以出质登记也就是知识产权质权的公示方式。

1. 专利权质押

依《专利权质押登记办法》的规定，国家知识产权局负责专利权质押登记工作。在中国没有经常居所或者营业所的外国人、外国企业或者外国其他组织办理专利权质押登记手续的，应当委托依法设立的专利代理机构办理。中国单位或者个人办理专利权质押登记手续的，可以委托依法设立的专利代理机构办理。当事人申请专利权质押登记的，应当向登记机构提交下列文件：(1）出质人和质权人共同签字或者盖章的专利权质押登记申请表；(2）专利权质押合同；(3）双方当事人的身份证明；(4）委托代理的，注明委托权限的委托书；(5）其他需要提供的材料。专利权经过资产评估的，当事人还应当提交资产评估报告。登记机构收到当事人提交的质押登记申请文件后，应当通知申请人。登记机构应当自收到专利权质押登记申请文件之日起

7个工作日内进行审查并决定是否予以登记。专利权质押登记申请经审查合格的，登记机构在专利登记簿上予以登记，并向当事人发送《专利权质押登记通知书》。

登记机构经审查发现有下列情形之一的，应当作出不予登记的决定，并向当事人发送《专利权质押不予登记通知书》：（1）出质人与专利登记簿记载的专利权人不一致的；（2）专利权已终止或者已被宣告无效的；（3）专利申请尚未被授予专利权的；（4）专利权处于年费缴纳滞纳期的；（5）专利权已被启动无效宣告程序的；（6）因专利权的归属发生纠纷或者人民法院裁定对专利权采取保全措施，专利权的质押手续被暂停办理的；（7）债务人履行债务的期限超过专利权有效期的；（8）质押合同约定在债务履行期届满质权人未受清偿时，专利权归质权人所有的；（9）质押合同不符合《专利权质押登记办法》关于专利权质押合同内容要求的；（10）以共有专利权出质但未取得全体共有人同意的；（11）专利权已被申请质押登记且处于质押期间的；（12）其他应当不予登记的情形。

2. 著作权质押

依《著作权质权登记办法》的规定，国家版权局负责著作权质权登记工作。当事人以著作权出质的，出质人和质权人应当订立书面质权合同，并由双方共同向登记机构办理著作权质权登记。申请著作权质权登记的，应提交下列文件：（1）著作权质权登记申请表；（2）出质人和质权人的身份证明；（3）主合同和著作权质权合同；（4）委托代理人办理的，提交委托书和受托人的身份证明；（5）以共有的著作权出质的，提交共有人同意出质的书面文件；（6）出质前授权他人使用的，提交授权合同；（7）出质的著作权经过价值评估的、质权人要求价值评估的或相关法律法规要求价值评估的，提交有效的价值评估报告；（8）其他需要提供的材料。申请人提交材料齐全的，登记机构应当予以受理；提交的材料不齐全的，登记机构不予受理。经审查符合要求的，登记机构应当自受理之日起10日内予以登记，并向出质人和质权人发放《著作权质权登记证书》。

经审查不符合要求的，登记机构应当自受理之日起10日内通知申请人补正。补正通知书应载明补正事项和合理的补正期限。无正当理由逾期不补正的，视为撤回申请。有下列情形之一的，登记机构不予登记：（1）出质人不是著作权人的；（2）合同违反法律法规强制性规定的；（3）出质著作权的保护期届满的；（4）债务人履行债务的期限超过著作权保护期的；（5）出质著作权存在权属争议的；（6）其他不符合出质条件的。

3. 注册商标专用权质押

依《注册商标专用权质权登记程序规定》的规定，国家工商行政管理总局商标局负责办理注册商标专用权质权登记。自然人、法人或者其他组织以其注册商标专用权出质的，出质人与质权人应当订立书面合同，并向登记机构办理质权登记。质权登记申请应由质权人和出质人共同提出。质权人和出质人可以直接向登记机构申请，也可以委托商标代理机构代理。在中国没有经常居所或者营业所的外国人或者外国企业应当委托代理机构办理。办理注册商标专用权质权登记，出质人应当将在相同或者类似商品/服务上注册的相同或者近似商标一并办理质权登记。质权合同和质权登记申请书中应当载明出质的商标注册号。申请注册商标专用权质权登记的，应提交下列文件：（1）申请人签字或者盖章的《商标专用权质权登记申请书》；（2）出质人、质权人的主体资格证明或者自然人身份证明复印件；（3）主合同和注册商标专用权质权合同；（4）直接办理的，应当提交授权委托书以及被委托人的身份证明。委托商标代理机构办理的，应当提交商标代理委托书；（5）出质注册商标的注册证复印件；（6）出质商标专用权的价值评估报告。如果质权人和出质人双方已就出质商标专用权的价值达成一致意见并提交了相关书面认可文件，申请人可不再提交；(7) 其他需要提供的材料。如果申请登记书件齐备、符合规定的，登记机构应予以受理，受理日期即为登记日期。登记机构自登记之日起5个工作日内向双方当事人发放《商标专用权质权登记证》。

如果质权登记申请不符合规定的，登记机构应当通知申请人，并允许其在30日内补正。申请人逾期不补正或者补正不符合要求的，视为其放弃该质权登记申请，登记机构应书面通知申请人。有下列情形之一的，登记机构不予登记：(1) 出质人名称与登记机构档案所记载的名称不一致，且不能提供相关证明证实其为注册商标权利人的；(2) 合同的签订违反法律法规强制性规定的；(3) 商标专用权已经被撤销、被注销或者有效期满未续展的；(4) 商标专用权已被人民法院查封、冻结的；(5) 其他不符合出质条件的。

(三) 知识产权质权的效力

知识产权质权如同不动产抵押权，是以登记为成立要件的，因此，知识产权质权的效力原则上应当适用不动产抵押权效力的有关规定。

《物权法》第227条第2款规定，知识产权中的财产权利出质后，“出质人不得转让或者许可他人使用，但经出质人与质权人协商同意的除外。出质人转让或者许可他人使用出质的知识产权中的财产权所得的价款，应当向质权人提前清偿债务或者提存”。依该规定，知识产权出质后，出质人的权利受到一定限制：一方面，出质人可以自己利用出质的知识产权；另一方面，出质人不得擅自转让或者许可他人使用。出质人对出质知识产权中财产权的利用是否包括再设立质权呢？对此，我们认为，法律未规定出质人不得再设立质权，出质人应得再设立质权，因为于此种情形，后设立的质权对于先设立的质权并无影响。依上述规定，出质人不得擅自将出质的知识产权转让或者许可他人使用。如果出质人未经质权人同意而转让或者许可他人使用，应如何处理呢？《担保法解释》第105条规定：“以依法可以转让的商标专用权，专利权、著作权中的财产权出质的，出质人未经质权人同意而转让或者许可他人使用已出质权利的，应当认定为无效。因此给质权人或者第三人造成损失的，由出质人承担民事责任。”这里的所谓无效，是指质权人仍可追及该已出质的权利而行使质权，第三人由此而受到的损失由出质人承担责任。因此，我们认为，知识产权质权在其效力上如同登记的抵押权，一方面，质权有追及效力，质权人得追及至已出质的知识产权而行使质权；另一方面，出质人可与质权人协商将出质的知识产权转让或者许可他人使用，于此情形下质权存在于代位物（即出质人应得的转让费、使用费）上。也正因为如此，出质人经质权人同意转让或许可他人使用（此种同意也应包括事后的同意）所得的转让费、使用费，应当用于向质权人提前清偿债务；出质人不同意提前清偿的，应将所得价款提存，提存费用由出质人负担。

(四) 知识产权质权的实现

知识产权质权的实现也须具备一定的条件，这些条件除应与抵押权实现的条件相同外，还应包括出质权利的有效存在。

于具备质权实现条件时，质权人可与出质人协商以折价、转让或者许可他人使用的方式将出质的知识产权变价，质权人从其变价中优先受偿其受担保的债权。折价、转让或者许可他人使用所得价款超过质权所担保的债权额的，剩余部分应返还给出质人；不足以清偿的部分，质权人仍可要求债务人清偿。

五、应收账款质权

（一）应收账款质权的含义

应收账款质权是指以应收账款为标的的权利质权。

依《应收账款质押登记办法》（中国人民银行令［2007］第4号）第4条，应收账款是指权利人因提供一定的货物、服务或设施而获得的要求义务人付款的权利，包括现有的和未来的金钱债权及其产生的收益，但不包括因票据或其他有价证券而产生的付款请求权。应收账款包括：（1）销售产生的债权，包括销售货物，供应水、电、暖气，知识产权的许可使用等；（2）出租产生的债权，包括出租动产或不动产；（3）提供服务产生的债权；（4）公路、桥梁、隧道、渡口等不动产收费权；（5）提供贷款或者其他信用产生的债权。

（二）应收账款质权的设立

《物权法》第228条第1款规定：“以应收账款出质的，当事人应当订立书面合同。质权自信贷征信机构办理出质登记时设立。”依此规定，应收账款质权的设立，既需要当事人订立书面合同，也必须办理出质登记。未办理出质登记的，应收账款质权不成立。在同一应收账款上设立多个质权的，质权人按照登记的先后顺序行使质权。中国人民银行征信中心是应收账款质押的登记机构。依《应收账款质押登记办法》的规定，应收账款质押登记由质权人办理，质权人也可以委托他人办理登记。登记内容包括质权人和出质人的基本信息、应收账款的描述、登记期限等。登记期限以年计算，最长不超过5年；登记期限届满前90日内，质权人可以申请展期。登记期限届满，质押登记失效。出质人或其他利害关系人认为登记内容错误的，可以要求质权人变更或注销登记；质权人不同意变更或注销登记的，出质人或其他利害关系人可以办理异议登记。任何单位和个人均可以在注册为登记公示系统的用户后，查询应收账款质押登记信息。

应收账款属于一般债权，一般债权质权的设立还以权利转让的方式为之。依《合同法》第80条第1款，“债权人转让权利的，应当通知债务人。未经通知，该转让对债务人不发生效力”。因此，以应收账款出质的，出质人应将权利出质的情事通知出质债权的债务人（以下称为第三债务人）。当事人未将债权出质的情事通知第三债务人的，则质权的设立对于第三债务人不发生效力。这里的所谓对第三债务人不发生效力，是指质权人的质权不能对抗第三债务人，第三债务人向其债权人即出质人清偿的，其清偿有效。第三债务人受出质通知后，质权对第三人也发生效力，即第三债务人不得未经质权人同意而向出质人履行债务。

例题43 甲公司与乙公司签订10万元建材买卖合同后，乙交付建材，甲公司未付建材款。甲公司将该建材用于丙公司办公楼装修，丙公司需向甲公司支付15万元装修款，其中5万元已经支付完毕。丙公司给乙公司出具《担保函》：“本公司同意以欠甲公司的10万元装修款担保甲公司欠乙公司的10万元建材款。”乙公司对此并无异议。后，甲公司对乙公司的债务、丙公司对甲公司的债务均届期未偿还，且甲公司怠于向丙公司主张债权。下列哪些表述是正确的？（2011年司法考试题）

A. 乙公司对丙公司享有应收账款质权

B. 丙公司应对乙公司承担保证责任

C. 乙公司可以对丙公司提起代位权诉讼

D. 乙公司可以要求并存债务承担人丙公司清偿债务

解析：本题的考点是应收账款质权、债权人代位权、保证、债务承担。丙公司以其应付账款为乙公司提供担保，既没有采取书面形式，也没有办理出质登记，因此，乙公司对丙公司不享有应收账款质权。但丙公司向乙公司出具的《担保函》，因乙公司并没有异议，故可以成立保证合同，丙公司应对乙公司承担保证责任。由于甲公司欠乙公司的货款、丙公司欠甲公司的装修款债务均届期未偿还，且甲公司怠于向丙公司主张债权，损害了乙公司的利益，因而，乙公司可以对丙公司提起代位权诉讼。丙公司向乙公司出具保函的行为成立保证而不是债务承担，丙公司不是并存的债务承担人。因此，答案应为B、C项。

（三）应收账款质权的效力

应收账款质权的效力的特殊性主要表现在以下几个方面：

1. 质权的效力及于应收账款的从权利

依《合同法》第81条规定，债权人转让权利的，受让人取得与债权有关的从权利，但该从权利专属于债权人自身的除外。因此，以应收账款出质的，其从权利也为质权的效力所及。例如，出质应收账款附有担保权的，除当事人另有约定外，质权的效力及于该担保权。

2. 出质人不得擅自转让已出质的应收账款

《物权法》第228条第2款规定："应收账款出质后，不得转让，但经出质人与质权人协商同意的除外。出质人转让应收账款所得的价款，应当向质权人提前清偿债务或者提存。"未经质权人同意，出质人与第三债务人不得为使出质债权消灭、缩减的行为。例如，出质人有受领第三债务人的清偿或者免除、抵销、更改等使出质债权消灭或变更的行为的，质权人得予以制止。未经质权人同意，出质人所为的使出质债权消灭或者缩减的行为对于质权人不发生效力。例如，未经质权人同意出质人受领第三债务人的清偿的，于受质权担保的债权届期未受全部清偿时，质权人仍得要求第三债务人清偿，第三债务人仍有清偿的责任。但若第三债务人未受设质通知而为清偿的，第三债务人对质权人无清偿责任，出质人应向质权人负赔偿责任。

在出质债权已届清偿期，而质权所担保的债权未届清偿期时，已受设质通知的第三债务人不得单独向出质人或质权人清偿，第三债务人只有经出质人或质权人中的一方同意，才可向另一方清偿，否则，应向出质人和质权人清偿，由双方共同接受清偿。于此情形，质权人可与出质人协商以收取的债权提前清偿债务人的债务，或者将收取的债权向双方商定的第三人提存，提存费用由出质人负担。

3. 质权人应保全出质债权

应收账款质权的质权人有义务保全出质权利。在被担保的债权清偿期未届满前，不经出质人同意，质权人不得单独向第三人收取应收账款；在出现会使出质权利效力丧失或减弱的情事时，质权人应采取必要的措施。

（四）应收账款质权的实现

应收账款质权的实现也须具备质权实现的条件，而且，不仅必须被担保的债权已届受偿期，出质的应收账款也必须届清偿期。应收账款质权实现方式上的特殊性主要表现在质权人得直接收取应收账款，并从中优先受偿。在被担保的债权清偿期届满而未受清偿，出质的应收账款清偿期未届满时，质权人可否直接请求第三债务人向其清偿呢？我们认为，若许可质权人直接要求第三债务人清偿，也就使第三债务人的期限利益丧失，加重了第三债务人的负担。因此，在出质的应收账款未届清偿期时，虽被担保的债权清偿期已届满，质权人也不能直接向第三债务人要求清偿，只有于出质的应收账款清偿期届至时，质权人才可直接向第三债务人收取出质应收账款以实现质权。

应收账款质权一经实现即消灭。依《应收账款质押登记办法》第 17 条规定，质权消灭的，质权人应自消灭之日起 10 个工作日内办理注销登记。质权消灭的情形包括：（1）主债权消灭；（2）质权实现；（3）质权人放弃登记载明的应收账款之上的全部质权；（4）其他导致所登记质权消灭的情形。

问题与思考

1. 质权具有哪些特点？
2. 动产质权担保的债权范围有哪些？
3. 动产质权中质权人和出质人有哪些权利和义务？
4. 试述证券债权质权、基金份额和股权质权、知识产权质权、应收账款质权的效力。
5. 案例分析：

赵某孤身一人外出打工时，将一祖传古董交由邻居钱某保管。钱某因结婚用钱，情急之下谎称该古董为自己所有，卖给了古董收藏商孙某，得款 1 万元。孙某因资金周转需要，向李某借款 2 万元，双方约定将该古董押给李某，如孙某到期不回赎，古董归李某所有。在赵某外出打工期间，其住房有倒塌危险，因此房与钱某的房屋相邻，如该房屋倒塌，有危及钱某房屋之虞。钱某遂请施工队修缮赵某的房屋，并约定，施工费用待赵某回来后由赵某支付。房屋修缮以后，因遭百年不遇的台风而倒塌。年末，赵某回村，因古董和房屋修缮款与钱某发生纠纷。请回答以下问题：（2002 年司法考试题）

（1）孙某能否取得该古董的所有权？为什么？

（2）孙某将古董押给李某，形成何种法律关系？

（3）孙某与李某之间约定孙某到期不回赎，古董归李某所有，该约定效力如何？为什么？

6. 案例分析：

2006 年 12 月 1 日，甲公司欲从某市中国银行贷款，由李某提供质押。当事人签订了质押担保贷款合同，合同中约定：甲公司向中国银行贷款 5 万元人民币，贷款期限 6 个月，李某以其 6 300 美元在中国银行开立特户为甲公司的 5 万元贷款质押，质押期限为 6 个月。2007 年 6 月 1 日，因甲公司未按期归还贷款，李某的 6 300 美元被中国银行抵扣甲公司的贷款 5 万元，利息 2 000 元。请回答以下问题：

（1）当事人的质押合同是否有效？

（2）中国银行的贷款利息是否在质押担保的债权范围之内？

（3）中国银行是否有权扣划 6 300 美元？

第五章
留置权

本章概要

留置权是一种法定担保物权，须依法律规定的条件产生。留置权依法产生后，其所担保的债权范围应依法律规定而定，当事人不能约定。留置权是具有二次效力的担保物权，第一次效力是留置留置物，第二次效力是优先受偿，故留置权的实现具有不同于抵押权、质权的特殊性。同时，留置权也具有特殊的消灭原因。本章重点问题包括：留置权的概念和特点、留置权的成立条件、留置权的效力、留置权的实现、留置权消灭的特殊原因。

关键术语

留置权　留置权的实现

第一节　留置权概述

一、留置权的含义

通说认为，留置权起源于罗马法上的恶意抗辩权。罗马法上的恶意抗辩权包括拒绝履行抗辩权、抵销抗辩权和同时履行抗辩权。其中，拒绝履行抗辩权是指债权人对于相对人负有与其债权相关联的债务时，在债务人未履行其债务期间，得拒绝自己所负担的债务的履行。这种拒绝履行抗辩权即为留置权的起源，但它仅是对特定人行使的救济措施，而不具有物权的效力。至欧洲中世纪，意大利都市中形成了一种商事留置的习惯，即在特定商事关系中债权人得留置债务人的财产以对抗债务人的债务不履行。后世各国的民商法中继受了罗马法和中世纪的商事法规定了留置权。不过，一方面，在民商法分立的国家有民事留置与商事留置之分；另一方面，各国民法上规定的留置的性质不同：有的仅认其具有债权的效力，有的则认其为物权。

《物权法》第 230 条规定："债务人不履行到期债务，债权人可以留置已经合法占有的债务人的动产，并有权就该动产优先受偿。”“前款规定的债权人为留置权人，占有的动产为留置财产。”[①] 依此规定，留置权是指债权人已经合法占有债务人的动产，在债务人于债务清偿期限届满不清偿债权时，债权人得留置该动产，并可以该财产折价或者以拍卖、变卖该财产的价款优先受偿的担保物权。

留置权包含以下几层意思：

其一，留置权是在债权人占有的债务人的动产上发生的物权。留置权的权利人有留置标的物并以标的物的价值优先受偿的权利，也就是说，留置权人不仅可以直接控制标的物，且可以支配标的物的价值，因此，留置权为物权。留置权以债权人占有债务人的财产为条件，因此它只能在债权人已经占有的债务人的财产上成立，并且依照我国法上的规定，留置权的标的物仅限于动产，在债权人占有的债务人的不动产上不成立留置权。

其二，留置权是债权人在其债权未受清偿前得留置其占有的与该债权的发生有牵连关系的动产的权利。留置权是以债权人留置债务人的财产为主要内容的，也是以债权人有返还其占有的债务人的动产的义务为前提的。也就是说，债权人本应当将其占有的债务人的财产返还给债务人，否则即构成返还义务的违反。但是，由于债权人的债权与该动产有牵连关系，债权人履行返还义务后，其债权就会得不到实现，因而，法律赋予债权人以留置债务人财产的权利，于留置权成立后，留置权人有权留置其占有的动产，不予返还，除非债务人清偿了债务。正是留置权这一权利，不仅使债权人不负返还财产责任，而且迫使债务人清偿债务以取回为债权人占有的财产。

其三，留置权是留置权人得以留置财产的变价优先受偿其债权的担保物权。留置权人不仅得留置标的物，而且于留置后债务人于一定期间仍不清偿债务时，得依法将留置的动产变价，从变价中优先受偿其债权。由于留置权人留置财产的目的在于确保其债权受偿，留置权人并不能对留置财产予以使用、收益，因而，留置权为担保物权而不属于以使用、收益为内容的权利。

二、留置权的特点

关于留置权的特点，可以归纳为以下几个方面：

（一）留置权为担保物权

担保物权为以担保债权实现为目的的他物权。首先，留置权为物权。依我国法的规定，留置权是对物直接支配并排除他人干涉的物权，留置权的效力直接及于留置财产，留置权人的权利不仅得对抗债务人，而且得对抗其他第三人。其次，留置权为他物权。留置权是在债权人占有的债务人的财产上成立的权利，留置权人享有的是支配他人之物的权利，而不是对自己之物

① 《担保法》第82条规定：“本法所称留置，是指依照本法第八十四条规定，债权人按照合同约定占有债务人的动产，债务人不按照合同约定的期限履行债务的，债权人有权依照本法的规定留置该财产，以该财产折价或者以拍卖、变卖该财产的价款优先受偿。”债权人所享有的留置按照合同约定占有的债务人的财产，并以该财产折价或者以拍卖、变卖该财产的价款优先受偿的权利就是留置权。学者普遍认为，我国担保法上规定的留置权适用的范围过于狭窄。《担保法解释》第109条规定：“债权人的债权已届清偿期，债权人对动产的占有与其债权的发生有牵连关系，债权人可以留置其所占有的动产。”根据这一规定，留置权不仅仅可以适用于债权人依照合同占有债务人动产的情形。《物权法》修改了《担保法》关于留置权适用范围的限制性规定，这是合理的。

的支配权利。再次，留置权为担保物权。留置权是以确保债权的实现为目的的，留置权的最终实现是指从留置财产的变价中优先受偿债权，因此，留置权也为换价权、价值权，是以支配标的物的价值为主要内容的，而不是对标的物为使用、收益的物权。

（二）留置权为法定担保物权

担保物权有依当事人的约定而成立的，有依法律的直接规定而成立的。前者为约定担保物权，后者为法定担保物权。留置权的成立无须由当事人约定，只要具备法律规定的条件，就可以成立留置权，因此，留置权为法定担保物权，而不属于约定担保物权。但是，留置权成立的法律规定并非为强行性规定，当事人可以依特约排除，因此，留置权的法定性并非如优先权的法定性一样强。因为法律规定留置权的目的在于确保债权人债权的受偿，且是以债权人占有债务人的财产并有返还该财产的义务为前提的，所以，于留置权成立后，留置权人的第一步是取得留置标的物的权利，得拒绝债务人及他人的返还请求，而并不能直接将其占有的债务人的财产变价受偿。只有在留置一定期间后，债务人仍不清偿债务时，留置权人才得以将留置财产折价或者拍卖、变卖留置财产，以所得价款优先受偿。也正因如此，留置权为发生二次效力的担保物权。

（三）留置权具有从属性、不可分性

留置权是为确保债权实现而成立的，它与所担保的债权形成主从关系：留置权为从权利，为留置权所担保的债权为主权利。留置权依其所担保的债权的存在而存在，没有主债权的存在，不会发生留置权；主债权消灭的，留置权也当然消灭。依“从随主”原则，主权利转移的，从权利也随之转移，但留置权在转移上的从属性有特殊性。一般说来，在主债权依当事人的合意转移时，非经债务人一方的同意，留置权不能随担保的主债权一并转移归受让人。[①]

留置权与其他担保物权一样，也具有不可分性。这主要表现在：留置财产的全部担保着债权的全部；留置权的效力及于留置财产的全部。但是，留置权的不可分性并非指债权人可以就其占有的全部动产成立留置权。《物权法》第 233 条规定：“留置财产为可分物的，留置财产的价值应当相当于债务的金额。”这里的“留置财产为可分物”是指已经占有的财产为可分物。也就是说，债权人占有的债务人的动产为可分物的，债权人留置的财产的价值应当相当于债务的金额，而不得留置其占有的债务人财产的全部。《担保法解释》第 110 条规定：“留置权人在债权未受全部清偿前，留置物为不可分物的，留置权人可以就其留置物的全部行使留置权。”

三、留置权与类似权利的区别

（一）留置权与动产质权的区别

留置权与动产质权均属于以债权人占有动产为成立和存续条件的担保物权，二者极为相似，有的国家和地区也将留置权规定为法定质权。但是，留置权与动产质权为两种不同的担保物权，其主要有以下区别：

---

① 也有一种观点认为，只要主债务当事人对债权转移没有特别约定，法律也没有禁止性规定，则债权转让时，留置权也就一并转让。

1. 留置权为法定担保物权，而动产质权为约定担保物权。留置权虽可由当事人排除其适用，但不能由当事人约定。留置权依法律规定的条件而发生，因此为法定担保物权。而动产质权，依我国法的规定，只能由当事人约定，因此动产质权为约定担保物权。

2. 留置权仅有担保功能，而动产质权有融资功能。留置权的作用仅在于确保债权的实现，不具有融资的功能；而动产质权除具有确保债权实现的作用外，还具有媒介金钱借贷即融资的功能，这在最高额质权中尤为明显。

3. 留置权未赋予债权人以占有权，而动产质权赋予债权人以占有权。留置权人不是因担保债权而有权占有留置财产的，其占有留置财产的权利是基于原来对标的物的占有而持续下来的，并不是为担保债权而发生的，因此，留置权人丧失对留置财产的占有时，不能基于留置权请求返还，只能基于其占有请求返还；而动产质权系因担保债权而占有质押财产的，占有权是质权的效力，于丧失质押财产的占有时，质权人可以基于占有请求返还，也可以基于质权请求返还质押财产。

4. 留置权在转移上一般无附随性，而动产质权一般有转移上的附随性。如前所述，留置权的从属性较为特殊，在主债权转移时，未经债务人同意，留置权并不当然随之转移。即使经债务人同意，留置权的转移也以当事人有让与的意思与留置财产占有的转移为要件。而在动产质权，除当事人另有约定外，质权当然随主债权的转移而转移。

5. 留置权的标的物只能是债权人已占有的债务人交付的动产；而动产质权的标的物可以是债务人供为担保的动产，也可以是第三人供为担保的动产。

6. 留置权以债权人占有债务人的财产而债权人的债权已届清偿期未受清偿为成立要件；而动产质权的成立与债权人的债权是否届清偿期无关。

7. 留置权在债务人另行提供担保为债权人接受时即消灭；而动产质权不因债务人另行提供担保而当然消灭。

（二）留置权与同时履行抗辩权的区别

同时履行抗辩权是指双务合同的当事人在无另外约定的情形下，应当同时履行其义务，任何一方在对方未履行义务时，得拒绝对方的履行请求。《合同法》第66条中明确规定："当事人互负债务，没有先后履行顺序的，应当同时履行。一方在对方履行之前有权拒绝其履行请求。一方在对方履行债务不符合约定时，有权拒绝其相应的履行请求。"因为留置权人在债务人未履行义务时也得拒绝债务人返还标的物的请求，所以，留置权与同时履行抗辩权极为相似。有的国家的民事立法就将留置权视为一种拒绝给付请求权，仅具有债权的效力。但在我国法上，留置权与同时履行抗辩权为两种完全不同的制度，二者的区别主要有以下几个方面：

1. 理论基础不同。法律赋予债权人以留置权，并不是基于债权人的债权与留置财产的返还义务之间有对价关系，而是基于债权人返还标的物后其债权会不能受偿而有失公平的公平观念。而法律是基于双务合同当事人双方间有相互对待给付关系而赋予同时履行抗辩权的，由于双务合同的当事人双方的义务互为对价，因而在没有另外约定时也就应同时履行，一方未履行的，其也就无权要求他人履行，他方当然得拒绝其履行的请求。

2. 性质不同。留置权为担保物权，具有不可分性、物上代位性等特性；而同时履行抗辩权为双务合同的一种效力，为债权性权利，不具有不可分性、代位性等担保物权的特性。

3. 适用范围不同。就各国法的规定看，留置权所担保的债权不限于合同债权，也可以是其他如因不当得利、侵权行为所发生的债权；而同时履行抗辩权仅适用于因双务合同所发生的债权，不能适用于其他债权。

4. 标的不同。留置权的标的只能是债权人占有的与其债权有关联的物，而不能为行为；而在同时履行抗辩权中，当事人拒绝给付的标的，可以为物，也可以为行为（劳务）。

5. 目的不同。留置权以担保债权为目的，因此于债务人另行提供担保可确保债权时，留置权消灭；而同时履行抗辩权的目的在于促使双方交换履行，同时履行抗辩权的行使只能阻止对方的请求，并不能确保其债权的实现。

6. 效力不同。留置权具有物权效力，不仅得对抗债务人，而且可对抗一切第三人，于债务人破产时，留置权人享有别除权；而同时履行抗辩权仅有债权效力，不能对抗合同外的第三人，同时履行抗辩权只能对应于相对人的债权请求权而行使，在相对方破产时，同时履行抗辩权的效力不会发生变化。

（三）留置权与抵销权的区别

抵销有民法上的抵销与破产法上的抵销之分，民法上的抵销又有约定抵销与法定抵销之别。约定抵销是指由当事人双方约定的抵销。《合同法》第100条规定："当事人互负债务，标的物种类、品质不相同的，经双方协商一致，也可以抵销。"这里所规定的就是约定抵销。法定抵销是指依法律规定条件而发生的抵销。《合同法》第99条规定："当事人互负到期债务，该债务的标的物种类、品质相同的，任何一方可以将自己的债务与对方的债务抵销，但依照法律规定或者按照合同性质不得抵销的除外。当事人主张抵销的，应当通知对方。通知自到达对方时生效。抵销不得附条件或者附期限。"这里规定的即为法定抵销。所谓抵销权，是就法定抵销中当事人的权利而言，指的就是在双方相互负有同类债务，且均已届清偿期时，一方得以自己的债权与对方所负债务相互抵偿的权利。抵销权与留置权均源于罗马法中的恶意抗辩权，都是法律基于公平观念确认的制度，以避免在当事人间有相互对立的债务时不顾对方是否履行仅一方履行的不公正现象。但留置权与抵销权也是两种不同的法律制度，二者有以下主要区别：

1. 性质不同。留置权为担保物权，留置权人得支配标的物的价值，得于一定条件下实现留置财产的变价并从中优先受偿；而抵销权为形成权，抵销权人得依自己的意思使其与相对人之间的相互债务于等额内消灭，但抵销权人并不能直接支配标的物。

2. 目的不同。留置权的目的仅在于确保债权的实现，无论是留置权人留置标的物还是将留置财产变价受偿，都是为了实现债权，而不具有节省交易成本的目的，因而只要债务人另行提供担保，留置权人的债权有保证，留置权就应消灭；而抵销权的目的主要在于避免交换给付的浪费，以节省交易成本，从而也使抵销权人的债权在抵销额内得到保障，但抵销权的根本目的不在于确保债权实现，因此，即使一方提供相当担保，也不会导致抵销权的消灭。

3. 发生的债权基础不同。留置权发生的基础是当事人之间关于物的交付债务与基于该物所生的债务之间的对立，当事人之间互负的债务的性质不同；而抵销权是基于双方之间同种类的给付债务的对立发生的，当事人互负的对立的两个债务的性质相同。

4. 效力不同。留置权在相对人履行债务前，仅使权利人有一时的留置其占有的应交付给对方的标的物的权利，并不能直接使相互间的债权债务终局地消灭，只有在留置权人实现变价权受偿时才可使债权债务消灭；而抵销权为债务清偿的一种特殊方式，抵销权人行使抵销权有直接地使债权债务终局消灭的效力。

第二节　留置权的成立

留置权的成立，又称为留置权的发生。由于留置权为法定担保物权，只能依法律规定的条件产生，而不能依当事人的约定产生。因而，留置权的成立条件包括积极条件与消极条件。前者是指留置权成立须具备的条件，后者是指虽具备留置权的成立条件也不能成立留置权的情形。

一、留置权成立的积极条件

关于留置权成立的条件，法律上并未作具体规定。《物权法》第230条第1款规定："债务人不履行到期债务，债权人可以留置已经合法占有的债务人的动产，并有权就该动产优先受偿。"《物权法》第231条规定："债权人留置的动产，应当与债权属于同一法律关系，但企业之间留置的除外。"依上述规定，留置权成立的积极要件包括以下几个：

（一）债权人已经合法占有债务人的动产

债权人占有债务人的财产，是留置权成立的先决条件。留置权是为了担保债权，故只有债权人才能享有，并且留置权是以债务人的财产为标的的，因此，成立留置权首先要由债权人占有债务人的财产。所谓占有，是指依其意思对物的控制。占有不同于持有，仅是持有某物而不能依自己的意思控制的，只能是对该物的持有，而不为对物的占有。占有有直接占有与间接占有之分。债权人直接占有债务人财产的，可以成立留置权。债权人间接占有债务人财产的，可否成立留置权？对此不能一概而论，需依直接占有人为何人占有即应向何人负返还义务而定：若直接占有人是为债权人占有的，须向债权人负返还义务，则债权人可以就他人直接占有之物成立留置权。例如，债权人将其占有的债务人的动产交付给他人保管时，该保管人是为债权人占有的，则债权人仍得就他人保管之物成立留置权。但是，依占有改定方式交付财产，由债务人直接占有、债权人间接占有的，则不能于债务人直接占有的动产上成立留置权。如果直接占有人是为债权人与债务人对物为占有的，则因直接占有人对债务人也负返还义务，而不是仅对债权人负返还义务，则债权人不能就该动产成立留置权。

占有有合法占有与非法占有之分。合法占有是有法律根据的占有，而非法占有是没有法律根据的占有。债权人虽占有债务人的财产，但其占有无法律根据的，则其占有为非法占有。在非法占有的财产上，也不能成立留置权。只有在债权人合法占有的债务人的财产上才可成立留置权。所谓债务人的财产，原则上是指归债务人所有的财产。但是，由债务人交付给债权人占有的，虽该财产不为债务人所有，但债权人为善意的，仍得就该财产成立留置权。《担保法解释》第108条规定："债权人合法占有债务人交付的动产时，不知债务人无处分该动产的权利，债权人可以按照担保法第八十二条规定行使留置权。"这一解释也就承认了留置权的善意取得。例如，甲将乙的车以自己的名义送到丙厂修理，实际上甲对该车无处分权，但丙厂并不知情，故其可对该车行使留置权。

《担保法解释》第5条规定："以法律、法规禁止流通的财产或者不可转让的财产设定担保的，担保合同无效。以法律、法规限制流通的财产设定担保的，在实现债权时，人民法院应当按照法律、法规的规定对该财产进行处理。”依该解释，约定担保物权的标的物须具有可让与性，禁止流通物不能为担保物。在债权人合法占有的债务人的财产为禁止流通物时，因法律并无规定留置权的标的物须具有可让与性，所以，对于禁止流通物也可以成立留置权，只不过留置权仅能发挥留置的功能。①

（二）债权人的债权与债务人的债务间有关联

在各国立法上，一般都将债权人的债权与债务人的债务间有关联（牵连）关系作为留置权成立的条件之一。但在何为有关联关系上，立法与学说有不同的观点，主要有债权与债权关联说和债权与物之间关联说。

【学术争鸣】

债权与债权关联说又称请求权牵连说，源于罗马法上的诈欺抗辩权原则，为德国民法所采。在德国民法上，留置权为一种拒绝给付抗辩权，以债权人的债权与债务人的债权之间有关联为成立要件。依《德国民法典》第 273 条第 1 款规定，债权人的债权与债务人的债权须由“同一法律关系”产生。然在何为同一法律关系上又有不同的理解。通说认为，同一法律关系是指生活关系的同一。依德国判例，两请求权或两请求权基础，只要其有内部自然的经济关联，如许可一请求权而不许可其他请求权就有悖于诚实信用原则的，则为有关联关系。也有人认为，两请求权虽依不同的法律关系产生，但若其法律关系，依其目的、当事人的意思及交易观念，可为经济的一体观察，就为有生活的关联关系，如基于无效合同双方所为的给付，两人误取对方之物的返还请求权，均可认为有关联关系。

债权与物之间关联说认为，债权人的债权与其占有的物之间有关联时，才可成立留置权。但在何为债权与物有关联上又有二元说与一元说两种不同的主张。二元说认为，债权与物的关联有直接关联与间接关联之分。所谓直接关联，是指债权为物本身所发生，如由物的瑕疵所生的损害赔偿请求权与该物之间、为物所支出费用的偿还请求权与该物之间就为有直接关联。而在所谓间接关联上，则有不同意见。有人认为，债权因物归于占有人支配的同一关系发生的，二者间为有关联；有人认为，债权与物的交付请求权之间须有关联，才为有关联；有人主张，债权与物的返还请求权，由于同一法律关系或同一生活关系而发生的，为有关联；也有人主张，债权与以物为标的的债权之间须有关联。一元说认为，在债权与物有关联上无区分直接关联与间接关联的必要，只要占有物为债权发生的原因，债权与物间就有关联。但在何为发生原因上又有直接原因说、间接原因说与社会标准说。直接原因说认为，标的物须构成债权关系发生的直接原因，亦即物与债权之间有直接因果关系，才为债权与物间有关联。间接原因说认为，只要物为债权发生的原因，不论其为直接原因还是间接原因，都为债权与物间有关联。社会标准说认为，只要债权与物基于某种经济关系发生，债权人自己不履行其债务而仅请求物的返还，在社会观念上认为不当的，就属于物与债权间有关联。

在我国，依《物权法》第 231 条规定，除企业之间的留置外，债权人占有的动产与债权应属于同一法律关系。也就是说，债权与债权人占有动产基于同一法律关系发生的，则债权与物

① 也有一种观点认为，对于禁止流通物不能成立留置权。因为留置权人享有变卖留置财产并从所得价款中优先受偿的权利，但对于禁止流通物，留置权人无法变卖。

之间为有关联关系。《担保法解释》第109条也规定："债权人的债权已届清偿期，债权人对动产的占有与其债权的发生有牵连关系，债权人可以留置权其所占有的动产。"所谓同一法律关系，具体可以归结为以下三种情形：第一，债权由于债权人占有的财产本身而发生；第二，债权与债权人占有的财产之返还义务因为同一法律关系而发生；第三，债权与债权人占有的财产之返还义务因为同一事实关系或者生活关系而发生。[①]

需要特别说明的是，依《物权法》第231条"但书"的规定，企业之间的留置不受债权人留置的动产应与债权属于同一法律关系的限制。依此规定，企业之间因经营而发生的债权与债权人因经营而占有的债务人的动产，即使不属于同一法律关系，债务人不履行到期债务的，债权人也可以留置该动产。例如，甲运输公司将其汽车送乙厂修理，修好后甲未付修理费将车提走；其后甲又将其汽车送乙厂维修并交了维修费，于此情形下，乙厂可因甲厂未交付前次修车应交而欠付的修车费而留置乙交付其维修的汽车，而不论该车是否为前次修理的车辆。[②]

（三）债务人不履行到期债务

所谓债务人不履行到期债务，是指债务人的债务履行期限届至，债务人应当履行债务而未履行。因为留置权是担保债权实现，维护当事人之间的交易公平与安全的。所以，留置权的成立，以债务人不履行到期债务为条件。在债权未届清偿期时，债务人尚无履行的责任，不发生债务人不履行债务的问题，债权人自无留置标的物的道理。这也就是说，债权人虽占有债务人的动产，但其债权未届清偿期，而其交付其占有的债务人的财产给债务人的义务已届履行期的，债权人应履行返还标的物的义务，而不得留置标的物。于此情形下，若许可债权人留置标的物，则等于允许债权人迟延履行其义务，而强制债务人于履行期限到来前履行义务，这显然是不公平的。

然而，若债务人的债务履行期限未到但债权人的返还义务履行期已到，而债务人显然无支付能力，于债务履行期限届至时也不可能履行债务，债权人履行其返还标的物的义务后，自己的债权就会得不到实现，则不许债权人有权留置标的物，也是不公平的。因此，许多国家的立法上有例外规定，许可在债权未届清偿期时也可成立留置权。例如，依《瑞士民法典》第897条规定，债务人无支付能力时，债权人即使其债权未到期，亦有留置权；债务人无支付能力，发生在物已经交付之后，或发生在债权人知悉之时，即使与债权人已承担的义务或债务人的特别意思相抵触，亦得行使留置权。在我国，《担保法解释》第112条规定："债权人的债权未届清偿期，其交付占有标的物的义务已届履行期的，不能行使留置权。但是，债权人能够证明债务人无支付能力的除外。"依此规定，债权人能够证明债务人无支付能力的，即使债权人的债权未届清偿期而其交付标的物的义务届期的，债权人也可留置标的物，即可成立留置权。

例题44 辽东公司欠辽西公司货款200万元，辽西公司与辽中公司签订了一份价款为150万元的电脑买卖合同，合同签订后，辽中公司指示辽西公司将该合同项下的电脑交付给辽东公司。因辽东公司届期未清偿所欠货款，故辽西公司将该批电脑扣留。关于辽西公司的行为，下

---

① 参见李国光主编：《担保法新释新解与适用》，1080页。

② 这种留置实际上也就是外国法上的商事留置权。在国外立法上，对于商事留置权成立的关联要件比民事留置权有更宽松的要求。一般说来，对于商人间因营业发生的债权与债权人因营业关系占有的债务人财产，即使债权人的债权与其占有不是基于同一关系发生的，也视为有关联。如依《瑞士民法典》第895条第2款规定，商人间因营业中发生的债权与占有财产之间的关系，仅以占有系依商业交易中产生的为限。

列哪一选项是正确的？（2010 年司法考试题）

A. 属于行使抵押权　　B. 属于行使动产质权

C. 属于行使留置权　　D. 属于自助行为

解析： 本题的考点是留置权的成立。依《物权法》的规定，抵押权、质权的设立均须债权人与抵押人、出质人订立抵押合同、质权合同。辽西公司与辽东公司并没有订立抵押合同，辽西公司与辽中公司也未订立质权合同，故辽西公司的行为并不是行使抵押权、质权。自助行为属于侵权责任的免责事由，是指行为人为了保护自己的权利，在情事紧迫而又不能及时请求国家机关予以保护的情况下，对他人的人身自由加以拘束或对他人的财产加以扣留、毁损的行为。辽西公司债权的实现并不存在情事紧迫的情形，故辽西公司的行为不是自助行为。依《物权法》的规定，债务人不履行到期债务，债权人可以留置已经合法占有的债务人的动产而成立留置权，且债权人留置的动产应当与债权属于同一法律关系，但企业之间留置的除外。辽东公司欠辽西公司的货款届期没有清偿，而辽西公司占有应当交付给辽东公司的电脑。因两公司均为企业，故辽西公司有权留置辽东公司的电脑。因此，答案应为C项。

例题 45　下列哪些情形下权利人可以行使留置权？（2015 年司法考试题）

A. 张某为王某送货，约定货物送到后一周内支付运费。张某在货物运到后立刻要求王某支付运费被拒绝，张某可留置部分货物

B. 刘某把房屋租给方某，方某退租搬离时尚有部分租金未付，刘某可留置方某部分家具

C. 何某将丁某的行李存放在火车站小件寄存处，后丁某取行李时认为寄存费过高而拒绝支付，寄存处可留置该行李

D. 甲公司加工乙公司的机器零件，约定先付费后加工。付费和加工均已完成，但乙公司尚欠甲公司借款，甲公司可留置机器零件

解析： 本题的考点是留置权的成立。A 项中，王某尽管有支付运费的义务，但因债务尚未到期，张某不可行使留置权。B 项中，刘某留置方某的家具与方某所欠的租金不属于同一法律关系，刘某对方某家具不能成立留置权。C 项中，寄存人未按照约定支付保管费以及其他费用的，保管人对保管物享有留置权，但当事人另有约定的除外。根据《担保法解释》第 108 条规定，债权人合法占有债务人交付的动产时，不知债务人无处分该动产的权利，债权人可以行使留置权。据此，丁某拒付寄存费的，寄存处可行使留置权。D 项中，甲公司、乙公司均为企业，甲公司留置乙公司的机器零件不受债权人留置的动产应当与债权属于同一法律关系的限制。因此，答案应为 C、D 项。

例题 46　甲借用乙的山地自行车，刚出门就因莽撞骑行造成自行车链条断裂，甲将自行车交给丙修理，约定修理费 100 元。乙得知后立刻通知甲解除借用关系并告知丙，同时要求丙不得将自行车交给甲。丙向甲核实，甲承认。自行车修好后，甲、乙均请求丙返还。对此，下列哪一选项是正确的？（2016 年司法考试题）

A. 甲有权请求丙返还自行车

B. 丙如将自行车返还给乙，必须经过甲当场同意

C. 乙有权要求丙返还自行车，但在修理费未支付前，丙就自行车享有留置权

D. 如乙要求丙返还自行车，即使修理费未付，丙也不得对乙主张留置权

解析： 本题的考点主要是留置权的成立。甲、乙之间成立自行车借用合同，在乙通知甲解除借用关系后，甲的借用权消灭，所以，甲是无权占有，无权请求丙返还自行车。同时，因甲

是无权占有，因此，丙如将自行车返还给乙，也无须经过甲的同意。根据《担保法解释》第108条规定，债权人合法占有债务人交付的动产时，不知债务人无处分该动产的权利，债权人可以行使留置权。因此，答案应为C项。

二、留置权成立的消极条件

留置权成立的消极条件，是指虽具备留置权成立的条件但仍不能成立留置权的情形。可以说，留置权成立的积极条件，是从正面来看可以成立留置权的情形；而留置权成立的消极条件，是从反面来看不能成立留置权的情形。就一项具体的留置权而言，只有具备留置权成立的积极条件而且具备留置权成立的消极条件时，才能成立。

留置权成立的消极条件有以下几项：

（一）当事人无不得留置的约定

如前所述，留置权虽为法定担保物权，依法律规定的条件发生，但法律关于留置权的规定并非强行性规定，而属于任意性规定，当事人虽不能约定留置权，但可以以特别约定排除关于留置权规定的适用。《物权法》第232条规定："法律规定或者当事人约定不得留置的动产，不得留置。"依此规定，如果债权人占有的是当事人约定的不得留置的动产，则债权人不得就该动产行使留置权。当事人不仅可以约定不得留置的动产，还可以约定排除留置权的适用。也就是说，只有在当事人没有另外约定的情形下，才能成立留置权。例如，《合同法》第380条规定："寄存人未按照约定支付保管费以及其他费用的，保管人对保管物享有留置权，但当事人另有约定的除外。"《担保法解释》第107条规定："当事人在合同中约定排除留置权，债务履行期届满，债权人行使留置权的，人民法院不予支持。"人民法院之所以不予支持，就是因为于此情形下不能发生留置权。

（二）留置财产与债权人所承担的义务不相抵触

《担保法解释》第111条规定："债权人行使留置权与其承担的义务或者合同的特殊约定相抵触的，人民法院不予支持。"依此规定，只有在债权人留置财产与其承担的义务或者合同的特殊约定不相抵触时，才能成立债权人的留置权。例如，承运人占有托运人的货物，其承担的义务是将货物安全运送到目的地并交付给收货人。承运人将货物运达后，在对方不支付运费或其他费用时，承运人有权留置其占有的货物。但是，如果承运人留置货物而不运送，则留置财产就与其承担的义务（交付标的物外的他种义务）相抵触。于此情形下，债权人的留置权不能成立。

（三）留置财产与债务人交付财产前或交付财产时的指示不相抵触

当事人虽未在合同中明确约定排除留置权的适用，也未约定不得留置的物，但在债务人交付财产前或交付财产时明确指示债权人于履行义务后应将财产返还或者交于第三人的，债权人于履行义务后就应依债务人的指示交付，而不得留置。因为债务人之所以为此指示，是因为其期待债权人不留置该财产，而债权人受此指示又未反对的，也就为同意债务人的指示，于此情形下可视为双方有不得留置的特别约定。例如，甲将某物交付给乙保管时，指示于保管期届满后应将该物送交给丙，乙在保管期满后不得以甲未付保管费以及其他费用而留置该物，因为乙留置该物与甲交付保管物时的指示相抵触。

（四）留置财产不违反公共秩序或善良风俗

在现代法上，不违反公共秩序和善良风俗为民法的一项基本原则。因此，如果留置财产会违反公共秩序或善良风俗，也不能成立留置权。例如，留置定作人定作的身份证、毕业证等文书，留置债务人生活必需品等，就违反公共秩序或善良风俗。

第三节　留置权的效力

一、留置权所担保的债权范围

留置权所担保的债权的范围是指于留置权实现时，留置权人得优先受偿的债权的范围。《担保法》第 83 条规定："留置担保的范围包括主债权及利息、违约金、损害赔偿金，留置物保管费用和实现留置权的费用。"依此规定，因留置权为法定担保物权，其担保的范围不能由当事人约定，包括以下几个方面：

（一）主债权

主债权又称原本债权或本债权，是指留置权人要求债务人履行主要义务的权利。主债权受留置权的担保为留置权的目的使然，但债权人相应于债务人的附随义务的从权利不在担保范围内。

（二）利息

利息是指由主债权所生的孳息，既包括当事人约定的利息，也包括债务人迟延履行时应给付的利息。就留置权担保的利息而言，一般为债务人迟延履行时的利息。例如，寄存人未按约定交付保管费用的利息、定作人未按期交付加工费而生的迟延利息。

（三）违约金

违约金是合同当事人违反合同时依法律规定或者合同约定应向对方支付的款项。《合同法》第 114 条第 1 款中规定："当事人可以约定一方违约时应当根据违约情况向对方支付一定数额的违约金，也可以约定因违约产生的损失赔偿额的计算方法。"可见，违约金也是违反合同的当事人应当承担的民事责任，是对另一方当事人权利的救济。因此，债务人不履行债务应承担的违约金，也在留置权的担保范围内。

（四）损害赔偿金

受留置权担保的损害赔偿金包括两部分：一是债务人不履行债务应赔偿的因债务不履行而给债权人造成的损失；二是债权人占有的标的物有瑕疵而给债权人造成的损失。债权人的损失，不仅应包括实际损失，也应包括可得利益损失。

（五）留置财产的保管费用

留置财产的保管费用是指债权人留置标的物期间为保管留置财产所支出的必要费用。因为在留置期间，尽管保管留置财产为留置权人的义务，但留置权的发生是因债务人的原因造成的，并且留置财产仍为债务人的财产，所以，保管费用也应由债务人负担。但留置权担保的保管费用仅以必要为限。若留置权人支出的保管费用超出必要的限度，则超出部分是由债权人造成的，不在留置权的担保范围内。

（六）实现留置权的费用

实现留置权的费用是指留置权人为行使优先受偿权将留置财产变价时所发生的费用。这也是留置权人实现其权利所必要的。因为实现留置权的实质是清偿债务人的债务，所以该费用应在留置权的担保范围内，并且一般说来应先从留置财产的变价中扣除。

二、留置权效力所及的标的物范围

通说认为，留置权的效力及于留置财产、留置财产的从物、孳息、代位物。

（一）留置财产

留置财产又称为留置权的标的物，是指与留置权人的债权相关联的物。留置财产须为债权人已占有的动产，但并非债权人占有的动产均为留置财产。即使在具备留置权成立的条件下，基于留置权的目的性和留置的效果，债权人留置的标的物的价值也应当与留置权担保的债权额相当。因此，在债权人占有的债务人的动产为可分物时，留置权人只能就与其债权额价值相当的财产留置，超出其债权额价值部分的财产不应为留置财产。如前所述，依《物权法》第 233 条规定，在债权占有的财产为可分物时，留置权的效力只能及于债权人有权留置的与债务的金额相当的物，而不是债权人所占有的物全部为留置财产。在债权人占有的财产为不可分物时，则留置权的效力及于债权人占有的全部财产，即该不可分物即为留置财产。《担保法解释》第 110 条规定："留置权人在债权未受全部清偿前，留置物为不可分物的，留置权人可以就其留置物的全部行使留置权。"这里的"留置物为不可分物"，应是指债权人占有的债务人的动产为不可分物。

（二）留置财产的从物

按照"从随主原则"，留置财产有从物的，留置权的效力及于从物。但因留置权以债权人占有标的物为成立条件，所以，只有在从物也归债权人占有时，留置权的效力才及于从物。若留置财产的从物未随主物一同为债权人占有，则留置权的效力不能及于从物。《担保法解释》第 114 条、第 91 条也作如此解释。另外，从物虽也为债权人占有，但若从物不为留置权效力所及，留置财产的价值足以担保全部债权，或者当事人约定留置权的效力不及于从物的，留置财产的从物也不应在留置权的效力范围内。

（三）留置财产的孳息

在留置期间，债权人有权占有留置财产，可以收取留置财产的孳息。《物权法》第 235 条第1款规定："留置权人有权收取留置财产的孳息。"因此，留置权的效力也及于留置财产的孳息。依该条第2款和《担保法解释》第114条、第64条规定，留置权人收取的留置财产的孳息，应当先充抵收取孳息的费用，后清偿主债权的利息，最后清偿主债权。

（四）留置财产的代位物

如前所述，留置权为担保物权，具有优先受偿性，因此，留置权也具有物上代位性。依《物权法》第174条及《担保法解释》第114条、第80条规定，在留置财产毁损、灭失或者被征收等情形下，留置权的效力及于赔偿金、保险金或者补偿金等代位物。

三、留置权对留置财产所有人的效力

留置权对留置财产所有人的效力主要体现在以下两个方面：

（一）留置财产所有人仍享有留置财产所有权

在留置期间，留置财产的所有人并不因其财产被债权人留置而丧失所有权。也就是说，在留置期间，留置财产的所有人仍享有留置财产的所有权，因此，其仍得自行处分留置财产。留置财产所有人可以将留置财产出卖，也可以将留置财产赠与他人，留置财产还可以继承，但留置财产的所有权转移给他人的，不影响留置权的效力。

（二）留置财产所有人的权利行使受到限制

在留置期间，留置财产的所有人虽仍可行使其所有权，但其权利的行使也必受一定的限制。这种限制包括：第一，留置财产所有人不能对留置财产为事实上的处分，不能对留置财产为占有、使用、收益；第二，留置财产所有人一般不能将留置财产用于担保其他债权和出租。从理论上说，留置财产所有人可以将留置财产用于为其他债权设立动产抵押权、动产质权，但由于留置权的存在，留置权的效力又优于抵押权或质权，因此，一般不会有人愿意接受留置财产的抵押或质押。留置财产的所有人也可以将留置财产出租，但留置财产为留置权人留置，出租人将不能把租赁物交付给承租人使用，可见，留置财产所有人出租留置财产的，只会使自己负担不能履行租赁合同的风险而得不到利益，因此，留置财产所有人实际上也不能将留置财产出租。

四、留置权对留置权人的效力

留置权对留置权人的效力是留置权的基本的和主要的效力，主要体现在以下几个方面：

（一）留置权人留置标的物的权利

留置权成立后，留置权人有权留置标的物，在其债权未受全部清偿前，得拒绝一切人的返还请求。

留置权人留置标的物，也就是继续维持其对标的物的占有。留置权人占有留置财产，不构成其返还义务的履行迟延。留置财产所有人要求留置权人返还留置财产的，必须履行债务人应履行的债务，否则，留置权人得以留置权对抗留置财产所有人的返还请求。

在留置期间，留置权对留置财产的占有具有占有的效力，其占有权受法律的保护。在留置财产被非法侵夺时，不论侵占人为何人，留置权人均得请求返还被非法侵夺的留置财产，以回复其占有。在留置财产被第三人申请扣押时，留置权人得拒绝交付；在留置财产被第三人申请执行时，留置权人得提出执行异议。依《担保法解释》第 114 条、第 87 条规定，因不可归责于留置权人的事由而丧失对留置财产的占有的，留置权人可以向不当占有人请求停止侵害、恢复原状、返还留置财产。

如前所述，在留置期间，留置权人有权占有留置财产，也有权收取留置财产的孳息。

留置权人留置标的物的目的是担保其债权的实现，因此，在债务人或者第三人代债务人清偿债务后，因留置权人的债权已受偿，则留置权无存在的理由，留置权人应将留置财产返还给债务人或留置财产所有人。于此情形下，留置权人仍留置财产而不返还的，则构成返还义务的违反。

（二）留置权人保管留置财产的义务

《物权法》第 234 条规定："留置权人负有妥善保管留置财产的义务；因保管不善致使留置物毁损、灭失的，应当承担赔偿责任。"这里明确规定了留置权人的保管义务。

留置权人的保管义务，是基于留置权产生的，以占有留置财产为前提，因此，只要留置权消灭，留置权人的保管义务也就应消灭。但如留置权消灭后，留置财产仍由留置权人占有的，则其保管义务仍将存在。

在留置期间，留置权人应对留置财产为妥善保管。但在如何确定留置权人应负的注意义务上有不同的观点。我们认为，对于留置权人的保管义务可适用保管合同中有偿保管的规定，因为尽管留置权人保管留置财产是不取代价的，但毕竟其是为担保其债权的实现，是在对其返还标的物的义务不负迟延责任下发生的。依《合同法》第 374 条规定，"保管期间，因保管人保管不善造成保管物毁损、灭失的，保管人应当承担损害赔偿责任，但保管是无偿的，保管人证明自己没有重大过失的，不承担损害赔偿责任"。因此，在留置期间，留置财产发生毁损、灭失的，留置权人须证明自己没有过错，已尽妥善保管的责任，否则留置财产的毁损、灭失就为保管不善所致，留置权人应负赔偿责任。

留置期间，留置权人有妥善保管的义务，不得擅自对留置财产为使用，也不得擅自将留置财产让他人使用。留置权人擅自对留置财产为使用，或者擅自将留置财产出租、处分的，构成其保管义务的违反。依《担保法解释》第 114 条、第 93 条规定，留置权人在留置期间，未经被留置人的同意，擅自使用、出租、处分留置物，因此给被留置人造成损失的，由留置权人承担赔偿责任。只有在下列两种情形下，留置权人可以利用留置财产：

其一，为保管的必要。在留置期间，留置权人负有妥善保管留置财产的义务，在为保管留置财产所必要的范围内，留置权人可以利用留置财产。但严格说来，此为保管行为，而不属于利用行为。因此，于此范围内的使用，只能是为了保管的需要，限于保存留置财产的目的。至于何为保管的必要，则属于事实问题，应依具体情形确定，并由留置权人负举证责任。

其二，经留置财产所有人同意。经留置财产所有人同意，留置权人可以利用留置财产。只要经留置财产所有人同意，留置权人就既可以自己利用留置财产，也可以许可他人使用。于此情形下，留置权人对留置财产的利用有合法根据。但留置权人超过留置财产所有人同意的范围而利用留置财产的，则其利用构成义务违反，应承担民事责任。例如，留置财产所有人同意留置权人自己使用留置财产，而留置权人却将留置财产出租，对由此而造成的损失，留置权人就应负赔偿责任。

（三）就留置财产变价优先受偿的权利

于留置权成立后，留置权人不仅有权留置标的物，而且于一定条件下，留置权人得就留置财产的变价优先受偿。

留置权的优先受偿权也是留置权的基本效力。留置权人实现其优先受偿权，也就是实现留置权。但留置权人的优先受偿权不能于具备留置权成立条件时即实现，只有在留置标的物后经过一定期间具备一定条件时才可行使。也正因为如此，留置权为发生二次效力的担保物权：留置标的物为第一次效力；将留置财产变价，以其价款优先受偿为第二次效力。

第四节　留置权的实现

一、留置权的实现条件

留置权的实现条件是指在何种情形下，留置权人得行使优先受偿权。如前所述，在债务人不履行到期债务，债权人的债权届期未能受偿时，留置权即成立。留置权成立后，留置权人有权留置标的物，但其不能立即就将其占有的债务人的动产变价来优先受偿，而须具备另外的条件才可行使优先受偿权。留置权人可行使优先受偿权的条件，也就是实现留置权的条件。

在各国法上，关于留置权的实现条件规定不一。在我国，《物权法》第236条第1款规定："留置权人与债务人应当约定留置财产后的债务履行期间；没有约定或者约定不明确的，留置权人应当给债务人两个月以上履行债务的期间，但鲜活易腐等不易保管的动产除外。债务人逾期未履行的，留置权人可以与债务人协议以留置财产折价，也可以就拍卖、变卖留置财产所得的价款优先受偿。"依此规定，留置权的实现须具备以下条件：

（一）留置权人享有留置权

留置权实现的先决条件，是留置权人享有留置权。只有在留置权成立后留置权人留置标的物并保持对留置财产的占有，留置权人才可以行使优先受偿权。如果留置权人不占有留置财产，或者留置权已经消灭，则留置权人就不能实现留置权。

（二）确定留置财产后债务人履行债务的宽限期并通知债务人在宽限期内履行债务

如前所述，在债务人于债务履行期限届满未履行债务时，仅是成立留置权，留置权人得留置标的物，而不能当即实现留置权的优先受偿权。这是留置权在实现条件上与抵押权、质权等约定担保物权所不同的。留置权人于留置财产后，须经过一定期限后才可实现留置权。也就是说，在留置财产后，须给债务人一定的债务履行的宽限期。宽限期的具体确定有两种情形：一是留置权人与债务人约定。留置权人与债务人明确约定了留置财产后的债务履行期限的，该期限即为给予债务人的宽限期。二是留置权人与债务人没有约定债权人留置财产后债务人应当履行债务的期限，或者虽有约定但约定不明确的，则应由债权人确定债务人履行债务的宽限期，但除留置财产为鲜活易腐不易保管的动产外，该期限应为2个月以上；如少于2个月，也应以

2 个月为准。

在确定了留置财产后债务人履行债务的宽限期后，债权人应当通知债务人在此确定的期限内履行债务。此通知具有催告的性质，一方面告知债务人履行债务的宽限期限，另一方面催促债务人于此期限内履行债务。因此，此通知以有必要和可能为限。《担保法解释》第 113 条规定："债权人未按担保法第八十七条规定的期限通知债务人履行义务，直接变价处分留置物的，应当对由此造成的损失承担赔偿责任。债权人与债务人按照担保法第八十七条规定在合同中约定宽限期的，债权人可以不经通知，直接行使留置权。"这也就是说，在由债权人单方决定宽限期时，债权人应当通知债务人，债权人不能通知的，也须于留置财产后经过不少于 2 个月的期限，才可以实现留置权。如果债权人能够通知而没有通知或者在不能通知的情形下未按照法律规定的期限而直接将留置财产变价，债权人应赔偿由此造成的损失。在债权人与债务人于合同中约定债务履行宽限期的情形下，因无通知的必要，则债权人不负通知义务，可以直接实现留置权。

（三）债务人在宽限期内仍未履行债务，也未另行提供担保

留置权的第一次效力是债权人留置标的物。债权人留置财产的目的，是促使债务人履行债务，而不在于当即以留置财产的变价优先受偿。因此，留置财产后，应给债务人一定的宽限期，如债务人于宽限期内履行了义务，债权人的权利实现了，留置目的达到了，则留置权人也就不能将留置财产变价。如债务人于债权人留置财产后于宽限期内提供另外的担保，留置权人的债权也得到保障，留置权也应消灭，留置权人当然也不能实现留置权。只有在债务人于宽限期届满仍未履行债务，且未另外提供相当担保的情形下，留置权人才可实现留置权。因为于此情形下，说明债务人或者已无履行义务的能力，或者已无履行义务的诚意，留置权人唯有实现留置权，才能确保其债权的实现。

二、留置权实现的方式

留置权的实现方式，实际是指留置权人可以何种方式将留置财产变价。

依《物权法》第 236 条第 1 款规定，留置权的实现方式包括以留置财产折价和拍卖、变卖留置财产。

留置财产折价是指以一定的价格将留置财产折归留置权人，也就是卖给留置权人，由留置权人出价取得留置财产所有权。折价须留置权人与债务人协商一致；若双方未能就折价达成一致协议，则不能采折价方式实现留置权。双方协商折价的，价格应当公平合理，不得损害第三人利益。《物权法》第 236 条第 2 款规定："留置财产折价或者变卖的，应当参照市场价格。"若债务人与债权人协商以明显低的价格将留置财产折归债权人而损害第三人利益的，则受利益损害的第三人有权请求撤销。

拍卖、变卖是指将留置财产出卖给第三人。不过，拍卖是指公平的竞争性出卖。至于是将留置财产拍卖还是变卖，也可以由留置权人与债务人协商。如果当事人协商不成，则留置权人得自行决定将留置财产变价。于此情形下，应采取拍卖的方式，若以其他方式出卖也应参照市场价格。

可实现留置权时，若留置权人不实现留置权，则债务人就受留置权的约束，且留置财产的价格也可能会跌落。因此，《物权法》第 237 条规定："债务人可以请求留置权人在债务履行期

届满后行使留置权；留置权人不行使的，债务人可以请求人民法院拍卖、变卖留置财产。”

《物权法》第238条规定：“留置财产折价或者拍卖、变卖后，其价款超过债权数额的部分归债务人所有，不足部分由债务人清偿。”依此规定，无论是留置财产折价还是拍卖、变卖，所得价款直接由留置权人取得，留置权人从中受偿其债权后，应将余额退还给债务人或者留置财产所有人；不能退还的，应将余额予以提存，提存费用由债务人负担。留置权人实现留置权将留置财产变价所得的价款不能完全清偿债权的，债权人仍得向债务人要求清偿。

第五节 留置权的消灭

留置权的消灭是指留置权于成立后基于一定的法律事实而不再存在，即任何人不能享有该留置权。留置权的消灭须有一定的法律事实，这种法律事实也就是留置权消灭的原因。

留置权为担保物权，因此，在发生物权或担保物权消灭的共同原因时，留置权当然消灭。例如，就物权消灭的原因来说，标的物灭失、混同、抛弃等，也是留置权消灭的原因；就担保物权的消灭原因来说，被担保债权的消灭、担保物权的实现、债权人放弃担保物权，也是留置权的消灭原因。

留置权为法定担保物权，有不同于其他担保物权的特性。因此，留置权的消灭也有特殊原因，这主要包括以下几项：

一、留置权因担保的另行提出而消灭

依《物权法》第240条规定，留置权因“留置权人接受债务人另行提供担保”而消灭。这也就是说，担保的另行提出为留置权消灭的原因。

因为留置权成立后，在留置权人留置财产期间，债务人无法使用留置财产，留置权人也不得擅自使用留置财产，从而导致留置财产不能为使用，无法发挥其使用价值。并且，尽管在标的物为可分物时，债权人留置的债务人的财产的价值应与其债务额相当，但在许多情形下，留置财产的价值会远超过担保的债权额或者该物对于留置财产所有人极为重要，而从留置权人方面说，其留置财产的目的在于促使债务人履行义务，以实现其债权。因此，如果债务人于留置权人留置财产后另行提供担保，留置权应消灭。这样既有利于债务人，又可确保留置权人的债权，对留置权人也并无不利。

在债务人另行提供担保上，有以下问题需要探讨：

第一，债务人另行提供的担保方式有无限制？如前所述，担保有人的担保与物的担保之分，关于债务人另行提供担保是否有限制，有不同的立法例。例如，德国法上规定债务人另行提供的担保只以物的担保为限；而依瑞士民法的解释，债务人提供的担保也包括人的担保。我国法上未规定债务人另行提供的担保为何种方式，通说认为，债务人另行提供的担保既可为物的担保，也可为人的担保。

第二，债务人另行提供担保是否使留置权必然消灭？我国台湾地区“民法”第937条规定：“债务人为债务之清偿，已提出相当之担保者，债权人之留置权消灭。”依此规定，只要债务人提供的担保为相当的，债权人就应接受，留置权即消灭。我国《物权法》第240条规定，

“留置权人接受债务人另行提供担保的”，留置权消灭。因此，留置权是否消灭，不决定于债务人提供的担保是否相当，而决定于留置权人是否接受，只要债务人另行提供的担保不为留置权人接受，留置权就不消灭。我们认为，这对债务人是不公的。在我们看来，在债务人另行提供的担保为留置权人接受时，留置权自当消灭；在债务人另行提供的担保相当而留置权人拒绝接受时，留置权人的行为应构成权利滥用，债务人可以请求法院判决留置权人接受债务人提供的相当担保，以使留置权消灭。

第三，债务人另行提供担保是否须有消灭留置权的意思？《日本民法典》第 301 条规定："债务人可以提供相当担保，请求消灭留置权。"依此规定，只有在债务人以消灭留置权的意思提供相当担保时，留置权才消灭。在我国，就现行法规定看，债务人另行提供担保为留置权人接受的，不论债务人另行提供担保是否有消灭留置权的意思，留置权均消灭。由于债务人另行提供相当担保之所以消灭留置权，其原因不在于留置财产所有人有免受留置权拘束的目的，而在于留置权人已无留置的必要，所以，只要债务人另行提供的担保足以保障留置权人的债权，留置权就应消灭，而不受债务人另行提供担保的意思的限制。

二、留置财产占有的丧失

留置物占有的丧失是指留置物不再为留置权人占有，即留置物不仅不为留置权人直接占有，也不为留置权人间接占有。若留置权人让他人直接占有留置物，而自己保持对留置物的间接占有的，则不为留置物占有的丧失。例如，甲为留置权人，占有债务人乙的财产，现甲将该物交付给丙保管。于此情形下，甲虽不直接占有留置物，但其占有并未丧失。

因留置权以留置权人保有对留置物的占有为存续条件，因此，留置权人丧失对留置物的占有的，也就会使留置权消灭。

如前所述，广义上的留置权占有的丧失，既包括基于留置权人自己的意愿的丧失，也包括非基于留置权人的意思的丧失。

基于留置权人的意思的丧失，表现为留置权人自愿放弃对留置物的占有，如留置物的任意返还。留置权人自愿放弃留置物的占有的，视为留置权人抛弃留置权，而不论留置权人是否有抛弃留置权的意思。于此情形下，留置权则因留置权人的抛弃而消灭。其后，如果留置权人重新取得留置物的占有，则只会在具备留置权成立条件下另成立留置权，而不是使已消灭的留置权复活。

非基于留置权人意思的占有的丧失，表现为他人对留置权人的留置物占有的侵夺。于此情形下，由于留置权原则上无追及效力，因而，留置权也消灭。但是，依《担保法解释》第 114 条、第 87 条第 2 款规定，因不可归责于留置权人的事由而丧失对留置物的占有的，留置权人可以向不当占有人请求停止侵害、恢复原状、返还留置物。在留置权人基于占有保护的规定请求恢复留置物的占有而得到满足时，于留置物占有恢复时起，留置权再生，仍担保着原来所担保的债权。

三、债权清偿期的延缓

债权清偿期的延缓是指债权人同意债务人延长原来确定的债务清偿期限。在我国，现行法上未规定债权清偿期的延缓也为留置权的消灭原因。但是，一方面，由于留置权的成立是以债务人届期不履行债务为要件的，且于其成立的同时，留置权人就得留置留置物，以促使债务人履行其义务，若债权人同意延缓债权的清偿期，则留置权人也就不能请求债务人履行债务，因而，留置权应消灭。从另一方面看，因为债权清偿期延缓，债务人超过原约定的期限而未履行义务也不构成债务不履行，从而欠缺留置权的成立条件，也不能成立留置权。例如，甲与乙约定，甲应于5月10日领取保管物并交付保管费。5月10日，甲未交付保管费而要求领取保管物，乙享有留置权，得留置甲的保管物。但此时甲提出，将保管费的支付时间延缓到6月10日，乙表示同意。于此情形下，乙的留置权即应消灭。因为留置权若继续存在，已不符合留置权成立的条件。当然，于债权清偿期延缓后，债务人于延缓的期限届满时仍未履行义务的，若符合留置权的成立要件，债权人可取得留置权，但这已属于另一留置权，而不为原留置权的再生或复活。

问题与思考

1. 留置权具有哪些特点？
2. 试述留置权担保的债权范围。
3. 留置权人享有哪些权利？
4. 留置权实现的条件有哪些？
5. 留置权的特殊消灭原因有哪几种？
6. 案例分析：

王某与甲公司于2004年2月签订合同，约定王某以40万元向甲公司购买1辆客车，合同签订之日起1个月内支付30万元，余款在2006年2月底前付清，并约定在王某付清全款之前该车所有权仍属甲公司。王某未经其妻同意，以自家住房（婚后购买，房产证登记所有人为王某）向乙银行抵押借款30万元，并办理了抵押登记。王某将30万元借款支付给甲公司后购回客车。王某请张某负责跟车经营，并商定张某按年终纯收入的5%提成，经营中发生的一切风险责任由王某承担。

2005年6月，该车营运途中和一货车相撞，车内乘客李某受重伤，经救治无效死亡。客车因严重受损被送往丁厂修理，需付费3万元。经有关部门认定，货车驾驶员唐某违章驾驶，应对该交通事故负全责。后王某以事故责任在货车方为由拒付修理费，丁厂则拒绝交车。2005年12月，因王某借款到期未还，乙银行申请法院对该客车采取财产保全措施，并请求对王某住房行使抵押权。请回答以下问题：（2006年司法考试题）

（1）乙银行能否对王某住房行使抵押权？为什么？

（2）丁厂拒绝交车是否合法？为什么？

7. 案例分析：

2005年2月10日，黄某自备毛线和毛衣图案，要求王某为其加工毛衣100件，每件加工费30元。第一次提货定于2005年2月25日，剩下的5月底取货。2005年2月25日，黄某依约从王某处提货80件，并交付加工费2 400元。后因贸易市场不景气，黄某没有按时去王某处提取剩下的毛衣。王某多次催要加工费，黄某说剩下的毛衣不要了，让王某自己卖了充当加工费。2005年8月，黄某从一位设计师处买了几套时装毛衣设计图，又自备毛线去王某处加工毛衣，数量为150件，每件加工费为40元，2005年10月1日全部交货。1个月后，黄某按时去提货，支付王某毛衣加工费6 000元，当办理完手续去提货时，王某只给了他120件毛衣，并说留下了30件毛衣，等黄某付清上次的毛衣加工费后，再给他这30件毛衣，付款期限是1个月。王某欲将上一次黄某留下的20件毛衣还给他，因为这些毛衣根本卖不出去。黄某不答应，说上次的毛衣加工费已用剩下的20件毛衣冲抵了。请回答以下问题：

（1）黄某未付20件毛衣的加工费，王某可否将20件毛衣留置？

（2）黄某在付清第二次毛衣加工费的情况下，王某可否留置第二次加工的30件毛衣以索要第一次未付的20件毛衣加工费？

第六章

定　金

本章概要

定金属于金钱担保，包括立约定金、成约定金、解约定金、违约定金。定金很容易与违约金、预付款、押金等相混淆，应当将它们区别开来。定金是以金钱和代替物为标的物的，当事人设立定金担保，应当订立定金合同，定金合同自定金交付之日起生效。定金交付后，定金的所有权即发生转移。定金担保成立后，即产生一定的效力，其中最为重要的是担保效力。本章重点问题包括：定金的概念和种类、定金的特点、定金的性质、定金的成立、各类定金的担保效力。

关键术语

定金　立约定金　成约定金　解约定金　违约定金

第一节　定金概述

一、定金的概念和种类

（一）定金的概念

《担保法》第 89 条规定："当事人可以约定一方向对方给付定金作为债权的担保。债务人履行债务后，定金应当抵作价款或者收回。给付定金的一方不履行约定的债务的，无权要求返还定金；收受定金的一方不履行约定的债务的，应当双倍返还定金。"依据这一规定，定金是指为担保债权，依双方的约定，一方于合同履行前给付对方的一定金钱。这种定金可以解释为违约定金。但依《担保法解释》第 115 条至第 117 条规定，定金除违约定金外，还有立约定金、成约定金、解约定金等类型。因此，定金的概念应当将不同类型的定金涵盖在内，以免造成以偏概全的后果。结合《担保法》及《担保法解释》的规定，我们认为，定金的概念可表述为：定金是指为担保合同的订立、成立生效、履行，当事人一方向对方给付的一定金钱或代替物。据此，定金包含以下含义：

其一，定金为合同债权的担保。定金的种类不同，其目的也有所不同。例如，有的定金是为了担保合同的订立，有的定金是为了担保合同的成立生效，而有的定金则是为了担保合同的履行。可见，定金担保可以发生在合同的订立、成立或生效、履行等不同的阶段。但无论何种定金，无论在合同的哪一个阶段产生的定金，其都是合同的一种担保。由于担保合同的订立、成立生效的最终目的是获得合同债权并使合同债权得以实现，而担保合同的履行也是为了合同债权的实现，因而，定金的最终目的是担保合同债权。

其二，定金为金钱担保。如前所述，担保有人的担保、物的担保和金钱担保之分。定金不是人的担保，因为定金并不是以人的信用来担保合同的；定金也不是物的担保，因为通常所指的物的担保是以特定物来担保合同的。由于定金是以一定的金钱来担保合同的，因此，定金属于金钱担保。即使定金是以代替物为客体的，因在定金设立时该代替物也须折算成金钱，因此，以代替物为客体的定金，亦属于金钱担保的范围。当然，由于金钱也是一种物，因此，从本质上说，定金也可以归入物的担保范围。

其三，定金是由当事人一方向对方交付的金钱或代替物。无论何种类型的定金，都是由当事人一方向另一方给付的，不存在由第三人提供定金担保的情况。

（二）定金的种类

关于定金的种类，各国法律规定不一，理论上亦有不同的看法。概括地说，定金主要包括以下几种：

1. 立约定金

立约定金又称订约定金，是指为保证正式订立合同而交付的定金。《担保法解释》第 115 条规定：“当事人约定以交付定金作为订立主合同担保的，给付定金的一方拒绝订立主合同的，无权要求返还定金；收受定金的一方拒绝订立合同的，应当双倍返还定金。”可见，立约定金不是合同的成立条件，不是合同成立的证明，也不是担保合同履行的担保，而只是为了保证当事人能够正式订立合同。

2. 成约定金

成约定金又称手金（Handgeld）[①]，是指以定金的交付作为合同成立或生效要件的定金。《担保法解释》第 116 条规定：“当事人约定以交付定金作为合同成立或生效要件的，给付定金的一方未支付定金，但主合同已经履行或者已经履行主要部分的，不影响主合同的成立或者生效。”可见，成约定金是主合同成立或生效的条件。只有交付了成约定金，主合同才能成立或生效；若无成约定金的交付，则主合同不能成立或生效。

3. 解约定金

解约定金是指当事人为保留合同解除权而交付的定金。《担保法解释》第 117 条规定：“定金交付后，交付定金的一方可以按照合同的约定以丧失定金为代价而解除主合同，收受定金的一方可以双倍返还定金为代价而解除主合同。对解除主合同后责任的处理，适用《中华人民共和国合同法》的规定。”可见，解约定金是自由解约权的代价，其功能在于通过赋予当事人以

---

① 参见郑玉波：《民法债编总论》，312 页，北京，中国政法大学出版社，2004。

解除合同的权利，从而避免因客观情况的变化而导致的履约不利益。也就是说，在解约定金中，如果交付定金的一方认为履行合同将导致不利益的后果时，则得以丧失定金为代价而解除合同；同理，收受定金的一方认为履行合同将导致不利益的后果时，亦得以双倍返还定金为代价而解除合同。

4. 违约定金

违约定金又称反悔定金（Draufgabeals Reugeld）[①]，是指以违约损害赔偿为目的而设立的定金。《担保法》第89条规定："当事人可以约定一方向对方给付定金作为债权的担保。债权人履行债务后，定金应当抵作价款或者收回。给付定金的一方不履行约定的债务的，无权要求返还定金；收受定金的一方不履行约定的债务的，应当双倍返还定金。"该条所规定的定金即是违约定金，可见，违约定金是一种法定定金。一般来说，如果当事人在合同中没有特别指明定金的类型，则应当认为该定金为违约定金。违约定金以违约损害赔偿为目的，因此，交付定金一方不履行合同的，则收受定金的一方得没收定金而不予返还；而收受定金的一方不履行合同的，则应双倍返还定金。可见，这种定金的作用类似于违约金。

此外，关于定金的种类，还有一些学者还认为，定金还包括证约定金。[②] 所谓证约定金，是指为证明合同成立而交付的定金，即定金的交付即为合同成立的证明。证约定金的功能在于证明合同关系已经成立，避免合同存在的举证困难与成本。在证约定金中，通常由预期举证责任较重的一方接受定金，或交付定金时保有收据，以此作为合同成立的证明。[③] 由于证约定金的作用在于证明合同的成立，因此，证约定金通常适用于口头合同中。因为书面合同本身即已证明合同的成立，无须通过证约定金加以证明。[④]

我们认为，证约定金并不是一种独立的定金类型，而只是各类定金所表现出来的一种效力或作用而已。也就是说，立约定金、成约定金、违约定金、解约定金的存在，都会产生一种证明合同关系的效力或作用。同时，如果认为证约定金是一种独立的定金类型，则与定金的本质不符。定金是一种担保方式，但若定金仅作为合同成立的证明，实际上仅具有证据的效力，并无任何担保作用。在合同关系中，担保与证明在意义上是完全不同的。因此，我们认为，证约定金并不是定金的一种独立类型，或者更准确地说，证约定金并不是担保意义上的定金。当然，我们虽否定证约定金作为定金的一种类型，但并不反对当事人采取这种方式证明合同关系的存在。

二、定金的特点

定金作为合同担保的一种方式，具有如下特点：

（一）定金具有从属性

一般来说，定金与其所担保的合同之间形成主从关系。受担保的合同权利为主权利，定金

---

① 参见黄立：《民法债编总论》，505页，北京，中国政法大学出版社，2002。

② 参见王利明：《违约责任论》，修订版，595页，北京，中国政法大学出版社，2000；孙森焱：《民法债编总论》，下册，592页，北京，法律出版社，2006。

③ 参见林政华：《定金、违约金规范功能之研究》，67页，台北，东吴大学法学院硕士学位论文，1996。

④ 参见王利明：《违约责任论》，修订版，596页。

权利为从权利，因而，定金具有从属性。定金的从属性主要表现在存在上的从属性和消灭上的从属性，即定金以主合同的有效存在为存在前提，随主合同的存在而存在，随主合同的消灭而消灭。定金是否具有变更上和处分上的从属性，理论上探讨不多。我们认为，就变更上的从属性而言，主合同变更的，定金一般不受影响，但如果主合同标的额减少，而定金的数额超过变更后的合同标的额 20%时，定金的数额也要变更，即缩小到变更后合同标的额的 20%。就处分上的从属性而言，主合同转让的，定金能否随之转让，应区分两种情况：一是给付定金的一方转让合同的，定金应随主合同的转让而转让；二是收受定金的一方转让合同的，定金并不随主合同的转让而当然转让，因为定金的所有权已归其所有。当然，当事人之间可以协商将定金转让给受让人。如果当事人协商不成的，定金归于消灭，应当返还给给付定金的一方。

应当指出的是，由于定金的种类不同，其从属性的表现也有差异。例如，就成约定金而言，由于成约定金是主合同的成立或生效要件，因此，成约定金在存在上没有从属性，即不以主合同的有效存在为前提。当然，在主合同成立后，如果主合同消灭，则成约定金也归于消灭。就立约定金而言，由于立约定金是担保合同的订立，因此，立约定金在存在上并不具有从属性。就是说，在主合同没有订立的情况下，定金仍会存在，因而在当事人拒绝订立合同时会有定金罚则的适用。在主合同订立后，立约定金在消灭上具有从属性，即如果主合同消灭的，定金归于消灭。

（二）定金的成立以标的物的交付为条件

定金的成立是否以标的物的交付为成立条件，涉及定金的要物性问题。对于定金是否具有要物性，理论上存在着不同的看法。

【学术争鸣】

一种观点认为，定金是否具有要物性，应区分定金的不同类型而论。证约定金与成约定金须具有要物性，因为这两种定金的功能在于证明主合同的存在；而解约定金、违约定金、立约定金无须具有要物性，因为解约定金作为双方自由解除合同的代价，违约定金作为双方不履行合同的损害赔偿，立约定金作为双方自由订立合同的代价，均无由一方先行支付之法理。① 另一种观点认为，定金虽是由当事人在定金合同中约定的，但定金担保只有在交付后才能成立。虽有当事人双方关于定金的约定，但应交付定金的一方当事人未实际将定金交付给对方的，定金担保不能成立。②

我们认为，定金具有要物性，其成立以标的物的交付为条件。没有标的物的交付，定金担保不能成立。

（三）定金具有预先支付性

定金是为担保合同而设立的，或为担保合同的订立、成立生效，或为担保合同的履行。因此，只有在合同订立、成立生效之前，或者合同成立后、履行期限届满前，一方交付定金的，才能起到担保的作用。如果合同已经订立或成立生效，或者合同已经履行或履行期限届满未履行，则定金就无法发挥担保作用，也就无须再支付定金。因此，定金具有预先支付性，即定金

---

① 参见林政华：《定金、违约金规范功能之研究》，13 页。

② 参见郭明瑞：《担保法》，2 版，283 页。

须于合同订立之前、成立生效之前，或者合同成立后、履行期限届满前支付。

(四) 定金具有双重担保性

债的担保是为担保债权而设立的，定金也不例外。但定金担保与其他担保方式有所不同，具有双重担保性，即对双方当事人都具有担保作用。就是说，交付定金的一方拒绝订立合同、不履行债务或解除合同的，丧失定金；而收受定金的一方拒绝订立合同、不履行债务或解除合同的，则应双倍返还定金。可见，定金实际上对双方当事人都具有担保作用。当然，因成约定金不适用定金罚则，因此，成约定金不具有双重担保性。

三、定金的性质

如前所述，定金有立约定金、成约定金、违约定金、解约定金之分。因此，当事人在定金合同中明确约定了定金属于何种定金的，则定金的性质应当依当事人约定认定。如果当事人在定金合同中没有约定定金性质的，则应按照法律所规定的定金即法定定金的性质认定之。但是，我国法上的法定定金的性质如何，理论上存在着不同的看法。

【学术争鸣】

违约定金说认为，我国法上的定金为违约定金，因为将定金的性质定为违约定金与司法实践相一致，也与法律的规定相符合。[①] 解约定金说认为，我国法上的定金属于解约定金。[②] 证约定金与违约定金说认为，我国法上的定金有证约定金和违约定金的双重属性。[③] 解约定金与成约定金说认为，我国法上的定金既具有解约定金的性质，又具有成约金的性质。[④]

我们认为，我国法上的定金应属于违约定金，其理由在于：

第一，我国法上的定金不具有证约定金的性质。如前所述，从定金作为一种担保方式的角度讲，证约定金根本就不具有担保作用，而只是具有证明主合同存在的效力，这种效力是成约定金、解约定金、违约定金所共同具有的，故证约定金不是一种独立的定金类型。同时，即使证约定金属于定金的一种类型，其也仅具有证明主合同存在的效力，而不适用定金罚则。我国法上所规定的定金明确肯定了定金罚则的适用，因此，将我国法上的定金解释成证约定金的性质是不妥的。

第二，我国法上的定金不具有成约定金的性质。成约定金的作用在于担保合同的成立或生效，不交付定金的，合同不成立或不生效，成约定金不适用定金罚则。我国法上所规定的定金是一种适用定金罚则的定金，因此，不可能用成约定金解释我国法上所规定的定金。

第三，我国法上的定金不具有解约定金的性质。解约定金是当事人为保留合同解除权而交付的定金，其功能在于当事人可以通过丧失或双倍返还定金而任意解除合同，而当事人任意解除合同不属于违约行为。我国法上所规定的定金的适用前提是当事人一方不履行约定的债务，

---

① 参见刘保玉、吕文江主编：《债权担保制度研究》，222页，北京，中国民主法制出版社，2000。

② 参见钟立志：《谈谈我国定金的性质及其法律效力》，载《中外法学》，1992(3)。

③ 参见王利明、崔建远：《合同法新论·总则》，修订版，541页，北京，中国政法大学出版社，2000。

④ 参见赵许明、杜文聪主编：《担保法通论》，203页，北京，中国检察出版社，1996。

即只有在发生违约的情况下，才能适用定金罚则。可见，我国法上所规定的定金与解约定金的适用条件是不同的，故不属于解约定金。

第四，从法律规定及司法解释的内容看，我国法上的定金应属于违约定金。一方面，从《担保法》和《合同法》的规定来看，《担保法》第89条将定金的适用条件限制在“一方不履行约定的债务”的情形，而《合同法》第115条又将“一方不履行约定的债务”而按《担保法》适用定金罚则的情形规定于违约责任之中。由此可以看出，我国法上所规定的定金是与违约联系在一起的，故应属于违约定金。另一方面，从《担保法解释》的规定看，《担保法解释》第115条、第116条和第117条分别规定了立约定金、成约定金和解约定金。这是对我国法上所没有规定的定金类型的说明，从而也就反证了我国法上的定金应属于违约定金。因为只有这样认定，才符合司法解释的原则。

四、定金与相关制度的区别

（一）定金与违约金的区别

定金与违约金都是当事人一方应向另一方交付的款项，并且都有担保合同履行的作用。因此，定金特别是违约定金与违约金很容易混淆。定金与违约金相比，主要有如下区别：

1. 两者的目的不同。定金是合同担保的一种形式，其目的在于确保合同债权的实现；而违约金是违约责任的一种形式，其目的是制裁违约行为。

2. 两者的表现形式不同。定金和违约金通常都是由当事人约定的，但两者的表现形式存在差异。定金作为一种合同担保的方式，是以独立于主合同的从合同形式而表现的；违约金作为一种违约责任的形式，属于合同内容的一部分而不是表现为一种从合同。

3. 两者的交付时间不同。定金因类型不同而交付时间有异，如立约定金应于合同订立前交付，成约定金应于合同成立或生效前支付，而违约定金、解约定金只能于合同履行前交付；而违约金只能于当事人一方违约后交付，不能于违约前支付。所以，定金往往具有预先给付和证约的作用，而违约金不具有预先给付和证约的作用。

4. 两者的发生根据不同。定金是由当事人双方于定金合同中约定的；而违约金则可以是双方约定的，也可以是法定的。

5. 两者的确定标准不同。定金的数额不能超过法律规定的数额，超过规定数额的定金为无效；而违约金具有预定赔偿金的性质，其数额是根据违约可能造成的损失额来确定的。

（二）定金与预付款的区别

预付款是指当事人为履行合同约定的债务，由债务人一方预先向对方给付一定数额的价款。定金在合同履行后可以抵作价款，因此，定金有预先付款的性质，这与预付款相似。但定金不同于预付款，两者的区别主要有以下几点：

1. 两者的作用不同。定金为合同担保的方式，其作用在于担保合同订立、成立和履行；而预付款为合同价款的一种支付方式，其作用是为一方当事人履行合同提供资金上的帮助，为合同的履行创造条件。

2. 两者的发生基础不同。定金是依据定金合同而发生的，并且只有在一方实际交付后，定金才能成立。依约定应交付定金而未交付的，并不构成对主合同的违反；而预付款是由当事人在合同中约定的，一方当事人不按照合同的约定交付预付款时，其行为构成对合同义务的违反。

3. 两者的交付时间不同。如前所述，定金的交付时间因定金的种类不同而有所差异；而预付款可以在合同成立后、履行开始前支付，也可以是在履行开始后、履行中支付。

4. 两者的法律后果不同。交付定金和收受定金的双方当事人不履行合同债务时，应适用定金罚则；而交付和收受预付款的当事人一方不履行合同债务时，不发生丧失或双倍返还预付款的后果，预付款仅可抵作损害赔偿金。

5. 两者的交付方式不同。定金一般为一次性交付，而预付款可以分期交付。

（三）定金与押金

关于押金，我国法上并无规定，学者间的理解也不尽一致。我们认为，押金是指债务人或者第三人为担保债权受偿而交付给债权人占有的一定数量的金钱。通说认为，押金亦属于债权担保的一种方式，属于金钱担保的范围。因此，定金与押金存在很多相似之处，如都是一方按照约定向对方给付的金钱，在合同履行后都会发生返还的后果，均发生所有权的转移等。但两者是不同的担保方式，存在如下区别：

1. 两者的交付时间不同。定金的交付时间因定金的种类不同而有所差异，往往具有预先给付的特点；而押金的交付可以是在合同履行前或者合同履行过程中，不具有预先给付的性质。

2. 两者的设立人范围不同。定金的设立人只能是合同一方当事人；而押金的设立人可以是合同债务人，也可以是债务人以外的第三人。

3. 两者的担保对象不同。定金担保的对象因定金的种类不同而有所差异，如立约定金的担保对象是合同的订立，成约定金的担保对象是合同的成立或生效，违约定金或解约定金的担保对象是主合同的主给付；而押金担保的对象往往并不是合同的主给付，而是合同中的从给付（如退还容器之给付义务、赔偿损失义务等）。

4. 两者的给付数额不同。定金的数额虽然由合同当事人约定，但其约定的数额不得超过主合同标的额的20%；而押金数额的约定并没有法律上的限制，往往高于或者等于被担保的主合同的债权额。

5. 两者的法律效力不同。定金具有双重担保性，且有定金罚则的适用；而押金只拘束交付押金的当事人，无罚则的适用。就是说，给付押金的一方不履行合同义务的，并不就当然地丧失押金；接受押金的一方不履行合同义务的，也不承担双倍返还押金的后果。

第二节　定金的成立

一、定金的标的物

定金的标的物即定金合同的客体。关于定金的标的物范围，除金钱外，是否还包括其他物，理论上存在着不同的看法。

【学术争鸣】

第一种观点认为，定金只能是金钱，不能是金钱之外的其他物。以其他物（包括代替物和不代替物）为定金标的物，在适用定金罚则时不利于争议的解决，也容易与质权发生混淆。[①] 第二种观点认为，定金的标的物一般为金钱，也可以是其他代替物，不代替物不可为定金，因为不代替物为定金无法适用双倍返还规则。[②] 第三种观点认为，除金钱、代替物外，不代替物也可以成为定金的客体，当事人如约定以不代替物，如随身所戴钻戒作为定金，或转移土地、房屋等不动产作为定金，约定对方违约应加倍返还相当于钻戒、土地或房屋价金之现金的，似无不许之理。[③] 第四种观点认为，应当以定金种类而定其客体是否须限于金钱或其他物，即凡金钱、代替物、有市价之不代替物、无市价之不代替物均得作为定金的客体，但无市价之不代替物不得为成约定金的客体。[④]

我们认为，除金钱外，无论何种类型的定金，其客体都可以为代替物。这是因为，在市场交易中，代替物与金钱的作用是基本相同的，以代替物或金钱作为定金合同的标的物，二者并无区别，这也是金钱在特定化后可以作为动产质权的客体的原因。同时，以代替物作为定金合同的标的物，并不会与动产质权发生混淆，因为在动产质权中，质权人对质押财产不享有使用权、处分权，而只有占有权。而以代替物作为定金标的物，定金收受人对该代替物不仅享有占有权，而且享有使用权、处分权。在实践中，以代替物作为定金合同的标的物，有利于满足当事人的利益需求。例如，在交付定金的一方缺乏资金的情况下，就可以交付一定的代替物作为定金。当然，由于定金往往有最高限额的限制，因而以替代物作为定金合同的标的物的，应当将该代替物折算成一定数量的金钱。那么，不代替物能否作为定金合同的标的物呢？我们认为，不代替物不宜作为定金的客体。一方面，就立约定金、违约定金、解约定金而言，因有定金罚则的适用，不代替物没有双倍返还的可能性。另一方面，就成约定金而言，因不适用定金罚则，故以不代替物作为成约定金的客体似无不可。但是，以不代替物作为成约定金的客体，会发生无法解决的问题。如果不代替物不转移所有权，则与动产质权无法区分；如果不代替物转移所有权，又会与让与担保发生混淆。因此，不代替物不宜作为定金的客体。

二、定金合同

定金合同是当事人双方约定定金条款的合同。定金合同作为合同的一种，其订立程序、成立要件以及生效要件等均应遵守合同法的一般规定。这里只就定金合同的几个特殊问题作一阐述。

（一）定金合同的当事人

定金是由当事人一方向对方交付的金钱或代替物，因此，定金合同的双方当事人为给付定

① 参见蔡永民：《比较担保法》，337 页。
② 参见孙森焱：《民法债编总论》，下册，591 页；王利明：《违约责任论》，修订版，592 页。
③ 参见曾隆兴：《民法债编总论》，450～451 页，台北，自版，1991。
④ 参见林政华：《定金、违约金规范功能之研究》，104 页。

金的一方和收受定金的一方。但是，由于定金的种类不同，定金合同的双方当事人的身份地位也不一样。例如，在立约定金和成约定金中，定金合同的双方当事人应为立约人或订约人；在违约定金、解约定金中，定金合同的双方当事人应为债务人和债权人。

在定金合同中，主合同之外的第三人不能作为定金合同的当事人。无论何种类型的定金，定金合同的当事人只能是主合同的双方当事人，而不能是主合同当事人之外的第三人。这就是说，定金担保不能由主合同当事人之外的第三人提供。但是，若当事人约定定金担保，第三人代应交付定金的一方交付定金的，可成立定金担保。

（二）定金合同的形式

关于定金合同的形式，《担保法》第 90 条中规定："定金应当以书面形式约定。"那么，定金合同是否为要式合同呢？对此，理论上存在不同的看法。

【学术争鸣】

一种观点认为，定金合同为要式行为，若定金合同不具备法律规定的形式要件，不采用书面形式的，定金担保的设立不发生效力。[①] 另一种观点认为，定金合同不为要式合同，虽定金合同应当用书面形式，但当事人未以书面形式而以口头形式或其他方式约定定金的，只要当事人能够举证且无相反证明，亦应认定定金有效成立。[②]

我们认为，一方面，定金合同属于实践性合同，以定金的交付作为合同的成立条件，因而合同的形式不应影响到合同的成立；另一方面，定金合同没有采取要式合同的必要，因为定金合同只涉及合同当事人的利益，与国家利益、社会利益、第三人利益无关，法律没有必要将其规定为要式合同。因此，我们认为，如果当事人双方仅有口头约定而未交付定金时，自不能认定双方的口头约定的效力。但是，若当事人虽为口头约定，但实际交付了定金，则定金合同仍应成立生效。[③]

定金合同的表现形式主要有三种：一是独立于主合同之外的另一合同，即在主合同之外单独订立定金合同；二是在主合同中附加的约款，即在主合同中约定定金的条款；三是当事人以函电等方式约定的定金合同。

（三）定金合同的内容

一般说来，定金合同应包括以下内容：

1. 定金的交付期限

《担保法》第 90 条中规定："当事人在定金合同中应当约定交付定金的期限。"由于定金的种类不同，其交付期限也存在差别，因此，定金合同中应当根据定金的类型约定定金的交付期限。

2. 定金的数额

定金的数额由当事人自由约定，但为防止当事人之间的利益失衡，《担保法》第 91 条中规定：定金的数额不得超过主合同标的额的 20%。如果当事人约定的定金数额超过主合同标的的

---

① 参见邹海林、常敏：《债权担保的方式和应用》，381 页。

② 参见孔祥俊：《担保法例解与适用》，581 页，北京，人民出版社，1996。

③ 参见郭明瑞：《担保法》，2 版，286～287 页。

额20%的，则超过部分为无效。[1] 这里所谓的无效，是指该部分不能发生定金的效力。应当指出的是，《担保法》关于定金数额的限制性是针对违约定金而言的。那么，其他种类的定金是否亦适用这一限制性规定呢？我们认为，立约定金的作用在于担保合同的订立，与合同债权的实现没有直接关系，而且在合同没有订立的情况下，也无所谓主合同的标的额，因此，立约定金的数额不适用《担保法》的限制性规定。成约定金的作用在于担保合同的成立或生效，不适用定金罚则，因此，成约定金的数额也不适用《担保法》的限制性规定。解约定金是自由解约权的代价，有定金罚则的适用，与违约定金的旨趣相同，因此，解约定金的数额应适用《担保法》的限制性规定。

3. 定金的担保性质

当事人应当在合同中对定金的性质作出约定，这种约定有两种方式：一是注明一方当事人所支付款项为定金；二是明确约定定金罚则的适用（成约定金不能采用这种方式）。如果当事人在合同中未注明为定金，又没有明确约定适用定金罚则，而仅写明一方应交付一定款项，或者写为“订金”，则一般不能认定其约定的为定金。对此，《担保法解释》第118条规定：“当事人交付留置金、担保金、保证金、订约金、押金或者订金等，但没有约定定金性质的，当事人主张定金权利的，人民法院不予支持。”

4. 定金的类型

当事人在合同中对定金的性质作出约定时，应当同时明确定金的类型。当然，如果定金合同中没有对定金的类型作出约定，则应当按照法定定金即违约定金予以解释。

三、定金的交付

（一）定金交付的意义

依《担保法》第90条规定，定金合同从实际交付定金之日起生效。如何理解定金合同从定金实际交付之日起生效，理论上存在着不同的看法。

【学术争鸣】

一种观点认为，定金的交付是定金合同的成立条件。当事人虽有关于定金的约定，但未实际交付的，定金担保尚不成立。[2] 另一种观点认为，定金合同的成立与定金合同的生效属于不同的范畴。当事人就定金担保的内容意思表示一致，定金合同成立，定金的交付为定金合同的生效要件。[3]

我们认为，《担保法》第90条所规定的“定金合同从实际交付定金之日起生效”，实际上应是指定金合同从定金实际交付之日成立。这是因为：第一，合同是否生效属于法律判断，其标准是合同是否符合法律所规定的生效条件。因而，定金的交付并不能作为定金合同生效的判断标准，定金合同的生效须符合法律所规定的生效条件，如当事人合格、内容合法、意思表示

---

① 《担保法解释》第121条规定：“当事人约定的定金数额超过主合同标的额百分之二十的，超过的部分，人民法院不予支持。”

② 参见王利明主编：《民法》，454页，北京，中国人民大学出版社，2005。

③ 参见邹海林、常敏：《债权担保的方式和应用》，384页。

真实等。第二，合同的成立与生效尽管属于两个不同的范畴，但通常情况下，合同的成立与生效在时间上是一致的，即合同的成立即生效。只有在法律有特殊规定或当事人有约定时，合同的成立与生效在时间上才产生不一致的情况，如附延缓条件的合同。《担保法》并没有对定金合同的生效时间作出特殊的规定，因而，可以认为，所谓定金合同的生效也就是指定金合同的成立。第三，如果认为定金的交付是定金合同的生效条件，这就意味着定金合同自当事人意思表示一致时成立，而按照合同约定应当交付定金的一方不按照约定支付定金的，就是对定金合同的违反，就应当承担一定的赔偿责任。但是，《担保法》及《担保法解释》均没有规定当事人没有按照约定支付定金的，应当承担赔偿责任。在司法实践中，当事人不按照约定支付定金的，也是视为定金合同不成立。第四，当事人是根据定金合同的约定交付定金的，如果定金合同以交付定金为生效要件，那么在定金交付之前，定金合同就是没有约束力的，当事人又如何能依没有约束力的合同来交付和收受定金呢？实际上，所谓当事人是按照定金合同的约定支付定金，仅是指当事人按照定金预约合同支付定金，从而使定金本约成立。

既然定金的交付具有决定定金合同是否成立的作用，那么，当事人没有支付定金的，定金合同就不能成立。但是，在实践中往往会出现交付定金的一方未按约定的时间、数额交付定金，此时应如何处理呢？对此，理论上存在着不同的看法。

【学术争鸣】

第一种观点认为，交付定金的一方未按合同约定的时间、数额交付定金，接受定金一方不履行合同的，此类情况不适用定金罚则，违约方只需偿付违约金即可。第二种观点认为，交付定金的一方交付了定金，虽然没有按照合同约定的时间、数额交付，但只要接受定金一方未提出异议，也是给对方一种保证履行合同的明示，是双方当事人达成的新的要约与承诺，原合同仍然有效，接受定金一方不履行合同仍要适用定金罚则。第三种观点认为，如果交付定金的一方未按合同约定交付的时间交付，但却是在合同履行前交付的，应当认定为双方已就定金的交付时间协议变更，其后一方违约时，仍应适用定金罚则；若应交付定金的一方是在合同开始履行后才向对方交付的，则该款项不能认定为定金，对双方都不能适用定金罚则；若交付定金的一方未按约定的数额交付定金，而收受定金的一方又接受的，则应当认定为双方就定金的数额协议变更，其后任何一方不履行债务的，均应按变更后的定金数额适用定金罚则。

《担保法解释》第119条规定："实际交付的定金数额多于或者少于约定数额，视为变更定金合同；收受定金一方提出异议并拒绝接受定金的，定金合同不生效。"我们认为，《担保法解释》的这一解释的精神是正确的，符合定金合同为实践性合同的特点，但其表述有所不妥。由于定金合同为实践性合同，没有定金的交付，定金合同不能成立生效。因此，实际交付的定金数额多于或少于约定数额，并不是"视为变更定金合同"。如果说是"变更合同"，也只能是变更了定金预约合同。因此，准确的说法应当是：实际交付的定金数额多于或者少于约定数额，以实际交付的数额成立定金合同。①

例题 47　甲向乙订购15万元货物，双方约定："乙收到甲的5万元定金后，即应交付全部货物。"合同订立后，乙在约定时间内只收到甲的2万元定金。下列说法哪一个是正确的？(2004年司法考试题)

---

①　参见房绍坤：《担保法司法解释评析》，载王利明主编：《民商法前沿论坛》，第2辑，197页，北京，人民法院出版社，2004。

A. 实际交付的定金少于约定数额的，视为定金合同不成立

B. 实际交付的定金少于约定数额的，视为定金合同不生效

C. 实际交付的定金少于约定数额的，视为定金合同的变更

D. 当事人约定的定金数额超过合同标的额20%，定金合同无效

解析：本题的考点是定金交付的数额及效力。依《担保法解释》规定，实际交付的定金数额多于或者少于约定数额的，并不影响定金合同的成立，而应视为变更定金合同。同时，当事人约定的定金数额超过合同标的额20%的，只是超过部分无效，并不是整个定金合同无效。因此，答案应为C项。

例题48 甲、乙约定：甲将100吨汽油卖给乙，合同签订后3天交货，交货后10天内付货款。还约定，合同签订后乙应向甲支付10万元定金，合同在支付定金时生效。合同订立后，乙未交付定金，甲按期向乙交付了货物，乙到期未付款。对此，下列哪一表述是正确的？(2010年司法考试题)

A. 甲可请求乙支付定金

B. 乙未支付定金不影响买卖合同的效力

C. 甲交付汽油使得定金合同生效

D. 甲无权请求乙支付价款

解析：本题的考点主要是定金合同的成立和成约定金。定金合同属于实践性合同，因此，给付定金的一方未支付定金的，另一方无权请求支付定金。同时，定金合同属于从合同，其成立与否并不影响主合同的效力，主合同的履行也不能使定金合同成立生效。由于甲、乙约定买卖合同在支付定金时生效，故双方约定的定金属于成约定金。依《担保法解释》的规定，给付成约定金的一方未支付定金，但主合同已经履行或已经履行主要部分的，并不影响主合同的成立或生效。甲在乙未支付定金的情况下，按期向乙交付了货物，说明双方的买卖合同已经成立，甲有权请求乙支付价款。因此，答案应为B项。

（二）定金交付的期限

依《担保法》第90条规定，定金的交付期限应当由当事人在定金合同中约定。但是，当事人在定金合同中约定的定金交付期限不能有违定金的本质，即不能使定金丧失其担保功能。因此，当事人约定的定金交付期限应当限制在一定的期限之内。那么，这种期限应当如何确定呢？对此，学者们的理解不一。我们认为，应当根据定金的不同种类分别确定：(1) 立约定金应当在合同订立之前交付，合同订立后交付的定金，不能为立约定金；(2) 成约定金应当在合同成立或生效之前交付，合同成立或生效后交付的定金，不能为成约定金；(3) 违约定金既可以在主合同成立前或成立时交付，也可以在主合同成立后、合同履行完毕前交付；(4) 解约定金既可以在主合同成立前或成立时交付，也可以在主合同成立后、解约之前交付。

（三）定金所有权的转移

交付定金的一方实际交付定金后，定金的所有权是否发生转移，理论上存在着不同的看法。

【学术争鸣】

否定说认为，定金交付所转移的只是占有权而不是所有权，在合同履行期间，定金处于一

种“禁治”状态，双方当事人均无处分权，只有在合同履行完毕，定金所有权才依所有人的意思转移或收回。① 也有学者指出，定金在交付时转移的是占有、使用和收益权能，定金的所有权并没有发生转移。② 肯定说认为，定金交付后，定金所有权随交付而转移归收受方，因为定金为消费物，不可能发生所有权与经营权的分离，定金一经交付，收受方即可处分该项货币；认为交付定金而不转移所有权，将定金混同于质权，混淆了债权与物权的界限。③ 折中说认为，定金通常都是金钱，而金钱的所有权与占有权是合一的，也就是说占有金钱通常可以推定占有人对金钱享有所有权。所以，交付定金后，定金的受让人对该笔金钱享有支配的权利，然而定金的交付又不应当完全发生所有权的转移。因为一方面，如果定金不是金钱而是某种实物，则该实物在交付后并不发生所有权的转移，合同不履行则要返还原物，合同即使履行，也可能接受实物的一方不需要该实物，而愿意返还该实物。另一方面，即使是金钱的交付，也不完全发生所有权的转移，因为在合同不履行的情况下，定金将要返还。同时，在接受定金的一方破产的情况下，交付定金的一方应当具有优先于接受定金方的其他债权人而请求取回其定金的权利。④

我们认为，定金无论是金钱还是代替物，在交付后均发生所有权的转移。一方面，如果定金的客体为金钱，则基于“货币属于其占有者”的法谚，取得货币的占有即取得货币的所有权，丧失货币的占有即丧失货币的所有权。因此，在定金交付后，给付定金的一方因丧失占有而丧失所有权，收受定金的一方因取得占有而取得所有权。如果认为定金交付后不发生所有权的转移，则该定金即须特定化，收受定金的一方不能为任何处分，此时应成立金钱质权，而不是成立定金担保。另一方面，如果定金的客体为代替物，在该代替物交付时，所有权亦发生转移。这是因为既然是代替物，则完全可以用同类物代替，而这就意味着收受定金的一方有权任意对该代替物为法律上的处分或事实上的处分，这就表明了收受定金的一方对该代替物享有所有权。同理，如果代替物的所有权不发生转移，则该代替物也须特定化，收受定金的一方不能为任何处分，此时应成立动产质权，而不是定金担保。

第三节　定金的效力

一、定金效力概述

定金的效力，亦即定金所发生的法律后果。各类不同的定金，具有各自不同的效力。但各种定金也具有一些共同的效力，主要包括证约的效力、预先给付的效力、担保的效力等。

定金的证约效力是指定金具有证明主合同存在的效力。这是因为，定金是为担保合同而设立的，定金具有从属性，因此，一般来说，没有主合同，当事人之间就不会发生交付和收受定金的事实；反之，当事人之间交付和收受定金的事实，也就证明当事人之间存在着合同关系。

---

① 参见肖龙、赵彬：《试论定金和预付款》，载《法学研究》，1986（4）。

② 参见蔡永民：《比较担保法》，354页。

③ 参见郭明瑞、杨立新：《担保法新论》，324页，长春，吉林人民出版社，1996。

④ 参见王利明：《违约责任论》，修订版，612页。

当然，定金的种类不同，其证约效力的强弱也有所不同。例如，在立约定金中，当事人支付和收受定金的，视为成立本合同之预约合同。在合同订立后，立约定金没有返还的，也具有证明主合同存在的效力。在成约定金中，当事人交付和收受成约定金，促使主合同成立或生效的事实，就足以证明当事人之间存在主合同关系。在解约定金和违约定金中，支付和收受定金的事实，亦可以证明当事人之间存在主合同关系。

定金的预先给付效力是指在债务人履行债务后，定金可以抵作价款。《担保法》第 89 条中规定："债务人履行债务后，定金应当抵作价款或者收回。"所谓抵作价款，是指交付定金的一方从依主合同应给付的价款数额中扣除已交付的定金额而给付其余额；所谓收回，是指交付定金的一方于给付主合同规定的全部价金后，由收受定金的一方将收受的定金原额返还。无论是定金抵作价款或者收回时，均不应发生交付的定金利息的计算。至于定金是抵作价款还是收回，取决于当事人的约定。如果当事人没有约定，应由交付定金的一方决定。即交付定金的一方同意抵作价款的，则应抵作价款；不同意抵作价款的，则应当收回。《担保法》第 89 条规定主要是针对违约定金而言，但立约定金、成约定金、解约定金也可以参照适用。例如，在立约定金中，当事人订立主合同的，定金的目的即已达到，定金即应返还。当事人也可以约定在主合同订立后，立约定金不予返还而在主合同履行完毕后，抵作价款。在成约定金中，在当事人支付定金使主合同成立或生效后，成约定金的目的即已经实现，但定金还不能返还。只有在合同履行完毕后，成约定金才可以返还，也可以抵作价款。在解约定金中，只要当事人没有解除合同并履行合同，定金的目的即为实现。因此，解约定金可以返还，也可以抵作价款。

定金的担保效力是指通过定金罚则等措施保障当事人获得合同债权并实现之。定金的担保效力是定金的基本效力，也是定金目的的根本体现。定金的种类不同，其担保效力的表现也有所不同。

二、立约定金的担保效力

立约定金的担保效力是通过定金罚则实现的，即给付立约定金的一方拒绝订立主合同的，丧失定金；收受立约定金的一方拒绝订立主合同的，应当双倍返还定金。可见，立约定金是保留拒绝订约权的代价。一方面，立约定金可以防止丧失订约机会以确保订约利益；另一方面，立约定金可以避免订约所产生的订约不利益。在立约定金成立后，如果市场价格、供需关系等客观情况发生了重大变化，造成订约目的无法实现，甚至会造成更大的不利益时，当事人就可以通过损失定金而拒绝订约以避免损失的扩大。例如，当事人准备订立购买钢材的买卖合同，买受人为此支付了立约定金。但是，在订立买卖合同之前，钢材价格下跌了 30%。在这种情况下，如果按原预约合同签订钢材买卖合同，则买受人将会受到很大损失，此时买受人就可以通过丧失定金以拒绝订约来避免这种价格损失。就是说，买受人虽然损失了定金，但避免了更大损失的发生。同时，如果钢材价格上涨了 30%，则出卖人也可以通过双倍返还定金以拒绝订约来避免价格的损失。立约定金正是通过赋予当事人保留拒绝订约权，从而使其获取了交易上的利益并避免损失。因此，立约定金又称为犹豫定金。[①] 当然，这种犹豫应当有一定期限的限制，即当事人有约定期限的，应当在约定期限内决定是否订约；没有约定期限的，应当在合

① 参见孙森焱：《民法债编总论》，下册，593 页。

理期限内决定是否订约。

关于立约定金罚则的适用，有两个问题需要明确：一是立约定金罚则的适用前提是给付或收受定金的当事人拒绝订立主合同，至于拒绝订立合同的原因在所不问。同时，当事人所订立的主合同的效力如何以及当事人是否违反了主合同，也不决定是否适用立约定金罚则。只要当事人订立了合同，立约定金的目的即已达到，定金罚则即不能再适用。即使所订立的合同无效或被撤销，定金罚则也无适用的余地。二是当事人一方拒绝订立合同而适用立约定金罚则后，对方无论有无损害或损害多少，均以定金额为损害赔偿额。因此，立约定金具有预定损害赔偿的性质。

三、成约定金的担保效力

成约定金的担保效力并不体现为定金罚则，而主要体现在如下两个方面：

首先，成约定金担保主合同的成立或生效，即主合同以交付定金作为成立或生效条件。但成约定金作为主合同成立或生效条件，属于必要条件而非充分必要条件。也就是说，没有成约定金的交付，主合同不能成立或生效，但成约定金的交付并不一定意味着主合同一定成立或生效。这是因为，主合同的成立须当事人就主合同的主要条款达成一致，主合同的生效须符合法律规定的生效条件。同时，尽管成约定金是主合同的成立或生效条件，但如果主合同已经履行或者已经履行主要部分的，则主合同成立或者生效。这是因为，在这种情况下，应视为当事人双方以履行行为改变了合同成立或生效条件的约定。

其次，在交付成约定金使主合同成立或生效后，成约定金的担保效力并未终结，而是通过其他途径得以实现的。我们认为，在主合同成立或生效后，成约定金的担保效力是通过将成约定金视为损害赔偿担保金的形式实现的。就是说，如果在合同履行过程中，收受定金的当事人受有损害的，可以就成约定金求偿。如果成约定金不足以弥补损失，则受害人还有权要求赔偿；如果成约定金弥补受害人的损失后还有剩余的，收受定金的一方应当将余额返还给支付定金的一方。可见，成约定金并不具有惩罚性，也不具有预定损害赔偿的性质。

四、解约定金的担保效力

解约定金的担保效力体现为定金罚则，即支付解约定金的一方解除主合同的，丧失定金；收受解约定金的一方解除主合同的，应当双倍返还定金。解约定金是当事人自由解约权的代价，因此，解约定金必须由当事人在合同中特别约定。由于《担保法》是以违约定金作为法定定金，因此，解约定金必须在合同中特别约定，否则应视为违约定金。

在解约定金中，关于合同解除权的归属，理论上存在着不同的看法。

【学术争鸣】

一种观点认为，交付解约定金的一方有自由解除合同的权利，而接受定金的一方无解除合同的权利。[①] 另一种观点认为，双方当事人都享有自由解除合同的权利。支付定金的当事人得

---

① 参见林政华：《定金、违约金规范功能之研究》，127页。

抛弃定金而解除合同，接受定金的当事人可得加倍返还定金而解除合同。[①]

从《担保法解释》第117条的规定来看，在解约定金中，双方当事人均享有自由解除合同的权利，即以丧失定金或双倍返还定金而解除合同。

五、违约定金的担保效力

违约定金的担保效力体现在：给付违约定金的一方不履行合同债务的，丧失定金；收受违约定金的一方不履行合同债务的，应当双倍返还定金。关于违约定金罚则，主要涉及如下两个问题：

（一）违约定金罚则的适用条件

违约定金罚则的适用，须具备如下条件：

1. 债务人不履行约定的债务

《担保法》第89条和《合同法》第115条均将违约定金罚则的适用条件规定为“不履行约定的债务”。如何理解“不履行约定的债务”，理论上存在着不同的看法。

【学术争鸣】

第一种观点认为，“不履行约定的债务”是指由于当事人的原因而引起的履行不能（又称为不能履行），或当事人故意拒绝履行债务，通常情况下履行迟延和不完全履行不含在“不履行约定的债务”之中，当然当事人可以约定不履行的样态，如果有约定，则约定优先。[②] 第二种观点认为，定金罚则既适用于不履行行为，又适用于不完全履行行为，但不完全履行须构成根本违约。[③] 第三种观点认为，定金在设立以后，不是针对一种违约行为，即不履行形态而发生担保作用的，不能认为不适当履行和迟延履行在任何情况下都不适用定金罚则，但也不能认为任何违约行为都可以适用定金罚则，只有在完全不履行或者部分履行、迟延履行已构成根本违约的情况下才能适用定金罚则。[④] 第四种观点认为，定金罚则一般只能针对不履行这种违约形态适用，而不能适用于瑕疵履行、迟延履行。对部分履行的，定金罚则可针对不履行部分适用。[⑤] 第五种观点认为，定金罚则适用于拒绝履行、不完全履行、迟延履行、不能履行等多种违约形式，且不与严重违约行为挂钩。[⑥]

我们认为，在违约定金中，对“不履行约定的债务”宜作广义理解，应当解释为违约行为，且以构成根本违约为限。对此，《担保法解释》第120条规定：“因当事人一方迟延履行或者其他违约行为，致使合同目的不能实现，可以适用定金罚则。但法律另有规定或者当事人另有约定的除外。当事人一方不完全履行合同的，应当按照未履行部分所占合同约定内容的比例，适用定金罚则。”可见，债务人不履行约定债务的行为包括如下情况：

---

① 参见孙森焱：《民法债编总论》，下册，592～593页；王利明：《违约责任论》，修订版，603页。

② 参见江平主编：《中华人民共和国合同法精解》，96页，北京，中国政法大学出版社，1999。

③ 参见刘保玉、吕文江主编：《债权担保制度研究》，232～234页。

④ 参见王利明：《违约责任论》，修订版，614页。

⑤ 参见李国光主编：《合同法释解与适用》，510页，北京，新华出版社，1999。

⑥ 参见邹海林、常敏：《债权担保的方式和适用》，390页。

(1) 债务人根本不履行债务，即没有实施履行合同债务的行为。这也就是狭义上的“不履行约定的债务”，包括拒绝履行、履行不能。债务人根本就没有履行合同的债务，会导致合同的目的无法实现，这也就构成了根本违约，因此，可以适用定金罚则。

(2) 迟延履行或者其他违约行为。依《担保法解释》第120条第1款规定，迟延履行或其他违约行为均适用定金罚则。其他违约行为包括提前履行、瑕疵履行等违约行为。但是，迟延履行或其他违约行为只有构成根本违约使合同目的不能实现时，才能适用定金罚则。这是因为，迟延履行或其他违约行为只有在构成根本违约的情况下，才能导致合同目的无法实现，合同也就没有继续履行的必要，此时才有通过适用定金罚则予以救济的必要。如果迟延履行或其他违约行为没有构成根本违约，则合同还可以继续履行，而对没有构成根本违约的违约行为可以追究其他违约责任。实际上，法律上是将构成根本违约的迟延履行或其他违约行为，视为根本没有履行债务。

那么，不完全履行合同能否适用定金罚则呢？对此，《担保法解释》第120条第2款规定，在当事人一方不完全履行合同时，应当按照未履行部分所占合同约定内容的比例，适用定金罚则。不完全履行是否以构成根本违约为条件呢？对此，理论上存在着不同的看法。

【学术争鸣】

一种观点认为，虽然司法实务认为在因合同部分履行而导致合同目的不达的场合可以适用定金罚则，但若在合同标的能够区分比例的情形下也完全适用定金罚则，就可能会导致合同双方权益的失衡而有失公允，因此，应允许按不履行合同的比例适用定金罚则。[①] 另一种观点认为，在不完全履行构成全部根本违约时，全部处罚定金；在不完全履行构成部分根本违约时，部分处罚定金，即按比例处罚定金；在不完全履行尚不构成根本违约时，不处罚定金。[②]

我们认为，从《担保法解释》第120条的逻辑结构来看，可以认定不完全履行行为也须以根本违约为条件。《担保法解释》第120条第1款规定了“因当事人一方迟延履行或者其他违约行为，致使合同目的不能实现，可以适用定金罚则”，这里并没有将不完全履行排除在外，因此，“其他违约行为”应包括不完全履行在内。既然如此，不完全履行行为适用定金罚则就须以构成根本违约为条件。对此，最高人民法院在《关于适用〈中华人民共和国担保法〉若干问题的解释（送审稿）的说明》中指出：不适当履行无论是迟延履行，还是不完全履行，只要构成根本违约，便可适用定金罚则。在合同部分不能履行时，订立合同的部分目的没有达到，应按未履行部分的比例适用定金罚则。合同部分履行时，对未履行部分应当以占合同标的总额的比例，作为丧失或者双倍返还的计算比例。合同标的的性质决定合同不能部分履行的，应以全部定金适用定金罚则。[③]

2. *债务人不履行债务须不存在免责事由*

《担保法解释》第122条规定：“因不可抗力、意外事件致使主合同不能履行的，不适用定金罚则。因合同关系以外第三人的过错，致使主合同不能履行的，适用定金罚则。受定金处罚的一方当事人，可以依法向第三人追偿。”可见，不可抗力、意外事件是违约定金罚则适用的免责事由，而第三人的过错并不是免责事由。这说明，违约定金罚则的适用实行过错责任

① 参见王闯：《对最高人民法院〈关于适用担保法若干问题的解释〉的若干理解》，载《判解研究》，2000（2）。

② 参见曹士兵：《中国担保诸问题的解决与展望》，358页。

③ 参见李国光等：《最高人民法院〈关于适用中华人民共和国担保法若干问题的解释〉的理解与适用》，42页。

原则。

不可抗力是指不能预见、不能避免并不能克服的客观现象。《合同法》第 117 条中规定："因不可抗力不能履行合同的，根据不可抗力的影响，部分或者全部免除责任，但法律另有规定的除外。"可见，不可抗力属于违约责任的一般免责事由。如前所述，违约定金属于违约责任的一种形式，因此，不可抗力亦属于违约定金罚则的免责事由。但应当指出的是，尽管《合同法》第 117 条规定根据不可抗力的影响，部分或全部免除责任，但对违约定金罚则而言，只能是全部免除定金罚则。

意外事件是指当事人意料之外的事件，又称为意外事故。既然当事人无法预料事故的发生，就说明当事人对事故的发生没有过错。就违约而言，如果违约行为是因意外事故而发生的，则说明违约方在主观上没有过错。违约定金罚则具有惩罚性，只能对有过错的违约行为才能处罚。因此，如果合同不履行是由意外事故造成的，则违约定金罚则自不应适用。

当然，违约定金罚则所适用的过错责任原则，应属于推定过错。就是说，主张适用违约定金罚则的一方当事人只需证明对方不履行债务的事实，而不履行债务的一方则负有证明自己对不履行债务不存在过错的举证责任。若不履行债务的一方能够证明其不履行债务合同是因不可抗力、意外事故造成的，则因主观上并无过错而不适用定金罚则。

第三人的过错是指合同双方当事人之外的第三人对债务人不履行债务存在过错。对此，《合同法》第 121 条规定："当事人一方因第三人的原因造成违约的，应当向对方承担违约责任。"可见，因第三人的原因造成违约的，不能免除违约方的违约责任。同理，因第三人的过错造成不履行债务的，也不能免除定金罚则。这种情况，既可以解释为是当事人为自己一方的第三人的过错负责，也可以解释为是由于可归责于违约方的原因而承担责任。

（二）违约定金与违约金、损害赔偿的关系

合同的一方当事人在不履行债务时，如果适用了违约定金罚则，那么，违约方是否还应承担违约金、损害赔偿的违约责任呢？这就涉及违约定金能否与违约金、损害赔偿并用的问题。

1. 违约定金与违约金

关于违约定金与违约金能否并用，理论上存在着不同的看法。

【学术争鸣】

有人认为，在违约金条款与违约定金条款并存时，如果一方违约，对方当事人可以选择适用违约金或定金条款，即对方享有选择权，可以选择适用违约金条款，也可以选择适用定金条款，但二者不能并用。① 有人认为，支付赔偿性违约金与履行定金罚则可以并用，支付惩罚性违约金与履行定金罚则不能并用，一事不二罚。② 有人认为，就违约定金与违约金的运用来说，当事人只能选择一种。如果违约以后造成的损失过大，非违约方只能请求支付违约金或者要求承担定金责任以后，另外要求赔偿损失。③ 有人认为，违约定金与违约金原则上不能并用，但在选择适用定金罚则或者选择适用违约金不足以补偿一方因另一方不履行合同所受损失的场合下，则可以合并适用定金罚则和违约金责任，但二者的合并适用不能超过一方因合同不

---

① 参见胡康生主编：《中华人民共和国合同法释义》，187 页，北京，法律出版社，1999。

② 参见河山、肖水：《合同法概要》，142 页，北京，中国标准出版社，1999。

③ 参见王利明：《违约责任论》，修订版，623 页。

履行所受的损失额。[①]

《合同法》第116条规定："当事人既约定违约金，又约定定金的，一方违约时，对方可以选择适用违约金或者定金条款。"可见，《合同法》对违约定金与违约金能否并用问题采取了否定态度。我们认为，这一规定有其合理性。这是因为，违约定金和违约金均是对违约行为的救济，如果两者并用，会造成赔偿的数额远远高于因违约所造成的损失，从而不符合全部赔偿原则。但是，违约定金与违约金不能并用也不是绝对的，在特殊情况下，违约定金与违约金也可以并用。我们认为，违约定金与违约金不能并存须具备两个条件：一是违约定金与违约金均指向同一违约行为。如果违约定金与违约金并不是指向同一违约行为，如违约定金针对迟延履行，而违约金针对瑕疵履行，则违约定金与违约金可以并用。二是当事人没有另外的约定。《合同法》第116条关于违约定金与违约金不能并用的规定，应属于任意性规定而非禁止性规定。因此，当事人可以约定排除这一规定的适用。如果当事人在合同中约定，在一方违约时，同时适用违约定金与违约金，则违约定金与违约金可以并用。那么，在违约定金与违约金不能并用时，如果当事人选择其中一种不足以弥补损失时，按照全部赔偿原则，对剩余部分的损失仍应赔偿，具体措施如下：如果当事人选择适用违约金条款，则当事人可以请求人民法院或仲裁机构增加违约金的数额（《合同法》第114条）；如果当事人选择适用定金条款，则当事人可以在定金罚则外要求赔偿损失。

2. 违约定金与损害赔偿

关于违约定金与损害赔偿能否并用，《合同法》没有明确规定，理论上存在着不同的看法。

【学术争鸣】

一种观点认为，定金责任的承担不能替代损害赔偿责任，不能将定金责任作为损害赔偿的最高限额，也不能在计算损害赔偿数额时将定金列入其中，但如果同时适用定金和损害赔偿以后，其总值超过标的物价金总和的，人民法院应酌情减少定金的数额。[②] 另一种观点认为，违约定金既不可能等于实际损失，也不能作为法定损害赔偿总数。在适用时，当事人可以选择适用违约定金或损害赔偿。如果仅用一种方法不足以弥补当事人实际损失的，则可以同时适用，但其总额应以实际损害数为限。[③]

我们认为，违约定金与损害赔偿可以并用，但并用的结果不得超过当事人的损失总额。其主要理由在于：第一，违约定金和损害赔偿均属于违约责任的表现形式，从性质上说，这两种违约责任的适用并不存在冲突，因此，两者的并用不存在理论上的障碍。第二，从违约定金来看，其并不以实际损失的多少为适用条件，而且法律对定金的数额又有最高额的限制。因此，违约定金不可能是最低的损害赔偿额，也不可能是损害赔偿总额。既然如此，适用违约定金罚则就有可能不足以弥补当事人的损失。此时，如果不允许受害方要求损害赔偿，则是不公平的。第三，根据违约损害的全部赔偿原则，违约方应当赔偿对方的全部损失。因此，当适用违约定金罚则不足弥补全部损失时，对这部分损失还应予以赔偿。当然，违约定金与损害赔偿并用的结果不得超过当事人的损失总额，否则也不符合全部赔偿原则。因此，违约定金与损害赔偿并用的结果应受到损失总额的限制。第四，《合同法》第112条规定："当事人一方不履行合

① 参见郭明瑞：《担保法》，2版，293页。

② 参见王利明：《违约责任论》，修订版，619页。

③ 参见蔡永民：《比较担保法》，351页。

同义务或者履行合同义务不符合约定的，在履行义务或者采取补偿措施后，对方还有其他损失的，应当赔偿损失。”因此，在当事人一方违约而适用违约定金罚则时，对方还有其他损失的，违约方还应当赔偿损失。

问题与思考

1. 定金具有哪些特点?
2. 试述定金的种类。
3. 如何区分定金与违约金、预付款、押金?
4. 试述定金的成立。
5. 试述定金的担保效力。
6. 案例分析：

甲公司与乙木器厂订立了一份买卖合同木材的合同，约定：甲公司供给乙木器厂红松木100立方米，总价款100万元，乙木器厂支付定金30万元。合同订立后，乙木器厂开出汇票委托书，载明：汇款人某木器厂；汇款用途：定金；汇款金额：30万元；收款人：甲公司。在银行办理汇票过程中，因工作人员疏忽，将汇款用途误写成货款。甲公司财务人员收到汇票后，未经认真查看就给乙木器厂财务人员开具了“收到货款30万元”的收条。后因甲公司违约，乙木器厂起诉至法院，请求双倍返还定金。而甲公司则认为，双方之间的定金已改为预付款，不应适用定金罚则。请回答以下问题：

(1) 甲公司与乙木器厂之间的定金合同是否成立?

(2) 若定金合同已成立，该定金是何种性质的定金?

(3) 若定金合同已成立，应如何适用定金罚则?

7. 案例分析：

甲方向乙方购买煤炭1 000吨，用作冬季取暖用。双方约定：10月底以前交货，甲方支付价款总额的20%作为定金。在交货期届至时，乙方交付950吨煤炭，剩余的50吨直到12月底才交货。于是，甲方要求乙方双倍返还定金。请回答以下问题：

(1) 甲方与乙方的定金担保是否成立?

(2) 甲方能否要求乙方双倍返还定金?

主要参考书目

1. 王利明．物权法研究（下）．3版．北京：中国人民大学出版社，2013
2. 王利明．合同法研究．第2卷．修订版．北京：中国人民大学出版社，2011
3. 梁慧星，陈华彬．物权法．5版．北京：法律出版社，2010
4. 崔建远．物权法．2版．北京：中国人民大学出版社，2011
5. 尹田．物权法．北京：北京大学出版社，2013
6. 郭明瑞．担保法．2版．北京：法律出版社，2004
7. 郭明瑞，房绍坤．担保法．2版．北京：中国政法大学出版社，2012
8. 曹士兵．中国担保法诸问题的解决与展望．北京：中国法制出版社，2001
9. 蔡永民．比较担保法．北京：北京大学出版社，2004
10. 高圣平．担保法论．北京：法律出版社，2009
11. 李明发．保证责任研究．北京：法律出版社，2006
12. 程啸．保证合同研究．北京：法律出版社，2006
13. 谢在全．民法物权论．北京：中国政法大学出版社，2011
14. 史尚宽．物权法．北京：中国政法大学出版社，2000
15. 史尚宽．债法各论．北京：中国政法大学出版社，2000
16. 黄立．民法债编各论（下）．北京：中国政法大学出版社，2003
17. 郑玉波．民法债编总论．北京：中国政法大学出版社，2004
18. 孙森焱．民法债编总论（下）．北京：法律出版社，2006
19. 邱聪智．新订债法各论（下）．北京：中国人民大学出版社，2006
20. 林诚二．民法债编各论（下）．北京：中国人民大学出版社，2007

图书在版编目（CIP）数据

担保法 / 郭明瑞，房绍坤，张平华编著．—5 版．—北京：中国人民大学出版社，2017.4
新编 21 世纪法学系列教材
ISBN 978-7-300-24329-0

Ⅰ.①担… Ⅱ.①郭… ②房… ③张… Ⅲ.①担保法-中国-高等学校-教材 Ⅳ.①D923.2

中国版本图书馆 CIP 数据核字（2017）第 072779 号

"十二五"普通高等教育本科国家级规划教材
新编 21 世纪法学系列教材
总主编 曾宪义 王利明
担保法（第五版）
郭明瑞 房绍坤 张平华 编著
Danbaofa

出版发行	中国人民大学出版社		
社 址	北京中关村大街 31 号	邮政编码	100080
电 话	010－62511242（总编室）		010－62511770（质管部）
	010－82501766（邮购部）		010－62514148（门市部）
	010－62515195（发行公司）		010－62515275（盗版举报）
网 址	http://www.crup.com.cn		
	http://www.ttrnet.com(人大教研网)		
经 销	新华书店		
印 刷	北京七色印务有限公司	版 次	2006 年 5 月第 1 版
规 格	185 mm×260 mm 16 开本		2017 年 4 月第 5 版
印 张	14	印 次	2020 年 12 月第 6 次印刷
字 数	351 000	定 价	29.80 元

《　　　　　　》※任课教师调查问卷

为了能更好地为您提供优秀的教材及良好的服务，也为了进一步提高我社法学教材出版的质量，希望您能协助我们完成本次小问卷，完成后您可以在我社网站中选择与您教学相关的1本教材作为今后的备选教材，我们会及时为您邮寄送达！如果您不方便邮寄，也可以申请加入我社的**法学教师QQ群：83961183（申请时请注明法学教师）**，然后下载本问卷填写，并发往我们指定的邮箱（cruplaw@163.com）。

邮寄地址：北京市海淀区中关村大街31号中国人民大学出版社411室收

邮　　编：100080

再次感谢您在百忙中抽出时间为我们填写这份调查问卷，您的举手之劳，将使我们获益匪浅！

基本信息及联系方式：※

姓名：＿＿＿＿＿＿ 性别：＿＿＿＿＿＿ 课程：＿＿＿＿＿＿＿＿＿＿

任教学校：＿＿＿＿＿＿＿＿＿＿＿＿＿ 院系（所）：＿＿＿＿＿＿＿＿

邮寄地址：＿＿＿＿＿＿＿＿＿＿＿＿＿ 邮编：＿＿＿＿＿＿＿＿＿＿

电话（办公）：＿＿＿＿＿＿ 手机：＿＿＿＿＿＿ 电子邮件：＿＿＿＿＿＿

调查问卷：※

1. 您认为图书的哪类特性对您使用教材最有影响力？（　　）（可多选，按重要性排序）
   A. 各级规划教材、获奖教材　　B. 知名作者教材
   C. 完善的配套资源　　D. 自编教材
   E. 行政命令
2. 在教材配套资源中，您最需要哪些？（　　）（可多选，按重要性排序）
   A. 电子教案　　B. 教学案例
   C. 教学视频　　D. 配套习题、模拟试卷
3. 您对于本书的评价如何？（　　）
   A. 该书目前仍符合教学要求，表现不错将继续采用。
   B. 该书的配套资源需要改进，才会继续使用。
   C. 该书需要在内容或实例更新再版后才能满足我的教学，才会继续使用。
   D. 该书与同类教材差距很大，不准备继续采用了。
4. 从您的教学出发，谈谈对本书的改进建议：＿＿＿＿＿＿＿＿＿＿＿＿＿＿

＿＿＿＿＿＿＿＿＿＿＿＿＿＿＿＿＿＿＿＿＿＿＿＿＿＿＿＿＿＿＿＿＿＿

＿＿＿＿＿＿＿＿＿＿＿＿＿＿＿＿＿＿＿＿＿＿＿＿＿＿＿＿＿＿＿＿＿＿

选题征集：如果您有好的选题或出版需求，欢迎您联系我们：

联系人：黄　强　联系电话：010-62515955

索取样书：书名：＿＿＿＿＿＿＿＿＿＿＿＿＿＿＿＿＿＿＿＿＿＿＿＿

书号：＿＿＿＿＿＿＿＿＿＿＿＿＿＿＿＿＿＿＿＿＿＿＿＿＿＿＿＿＿

备注：※ 为必填项。